出境旅游领队岗位培训教材

出境旅游领队
应急处理实务

《出境旅游领队应急处理实务》编写组 编

Emergencies Handling Practices for Outbound Tour Leaders

中国旅游出版社

编写委员会

编者的话

出境旅游领队是旅游行业的一个特殊职业群体，是一个专业性很强的工作岗位。它伴随着中国旅游业和公民出境旅游活动的发展而发展，且日趋成熟。

纵观我国出境旅游市场的发展历程，中国公民出境旅游的发展从活动的形式来看，大体上是沿着 20 世纪 80 年代初期的"港澳游"、"边境游"；80 年代后期 90 年代初期新马泰游、东南亚游的"出国旅游"的顺序逐渐发展起来的；直到 90 年代后期《中国公民自费出国旅游管理暂行办法》的发布，我国才有了真正意义的出境旅游。时至今日，受到国际国内经济持续向好、人民币汇率稳步提升、目的地国家和地区签证门槛日渐降低等利好因素的影响，我国公民出境旅游目的地已经遍布世界各地，无论是人次数还是消费能力都达到了历史新高。中国出境旅游市场已经超过德国与美国，成为世界第一大出境旅游客源国。

出境旅游的蓬勃发展离不开优秀的领队人员。如何做好出境游安全工作、如何成为一名合格的领队，是我国出境游市场和各出境游旅行社面临的一个紧迫的课题。出境旅游领队由于其工作的独特性，不但要有饱满的爱国热情、较好的政治素质和较高的政策法规水平，还要具备一定的外语交流水平，更要有应对各种突发事件的应变能力。为此，中国旅游出版社邀请浙江工业大学之江学院旅游学院院长梁雪松教授主编了《出境旅游领队应急处理实务》培训教材。本书编写紧扣"准确性、实用性、先进性"原则，内容深入浅出，具体生动，实践性强，与出境旅游领队实际工作紧密结合，是出境旅游领队人员培训的必修教材。

相信此书的出版使用，将会对全面提高出境旅游领队的工作水平、确保我国出境旅游市场安全有序和健康发展起到积极的作用。

2015 年 1 月

目录 / **Contents**

chapter 1 第一章
出境旅游相关概念及知识

为了让出境旅游领队人员了解出境旅游领队工作的重要性，进一步规范和提升旅游产品质量和旅游服务质量，促进旅游产业又好又快发展，提升旅游产业的规范化、标准化水平，领队人员必须通过对出境旅游基础知识的了解，进一步提高对出境旅游基础知识与相关标准的了解，提高认识，从而推动出境旅游安全工作的顺利进行。

第一节　出境旅游领队相关概念

一、出境旅游领队

（一）领队

出境旅游领队简称"领队"。"领队"一词第一次出现是在 1997 年国家公布实施的《中国公民自费出国旅游管理暂行办法》（简称《办法》）的相关条例中。《办法》中明文规定"团队的旅游活动须在领队的带领下进行"。从 1997 年起，中国的领队职业经历了 17 年的发展，这个悄然形成的新型职业已经越来越受到社会的关注，其关注度已经不亚于导游职业。那么，领队到底属于旅游业的哪种岗位，它与导游员的工作岗位有何不同？与全陪导游员有何不同？这是应该首先明确的一个问题。

领队（Tour Conductor），在日本被称作"随员"，就是照顾团队、提供相关服务并担负领队角色的人员。领队的工作地点是在境外，是出境旅游者的带领人员。领队是出境旅游团队（散客团队）的灵魂，是团队的领导者、指挥者、组织者，是旅游团队的核心。领队的主要任务是代表中国组团社的权益、本团队旅游者的合法权益，为出境旅游的旅游者办理出入境手续、酒店入住、机票确认以及与境外的地接社联系接洽，协助境外的地方导游员安排旅游行程，并代表组团社监督接待社履行《旅游合同》，监督服务质量，负责处理团队在境外所遇到的各种事宜及一切紧急情况，以确保出境旅游者的人身及财物安全。

全陪导游员的主要工作地点是在国内，做国内旅游全程陪同，与领队的主要区别是工作的地域、范围不一样，其主要的服务工作大同小异。地方导游员的工作地点主要是在某一地区，如东京、悉尼、上海、杭州等，属于地方导游员。

导游员与全陪、领队的服务工作有很大不同。导游员受地方接待社的委派，是旅游团队（散客团队）的具体指挥者，是旅游接待计划的落实者，是旅游者各个旅游项目的安排与实施者。因为旅游活动中，主要靠导游员引路、讲解，安排食、住、行、游、购、娱等各种相关的旅游活动。从旅游行业的现状来看，导游员在职称上有等级之分，国家设初、中、高、特4个等级和中文（包括方言）、外语两大系列。而领队则没有等级之分，除了必备的基本条件之外，必须会一门外语（主要是英语）。

作为一名领队人员，首先必须是一名爱国者，对外要维护祖国的利益、民族的尊严，对内要保护旅游者的合法权益，既要尊重外国的法律、风俗习惯，也要把好境外的旅游服务质量关，担负起保护旅游者安全的工作职责。

依照《出境旅游领队人员管理办法》的规定，出境旅游领队是指取得出境旅游领队证，接受具有出境旅游业务经营权的国际旅行社（组团社）委派，从事出境旅游领队工作的人员。

（二）申请领队证的条件

1. 基本条件

（1）有完全民事行为能力的中华人民共和国公民。

（2）热爱祖国，遵纪守法。

（3）可切实负起领队责任的旅行社人员。

（4）掌握旅游目的地国家或地区的有关情况。

（5）被取消领队资格的人员，自处罚之日起未逾3年的，不得重新申请领队证或者从事旅行社业务。

2.《旅游法》第三十九条规定

首先必须取得导游证；具有相应的学历（大专以上学历）；语言能力（与出境旅游目的地国家和地区相对应的语言能力）和旅游从业经历（2年以上旅行社相关岗位从业经历）；并与旅行社订立劳动合同的人员，可以申请取得领队证。2013年10月1日前已取得领队证的人员，在2016年10月1日前，应当具备《旅游法》规定的相应条件。

（三）领队人员职责

（1）遵守《出境旅游领队人员管理办法》中的有关规定，维护旅游者的合法权益。

（2）协同接待社实施旅游行程计划，协助处理旅游行程中的突发事件、纠纷及其他问题。

（3）为旅游者提供旅游行程服务。

（4）自觉维护国家利益和民族尊严，并提醒旅游者抵制任何有损国家利益和民族尊严的言行。

（四）领队人员素质要求

（1）应具备一定的英语或目的地国家（地区）语言的能力。

（2）上岗前应具备一定的导游经验。

（3）应切实履行领队职责，严格遵守外事纪律，并具有一定的应急处理能力。

总而言之，领队人员应该具备优秀的思想品质、良好的业务素质、高度的政策水平、强烈的法制观念、出色的工作能力和良好的身体条件。

（五）领队证

（1）领队证由国家旅游局统一样式并制作，由组团社所在地的省级或经授权的地市级以上旅游行政管理部门发放。

（2）领队证不得伪造、涂改、出借或转让。

（3）领队人员从事领队业务，必须经组团社正式委派。

（4）领队人员从事领队业务时，必须携带领队证。

（5）未取得领队证的人员，不得从事出境旅游领队业务。

（六）申请领队证

领队证由组团社向所在地的省级或经授权的地市级以上旅游行政管理部门申领，要求提交下列材料：

（1）申请领队证人员登记表。

（2）组团社出具的胜任领队工作的证明材料。

（3）申请领队证人员业务培训证明。

旅游行政管理部门应当自收到申请材料之日起 15 个工作日内，对符合条件的申请领队证人员颁发领队证，并予以登记备案。旅游行政管理部门要根据组团社的正当业务需求合理发放领队证。

（七）领队证有效期

领队证的有效期为 3 年。凡要在领队证有效期届满后继续从事领队业务的，应当在届满前半年由组团社向旅游行政管理部门申请登记换发领队证。

（八）领队证遗失

领队人员遗失领队证的，应当及时报告旅游行政管理部门，并声明作废，然后申请补发；领队证损坏的，应及时申请换发。

二、出境旅游领队业务

（一）领队业务

领队业务是指全权代表组团社带领旅游团出境旅游，为出境旅游团提供旅途全程陪同和出入境等相关服务的活动。作为组团社的代表，督促境外接待旅行社和导游人员等执行旅游计划，协同境外接待旅行社完成旅游计划安排，协调处理旅游过程中相关事务等活动。

（二）领队业务培训

组团社要负责做好申请领队证人员的资格审查和业务培训。业务培训的内容包括：思想道德、涉外纪律、旅游政策法规、旅游目的地国家的基本情况、领队人员的义务与职责。对已经领取领队证的人员，组团社要继续加强思想教育和业务培训，建立严格的工作制度和管理制度，并认真贯彻执行。

（三）领队服务要求

（1）领队服务应符合《导游服务质量》的要求。

（2）领队应按合同与计划的约定完成旅游团旅游行程计划。

（3）领队接受计调人员移交的出境旅游团队资料时应认真核对查验。

（4）领队应向旅游者告知并发放相关出入境资料。

（5）领队在通关时应向口岸的边检、移民机关出示提交必要的团队旅游证件和通关资料。

（6）领队应积极为旅游团队办妥乘机和行李托运的有关手续，并引导团队登机，飞行途中，领队应协助机组人员向旅游者提供必要的帮助和服务。

（7）领队应按照组团社与旅游者签订的《出境旅游合同》约定的内容和行程标准为旅游者提供接待服务，并督促接待社及其导游员按约定履行旅游合同计划。

（8）在旅游活动中，领队应积极协助当地导游，确保旅游者的旅游安全，为旅游者提供必要的帮助和服务。

三、出境旅游领队人员的管理办法及相关规定

（一）规范化经营

（1）《旅行社条例》第三十条规定："旅行社组织中国内地居民出境旅游的，应当为旅游团队安排领队全程陪同。"《旅游法》第三十六条规定："旅行社组织团队出境旅游或者组织、接待团队入境旅游，应当按照规定安排领队或者导游全程陪同。"

这是具有法律效力的规定，不照此办理就意味着违法。

（2）《旅行社条例》第三十一条规定："旅行社为接待旅游者委派的导游人员或者为组织旅游者出境旅游委派的领队人员，应当持有国家规定的导游证、领队证。"《旅游法》第四十一条规定："导游和领队从事业务活动，应当佩戴导游证、领队证。"

这一条款说明作为领队人员带团出境，必须持证上岗。

（3）《旅行社条例》第三十二条规定："旅行社聘用导游人员、领队人员应当依法签订劳动合同，并向其支付不低于当地最低工资标准的报酬。"《旅游法》第三十八条规定："旅行社应当与其聘用的导游依法订立劳动合同、支付劳动报酬、缴纳社会保险费用。"第三十九条规定："取得导游证，具有相应的学历、语言能力和旅游从业经历，并与旅行社订立劳动合同的人员，可以申请取得领队证。"

这是规定旅行社的经营者，必须向导游、领队人员支付工作报酬，无论工资形式还是上团补助的形式，或其他别的什么形式，这样导游获取报酬已有法可依。

（4）《旅行社条例》第三十三条规定："旅行社及其委派的导游人员和领队人员不得有下列行为：（1）拒绝履行旅游合同约定的义务；（2）非因不可抗力改变旅游合同安排的行程；（3）欺骗、胁迫旅游者购物或者参加需要另行付费的游览项目。"《旅游法》第四十一条第二款规定："导游和领队应当严格执行旅游行程安排，不得擅自变更旅游行程或者中止服务活动，不得向旅游者索取

小费，不得诱导、欺骗、强迫或者变相强迫旅游者购物或者参加另行付费的旅游项目。"

这一条款规定的是导游与领队人员的大忌，属于违法行为，在带团中要慎之又慎，以免违规犯法。

（5）《旅行社条例》第三十四条规定："旅行社不得要求导游人员和领队人员接待不支付接待和服务费用或者支付的费用低于接待和服务成本的旅游团队，不得要求导游人员和领队人员承担接待旅游团队的相关费用。"《旅游法》第三十八条第三款规定："旅行社安排导游为团队旅游提供服务的，不得要求导游垫付或者向导游收取任何费用。"

这一条款表达了两点：（1）绝对禁止组织经营"零团费"和"负团费"的旅游团；（2）绝对不得要求导游与领队人员"垫团款"。这两个问题在旅游业界相当严重，特别是第二个问题，是导游员们苦不堪言、意见很大的问题，也是旅行社经营中的顽疾，应依法除之。

（6）《旅行社条例》第二十九条规定："旅行社对可能危及旅游者人身、财产安全的事项，应当向旅游者作出真实的说明和明确的警示，并采取防止危害发生的必要措施"，"发生危及旅游者人身安全情形的，旅行社及其委派的导游人员、领队人员应当采取必要的处置措施并及时报告旅游行政管理部门；在境外发生的，还应当及时报告中华人民共和国驻该国使领馆、相关驻外机构、当地警方"。《旅游法》第八十条规定："旅游经营者应当就旅游活动中的下列事项，以明示的方式事先向旅游者作出说明或者警示：（1）正确使用相关设施、设备的方法；（2）必要的安全防范和应急措施；（3）未向旅游者开放的经营、服务场所和设施、设备；（4）不适宜参加相关活动的群体；（5）可能危及旅游者人身、财产安全的其他情形。"《旅游法》第八十一条规定："突发事件或者旅游安全事故发生后，旅游经营者应当立即采取必要的救助和处置措施，依法履行报告义务，并对旅游者作出妥善安排。"

这一条款说明，向旅游者预先发出"明确的警示"，是旅行社和导游、领队人员的天职，是义不容辞的义务，也是最基本的素质要求。这里有三点非常重要：（1）要采取必要措施；（2）要及时；（3）明确了报告的机构（境外）。

（7）《旅行社条例》第四十条规定："旅游者在境外滞留不归的，旅行社委派的领队人员应当及时向旅行社和中华人民共和国驻该国使领馆、相关驻外机构报告。旅行社接到报告后应当及时向旅游行政管理部门和公安机关报告，并协助提供非法滞留者的信息。"

这一条款特别告诉领队人员除了及时报告之外，最重要的是要积极地在第一时间协助提供非法滞留者的信息。

（二）法律责任

《旅游法》的第九章法律责任中有以下规定：

第九十六条 旅行社违反本法规定，有下列行为之一的，由旅游主管部门责令改正，没收违法所得，并处 5000 元以上 5 万元以下罚款；情节严重的，责令停业整顿或者吊销旅行社业务经营许可证；对直接负责的主管人员和其他直接责任人员，处 2000 元以上 2 万元以下罚款：

（1）未按照规定为出境或者入境团队旅游安排领队或者导游全程陪同的。

（2）安排未取得导游证或者领队证的人员提供导游或者领队服务的。

（3）未向临时聘用的导游支付导游服务费用的。

（4）要求导游垫付或者向导游收取费用的。

第一百条 旅行社违反本法规定，有下列行为之一的，由旅游主管部门责令改正，处 3 万元以上 30 万元以下罚款，并责令停业整顿；造成旅游者滞留等严重后果的，吊销旅行社业务经营许可证；对直接负责的主管人员和其他直接责任人员，处 2000 元以上 2 万元以下罚款，并暂扣或者吊销导游证、领队证：

（1）在旅游行程中擅自变更旅游行程安排，严重损害旅游者权益的。

（2）拒绝履行合同的。

（3）未征得旅游者书面同意，委托其他旅行社履行包价旅游合同的。

第一百零一条 旅行社违反本法规定，安排旅游者参观或者参与违反我国法律、法规和社会公德的项目或者活动的，由旅游主管部门责令改正，没收违法所得，责令停业整顿，并处 2 万元以上 20 万元以下罚款；情节严重的，吊销旅行社业务经营许可证；对直接负责的主管人员和其他直接责任人员，处

2000 元以上 2 万元以下罚款，并暂扣或者吊销导游证、领队证。

第一百零二条 违反本法规定，未取得导游证或者领队证从事导游、领队活动的，由旅游主管部门责令改正，没收违法所得，并处 1000 元以上 1 万元以下罚款，予以公告。

导游、领队违反本法规定，私自承揽业务的，由旅游主管部门责令改正，没收违法所得，处 1000 元以上 1 万元以下罚款，并暂扣或者吊销导游证、领队证。

导游、领队违反本法规定，向旅游者索取小费的，由旅游主管部门责令退还，处 1000 元以上 1 万元以下罚款；情节严重的，并暂扣或者吊销导游证、领队证。

第一百零三条 违反本法规定被吊销导游证、领队证的导游、领队和受到吊销旅行社业务经营许可证处罚的旅行社的有关管理人员，自处罚之日起未逾 3 年的，不得重新申请导游证、领队证或者从事旅行社业务。

第一百零四条 旅游经营者违反本法规定，给予或者收受贿赂的，由工商行政管理部门依照有关法律、法规的规定处罚；情节严重的，并由旅游主管部门吊销旅行社业务经营许可证。

第二节　出入境口岸相关知识

一、海关

（一）中华人民共和国海关

中华人民共和国海关是国家的进出境监督管理机关。海关依照《中华人民共和国海关法》和其他相关法律、行政法规，监管进出境的运输工具、货物、行李物品、邮递物品和其他物品，征收关税和其他税费，查缉走私，并编制海关统计和办理其他海关业务。

海关总署是中华人民共和国国务院下属的正部级直属机构，统一管理全国海关。海关实行垂直领导体制。海关总署现有 17 个内设部门、6 个直属事业单位，管理 4 个社会团体（海关学会、报关协会、口岸协会、保税区出口加工区协会），并在欧盟、俄罗斯、美国等派驻海关机构。（参见：http://www.customs.gov.cn/publish/portal0/tab49571/）

（二）海关通道

在海关监管的场所，海关设三个通道：申报通道、无申报通道、外交礼遇通道。

（1）申报通道。也称作"红色通道"，或者叫"应税通道"。来自外国的旅游者进入中国境内，一般需经申报通道通关，事先填好《中华人民共和国进出境旅客行李物品申报单》，经海关查验后放行。申报单不得涂改、不得遗失，出境时要再交海关办理出关手续。申报应据实填写，若申报不实或隐匿不报，一经查出海关将依法处理。

（2）无申报通道。也称作"绿色通道"，或叫"免税通道"。进出境的旅客没有携带应向海关申报物品的，无须填写《中华人民共和国进出境旅客行李物品申报单》，可以选择此通道。

（3）外交礼遇通道。持有中华人民共和国政府主管部门给予外交、礼遇签证的进出境旅客，通关时应主动向海关出示本人有效证件，海关给予免验礼遇。

（三）旅客接受海关检验注意事项

（1）进出境物品的所有人应配合海关查验。

（2）查验进出境旅客行李物品的时间和场所由海关指定，海关查验行李物品时，物品所有人应当到场并负责物品的搬移、开拆和重封物品的包装。

（3）查验时，请旅客主动出示有效身份证件，以便海关确定旅客身份和物品验放标准。

（4）违反海关规定，逃避海关监管，携带国家禁止、限制进出境或者依法应当缴纳税款的货物、物品进出境的，海关将依据《中华人民共和国海关法》和《中华人民共和国海关行政处罚实施条例》予以处罚。

安全提示 出入境海关验放的各项管理规定

（1）居民旅客携带在境外获取的总值超过5000元人民币（含5000元，下同）的自用物品，对超出部分海关予以征税放行。

（2）非居民旅客携带拟留在中国境内的总值超过2000元人民币的自用物品，对超出部分海关予以征税放行。

（3）携带超过1500毫升的酒精饮料（酒精含量12°以上），或超过400支的香烟，或超过100支的雪茄，或超过500克的烟丝，对超出限量但仍属自用的部分，海关予以征税放行。

（4）携带超过20000元的人民币现钞，或超过折合5000美元的外币现钞，海关按现行有关规定办理。携带需复带出境超过折合5000美元的外币现钞时，旅客应填写两份申报单，海关验核签章后将其中一份申报单退还旅客凭此办理有关外币复带出境手续。

（5）携带动植物及其产品、微生物、生物制品、人体组织、血液及其制品，海关按现行有关规定办理。

（6）携带无线电收发信机、通信保密机，海关按现行有关规定办理。

（7）携带中华人民共和国规定的其他限制或禁止进境的物品，海关按现行有关规定办理。

（8）携带货物、货样、广告品，海关按现行有关规定办理。

（9）申报有分离运输行李，海关按现行有关规定办理。

二、边防检查站

简称"边检"，设在国家开放口岸的边防检查站是维护国家主权、安全和社会秩序的国家行政机关。

（一）中华人民共和国边防检查站职责与职权

依据《中华人民共和国出境入境边防检查条例》的规定，在对外开放的港口、航空港、车站和边境通道设置边防检查站，赋予边防检查站以下职责与职权：

（1）对出入境人员及其证件、行李物品、出入境交通运输工具及其载运的货物进行检查。

（2）对出入境交通运输工具实施监护和管理。

（3）对口岸限定区域进行警戒，维护出入境秩序。

（4）办理船员登陆、住宿、上下外轮和搭靠外轮手续。

（5）扣留、收缴护照、证件。

（6）扣留、收缴危害国家安全和社会秩序的物品。

（7）不准一些特定情形的人员入境、出境或登陆。

（8）限制一些特定的人员活动范围并对其进行调查或移交有关机关处理。

（9）必要时可以对一些特定人员进行人身检查。

（10）推迟或阻止一些特定的交通运输工具出境或者入境。

（11）对违反《中华人民共和国出境入境边防检查条例》的人员、交通运输工具负责人进行处罚。

（12）执行主管机关赋予的其他法律、行政法规规定的任务。

（二）中国公民出境的有关规定

1. 内地居民

内地居民出国，应持有效护照和前往国的签证（前往免办签证的国家除外）；往来港澳地区，应持有《港澳通行证》及有效签注；往来台湾地区，应持有《内地居民往来台湾地区通行证》及有效签注；赴港澳台签注"L"签注的，应随旅游团团队出入境。

2. 港澳居民

凭有效《港澳居民回乡证》或《港澳居民往来内地通行证》办理边检手续。

3. 台湾居民

凭有效《台湾居民往来内地通行证》及有效签注或居留证办理边检手续。

三、卫生检疫

（1）来自传染病疫区的人员必须出示有效的《国际预防接种证书》，俗称"黄皮书"，对于无证者，国境卫生检疫机关将从其离开感染环境时算起，实施6日的留验。

（2）来自疫区、被传染病污染或可能成为传染病传播媒介的物品，须接受卫生检疫检查和必要的卫生处理。

（3）《国际预防接种证书》和《国际旅行健康检查证明书》，在当地国际旅行卫生保健中心办理，有关接种疫苗的种类、相关费用，可直接联系该中心。以杭州为例，其地址为：杭州市中河中路 230 号杭州浙江国际旅行卫生保健中心，电话：（0571）87852410。

第三节　出境旅游业务相关知识

一、出境旅游业务经营资质

（1）出境旅游业务经营资格。出境旅游业务经营资格，是由中国旅游行政管理部门批准，允许经营出境旅游业务的旅行社（组团社）；是依法取得出境旅游经营资格，经过合法注册的旅行社。新版《旅行社条例》明确规定："旅行社取得经营许可满两年，且未因侵害旅游者合法权益受到行政机关罚款以上处罚的，可以申请经营出境旅游业务。"

申请经营出境旅游业务的，应当向国务院旅游行政主管部门或者其委托的省、自治区、直辖市旅游行政管理部门提出申请，受理申请的旅游行政管理部门应当自受理申请之日起 20 个工作日内做出许可或者不予许可的决定。予以许可的，向申请人换发旅行社业务经营许可证，旅行社应当持换发的旅行社业务经营许可证，到工商行政管理部门办理变更登记；不予许可的，书面通知申请人并说明理由。经营出境旅游业务的旅行社，应当增存质量保证金 120 万元。

（2）选择境外接团社。组团社应在境外目的地国家或地区旅游部门指定或推荐的范围内，选择境外接团旅行社并进行评审，信誉和业绩优良者优先选用，以确保组团社所销售的旅游产品质量的稳定性和安全性。

（3）书面协议。组团社应按要求与境外接待社签订书面接团协议，建立境外接团社信誉档案。

（4）代办签证。组团社应按照旅游目的地国驻华使领馆的要求和与旅游者的约定，为旅游者办理旅游签证。对旅游者提交的自办签证，接收时应认真查验。

（5）团队计划的落实。组团社应根据其承诺、约定、旅游线路以及经评审的旅游者要求，与交通运输、移民机关、接团社等有关部门、单位落实团队计划的各项安排，确保准确无误。

（6）及时更正。组团社在落实团队计划过程中发现任何不适用的旅游者物品资料，应及时通知旅游者更换、更正。

（7）组团社应有境外接待社落实计划的确认信息，并保留其书面记录。

（8）组团社应建立健全应急处理预案、程序和制度。

二、出境旅游业务相关知识

（一）何谓"OP"

"OP"是英文"Operator"的简称，也称为计调。出境OP就是通过各种旅游途径，将旅游者送抵境外旅游目的地国家或地区的旅游业务的操作者。

（二）OP业务的主要流程

1. 总要求

出境旅游业务服务总要求：OP应在受控条件下提供出境旅游服务，以确保服务过程准确无误。应按以下工作流程进行，移交时进行检验复核，以确认无误，确保其工作人员符合规定的资质。

（1）要求具备实现出境旅游服务所必需的能力，以证实自身服务过程质量，保证保障能力和履约能力。

（2）确立有效的服务监督方法并组织实施。

（3）为有关需求提供作业指导书。

（4）提供适当的培训或其他措施，使员工符合规定的资格要求和具备必需的能力。

2. 主要流程

出境旅游计调在操作时如遵循以下 7 个步骤，就会将操作过程变得既简单又规范。

（1）审核资料。出团计划制订完毕后，通过各种渠道收集到的客人资料会转到计调处，因此，审核资料是计调人员非常重要的工作。要注意证件的时效性、证照是否相符、出游动机等情况，并加以提示说明。

（2）查看要求。旅游者在报名出游时，可能会有一些特殊或个人的要求。计调在审核参团资料及与销售人员沟通时，要掌握客人的特殊要求，审查其是否在可以满足的范围内，对其可能产生的影响和后果等都要作充分评估，不能盲目答应，避免给日后工作带来不必要的麻烦。

（3）选择航班。出境团基本上都是选择飞机作为交通工具，因此计调在选择航班时，要作价格、性能及航班时间的综合比较，包括区间交通工具的选择都要配合游程的时间和舒适度。

（4）解析成本。解析成本要求计调具备较高的职业技能。一般计调充其量只能对照国内同行信息加以区别，只知其一，不知其二，接待社说什么就是什么，没有辨别能力。其实解析境外旅游成本并不困难，和国内旅游线路的成本解析是大同小异，计调人员要学会查看地图，善用网络检索自己需要的信息，这样，繁杂的也能简化。

（5）实施操作。操作需按照出境计调的操作流程进行。需要提醒的是所有的操作单要做备份，细小的更正也要重新落实，否则，因疏忽带来的损失将不可估量。

（6）全程跟踪。出境团的团队跟踪是必要的。出境团队和国内团队发生的问题不同，国内团队沟通得当问题容易化解，而出境团队一旦出了问题可能就不是小事，组团社远水救不了近火，全要依靠接待方的努力和协作。因此在团队行进过程中进行跟踪监控是必要的。

（7）结账归档。出境接待有地域和汇率的变化，出境计调在回馈信息与质量监督上一定要多留神、多询问，遇到问题要及时解决，要按照约定方式进行款项的结清和团队资料的整理归档。

（三）团队旅游

也称"集体综合旅游"，简称 GIT，是英文"Group Inclusive Tour"的缩写。团队旅游由大多数相互认识、熟悉或者多少有些连带关系的群体组成。团队旅游通常指派导游或领队。团队旅游必须是 10 人以上成团，采用的是集体旅游的方式。团队旅游一般以包价的形式出现，其特点是方便、舒适、比较安全，价格相对便宜，但是旅游者的自由度比较小。团队旅游采用一次性预付旅游费用的方式，有组织、有计划、集体性地进行旅游活动。团队旅游的服务项目有：酒店客房，一日三餐，专用游览车，指定导游，接送服务，行李搬运，游览门票，文艺票，国际交通，随团领队。

（四）散客拼团

散客拼团（Group）是由各地的旅游者（1 人或多人），在正规旅游大公司或知名旅行社组织下拼成的一个团队，是一种普通标准形式的旅游团队。旅游者在游览景点、用车、用餐、导游服务、购物等诸多方面都享受团队价格的优惠。但散客拼团旅游的成本比团队旅游的成本高。

1. 散客拼团旅游的服务项目

（1）固定出发时间、行程线路、服务内容及等级标准。

（2）要达到预定人数，根据不同的线路或 10 人或 16 人以上。

（3）系列发团，预订航空、酒店、用车、餐饮等地接的成本支出，可提前批量购买以降低成本；旅行社为了确保团量，会采取薄利多销的策略，价格相对便宜。

（4）流水作业，操作简便易行。

（5）由于销售价格是根据预定的招收人数来计算确定的，如果实际报名的人数达不到预定人数，旅行社会蒙受损失。

2. 散客拼团旅游的特点

（1）个性化。人们可以根据自己的爱好自由地选择旅游的方式，自助游、探险游、生态游将会成为时尚。散客拼团旅游逐渐多于团体旅游，短线旅游多于长线旅游，地区性旅游和中短程旅游成为旅游的主体。

（2）灵活性。除了传统的旅游活动的内容、方式之外，又有许多现代化的旅游活动。在国外旅游中介及各旅游相关部门的努力下，逐渐出现许多精彩的旅游线路。散客拼团有更多更灵活的选择。

（3）商务性。未来经济的发展，会围绕人们在旅游方面的需要发展成一系列相关的产业，延长产业链条，传统的娱乐业、餐饮服务业、玩具业、影视业等将会有更大发展。除了普通的旅游者外，商务旅游大军的队伍，每年都在以数百万人次的速度递增。商务、会议旅游将成为散客拼团的最大客源。

（4）高速性。目前网络技术飞速发展，散客旅游者可从网络上获取各种旅游信息，从而自由地选择旅游方式和旅游目的地。信息产业的发展成果将充分运用到旅游业上来，互联网和移动通信等将成为宣传旅游的重要手段，网上预订也将成为主要的方向。科技的应用将大大节约旅游者的时间，人人提高旅游计划的周密程度。网络时代为散客拼团旅游提供了更便利的条件。

（5）体验性。散客更加注重的是新奇而非大众化的旅游，是一种以休闲体验为主、观光为辅的旅游方式。当下休闲经济将带来许多新观念、新视野和新的体验活动。旅游者将花钱买不同的经历，而不仅是物品，那些能提供冒险性和具有刺激性经历的旅游将会特别受到欢迎。

总之，随着社会、经济的发展，人们的旅游需求趋向个性化，而且交通事业发展迅速，交通工具越来越舒适、越来越快捷，加上预订制度的发展和完善，世界上的个体旅游者越来越多，世界各国也越来越重视散客的接待工作。散客拼团比团队旅游相对自由一些，而且相对于自助游、自驾游等更安全一些。其缺点在于价格成本比团队旅游高一些，且旅游者的游览活动不太统一。

（五）单独成团

（1）单独成团（Delegation）是指完全按照旅游者的意愿来制订出游计划，并在一定的条件下根据旅游者的意愿进行调整。

（2）旅游服务产品量身定做，即所谓的"量体裁衣"，旅行社操作的成本高，其价格高于上述的散客拼团产品。

（3）服务的针对性很强，旅行社运作起来相对复杂，操作人员需要有丰富的业务知识和操作技巧。

（4）尽管出团的人数少于散客拼团，但是获得的利润高于散客拼团。

（六）可选择性旅游

可选择性旅游（Optional Tour）也称为"小包价旅游"。此种旅游方式由非选择部分和可选择部分构成。非选择部分是指旅行社必备的服务项目，是不可选择的，其中包括住房与早餐、机场（车站、码头）至酒店的接送、城市间的交通等服务项目，其费用由旅游者在出游前付清；可选择部分，是允许旅游者可以选也可以不选的部分，其中包括导游服务、午晚餐、参观游览、文艺节目、风味餐和签证等项目，费用可以预付也可以现付。

（七）半自助游

半自助游（Semi-self-service tourism）是旅游者在自行决定出游的时候，会将部分自己难以解决的项目交给旅行社去处理，如酒店的预订、机票的预订等，因为旅行社在这方面不仅有优势，而且价位比旅游者自己购买更低廉。于是就形成一半靠自己、一半靠旅行社帮助的出游方式。半自助旅游将逐渐代替包价旅游、小包价旅游，人们外出旅游的频率将增加，但每次外出时间将缩短。旅游者会根据自己的时间、机会、方便、经济等多方面的考量，选择半自助游的方式去旅游。

"签证＋机＋酒"（签证＋飞机票＋酒店）就属于半自助游这一类。是由旅行社协助办理签证，解决单程、联程或返程机票，并帮助预订酒店，其余项目自行解决的一种旅游方式。

（八）自助游

自助游（Self-service tourism）也称为"自由行"或"自由人"。旅游者不经过旅行社，完全由自己决定线路，安排旅游行程，想到哪儿就到哪儿，完全按照个人的意愿进行旅游活动的一种旅游方式。主要特点为自由、灵活、丰俭由人，但是很辛苦。

三、出境旅游领队管理制度

（1）与受聘领队人员签订正式的劳动合同。不与带团的领队人员签订劳动合同是一种违法的行为，计调 OP 对于这一点须高度重视，即使是临时借用的领队人员，也要与之签订临时劳动合同，按照《旅游法》、《劳动法》为领队人员上"五险一金"，上团给补助，劳务给报酬。

（2）搭建联系网络。首先制作领队名录，内容包括姓名、性别、年龄、语种、身份证号、导游证号、领队证号、手机号、备用联系电话、住址、亲属联系人等。OP 人员需要有一个行之有效的联络平台，保证接团、带团等工作无误。

（3）建立领队人员业务档案。对于曾经在旅行社出过团的领队人员，无论专职的还是兼职的，无论长期的还是临时的，哪怕仅带过一个团、几个散客，都要建档立案。

（4）管理领队及导游证件。负责证件的送审、年审、换证、调进、调出、更新、换版，凡旅游行政管理部门所规定的各项与领队、导游相关的文件、政策，以及相关的活动安排，都须及时地传达给领队人员，使有关领队、导游的情况下情上传，上情下达。

（5）实行合同管理。实行合同管理是使领队人员依法为旅游者提供领队服务的保证，是提高领队服务质量的重要措施，促使领队人员增强责任感，更加自觉地为旅游者服务。

第四节　出境旅游安全相关知识

在我国，随着大众旅游的发展，旅游业及旅游者相关的安全问题也日渐增多。然而在实践中，无论旅游产业从业人员还是旅游者往往对旅游安全有所疏忽，总是在旅游活动中出现了安全事件之后，才会意识到安全问题的重要性。这种对旅游安全的认知顺序问题也就成为旅游安全事故不断出现的重要原因。很多影响旅游业发展的危机和不安全因素也会消极地影响到旅游者对旅行社或旅游目的地的安全信心，进而会导致旅游者到访人次减少，对整个旅游业产生冲击，严重影响到旅游业和旅行社业的持续发展。这就要求旅游从业人员尤其是导游领队人员从发展的角度对可能产生的旅游安全问题做出预判，通过科学合理的管理措施消除隐患，或降低此类安全问题对旅游产业及旅游者的消极影响。

一、出境旅游安全概述

旅游安全在出境旅游中扮演着极其重要而特殊的角色。首先，旅游安全是出境旅游活动顺利进行的保障。出境旅游安全为旅游者的精神愉快、身心放松提供了最大的保障。其次，旅游安全是出境旅游发展的前提。随着旅游业的发展，出境旅游安全问题不断出现、屡见报端，对旅游产业的形象产生了不小的负面影响，如果得不到有效解决，将严重影响旅游业的可持续发展。

（一）出境旅游安全内涵

1. 出境旅游安全

国家标准（GB／T 28001）《职业健康安全管理体系规范》对"安全"的定义是：免除了不可接受的损害风险的状态。针对特定主体而言，安全是指主体没有危险的客观状态，包括了没有威胁和没有疾患两个方面的含义。

出境旅游安全是指出境旅游活动可以容忍的风险程度，是对出境旅游活动处于平衡、稳定、正常状态的一种统称，主要表现为旅游者、旅游企业和旅游资源等主体不受威胁和外界因素干扰而免于承受身心压力、伤害或财物损失的自然状态。使旅游者在整个旅游过程中始终处于轻松愉悦之中，不受到外来的骚扰和威胁，也没有发生任何有惊无险的情况。

2. 旅行社出境旅游安全

旅行社出境旅游安全是指旅行社在经营管理过程中和为旅游者提供旅游服务过程中不受威胁和外界因素干扰，处于平衡、稳定、正常状态的一种统称，它包括旅行社经营管理安全、旅行社服务对象（旅游者）的安全、旅游活动涉及的相关配套要素安全等构成层面。

（二）出境旅游安全问题的表现形态

出境旅游安全问题在旅游活动的各环节交替或同时出现，这成为出境旅游安全的外在表现。

1. 犯罪

由于给旅游者带来创伤的严重性和影响的社会性，犯罪成为最为引人注目的出境旅游安全表现形态之一。在旅游业中大量存在具有特定的规律和特点的犯罪，如侵犯公司财产类犯罪，危害人身安全犯罪，性犯罪及与毒品、赌博、色情有关的犯罪等。

2. 交通事故

这类安全问题往往具有毁灭性。具体可以分为航空事故、水难事故、景区交通事故以及缆车事故等。

3. 火灾与爆炸

这类事故往往造成严重的连续反应，如基础设施被破坏、财产遭受损失等，甚至造成整个旅游经济系统的紊乱。

4. 疾病或中毒

由于旅游具有异地性，旅途疲劳和食品卫生等问题常常容易诱发疾病或中毒类事件。

5. 其他意外安全事故

（三）出境旅游安全问题的时空特征

出境旅游安全具有全程性、整体性的特点。从旅游者体验角度来讲，旅游者在旅游活动的任何时间和环节出现了安全问题，都会影响其整体安全感受。出境旅游安全问题还有较强的时空特征，会随旅游发展阶段的不同而变化，具有一定的季节性差异，在旅游业运行的不同环节表现也不一样。

1. 具有一定的季节性差异

旅游淡季客流量较小，管理难度相对较小，旅游安全问题出现的概率也相对较低；而在旅游旺季，客流量急剧增加，管理难度加大，安全事故发生率急剧攀升。

2. 在旅游业运行的各个环节表现不一

由于旅游活动本身的同时性和在不同时空背景下的差异性，出境旅游安全在旅游业运行的不同环节也具有一定的差异。一般来讲，"食"环节的安全问题主要是食品卫生问题及其引发的疾病；"住"环节的安全问题主要是火灾、偷盗问题比较突出；"行"环节的安全问题主要是交通事故和交通场所犯罪问题；"游"环节的安全问题主要表现为景区犯罪、游览安全事故及其他意外事故；"购"环节的安全问题主要是消费安全问题，如旅游者被欺诈、购买了假货等；"娱"环节的安全问题表现出极端复杂性，出境旅游安全问题的各种表现形式都有可能出现。

（四）出境旅游安全对旅游的影响

1. 出境旅游安全问题对旅游业发展的影响

出境旅游安全问题不仅会给旅游者带来伤害，还会给旅游目的地、旅游企业带来巨大的损失。出境旅游安全问题的出现会极大地损害旅游目的地及旅游企业的形象，从而给旅游业的发展带来巨大的影响。因此，客观地认识和评价旅游安全问题，并采取必要的出境旅游安全预防措施，可以在一定程度上督促旅游管理部门及旅游企业加强安全管理和安全防范措施，提高旅游目的地及旅游项目的安全程度。

2. 出境旅游安全问题对出游决策的影响

旅游者在出游时都希望受到不同程度的保护，摆脱恐惧，免受战乱、动荡及犯罪的影响。因此，在其出游决策过程中会尽量避开犯罪率高或政治不稳定的地方，尽可能寻找近的或熟悉的地方。老年旅游者由于身体健康状况特殊，也会寻找有医疗保障的旅游目的地和旅游团队。但不可否认，部分喜欢刺激的探险旅游者会把一些不安全因素作为出游的主要目的。如部分旅游者喜欢把战争地区或社会不稳定区域作为出游目的地。虽然出境旅游安全对不同偏好的旅游者的影响存在较大差异，但总体上看来，出境旅游安全仍是旅游者出游决策过程中重要的影响因素。

3. 社会文化背景与出境旅游安全的相互影响

一方面，旅游者的社会文化背景与出境旅游安全关系紧密；另一方面，旅游地社会文化发展水平对出境旅游安全也有重要的影响。社会文化背景的差异导致旅游者的旅游行为及安全认知产生差别，并进而影响其出境旅游安全。而这种安全经历在旅游者回归并融入主流生活后又必然在某种程度上影响其生活方式、工作态度及未来的旅游行为，并可能进一步对客源地的旅游行为和安全认知产生部分影响。发展水平较高的旅游目的地居民主动接受或参与旅游业的发展，或旅游目的地的发展得到居民的支持，安全问题相对较少且文化内容丰富；而社会发展滞后的旅游目的地容易因文化差异及居民的被动与反对造成主客体之间的冲突，从而带来安全问题。

二、制约出境旅游安全的因素

出境旅游安全是旅游业发展的前提。无论旅游者在外出旅游的过程中能否如愿得到审美的享受、获得愉悦的体验，还是旅游产品的使用价值能否得到实现，都需要有出境旅游安全作为保障。否则，旅游活动就难以顺利进行，也就无从谈旅游者的旅游目的以及旅游产品的使用价值能否实现了。

安全是旅游的生命线，没有安全就没有旅游。基于出境旅游安全问题的重要性，有必要分析一下，都有哪些方面的因素制约着出境旅游安全的实现。

（一）政治因素

1. 国家内部政局不稳定

国家政局的稳定是推进该国国内旅游发展和吸引国际旅游者的必备条件之一。一国党派纷争不断，局部地区战乱频发，则该国或地区很难被客源地政府、企业和旅游者选为适宜出行的目的地。

例如，2007年9月28日，我国国家旅游局就对旅游者发出提示："近期缅甸仰光、曼德勒发生群众示威游行活动。近期欲前往和目前在缅甸旅游的旅游者要密切关注外交部有关信息和当地局势，并采取自我安全防范措施，慎重前往两地，必要时改变行程。"再如，2011年1月30日和2013年7月4日因埃及开罗、亚历山大等地连续发生大规模游行示威活动并造成人员伤亡，国家旅游局分别提醒中国公民慎重选择赴埃及旅游。由于泰国首都曼谷部分地区发生较大规模的抗议示威集会活动，2013年12月3日国家旅游局发布提醒"近期尽量不要去泰国旅游"，"在泰国或将前往泰国的中国公民，密切关注当地局势，务必避免靠近游行示威等集会区域"。

2. 与其他国家的外交关系不融洽

当某些国家间因政见相左或观念相悖或某些特殊事件而影响了彼此的外交关系，甚至发生战争时，自然谈不上旅游业的发展、旅游资源的保护、旅游者的人身安全等问题。如2010年9月30日和2012年9月21日因中日关系紧张，国家旅游局向赴日旅游者分别发出安全提示，鉴于有关形势，近期拟赴日旅游和已在日旅游的中国旅游者要高度关注自身安全。一旦人身遭受侵扰或财产受到侵犯，应及时向日本警方报案，同时向就近的中国驻日使领馆通报情况，取得领事协助。

3. 恐怖组织活动

如今，恐怖主义已经与地区冲突、核武器扩散、毒品走私一同被称为"国际社会四大恶魔"。恐怖组织与恐怖分子因宗教、民族等原因而采取暴力或毁灭性手段以实现他们的政治目的，其对出境旅游安全的影响巨大。旅游业成了恐怖主义的附带牺牲品，旅游者成为恐怖分子最理想的袭击目标。例如，2005年7月7日，伦敦3列地铁和4辆公共汽车遭到自杀式恐怖爆炸袭击，造成56人死亡，700多人受伤，是第二次世界大战以来伦敦遭到的最大一次攻击。

（二）经济因素

经济的发展对出境旅游安全问题的预防与控制能起到积极作用，对出境旅游安全的实现具有较大的影响。

1. 经济危机的影响

在全球经济一体化的今天，各国间的经济关联比以往任何时候都要紧密，因此无论哪一个国家或地区的经济发生了动荡，都会引发与之有商贸往来国家的经济震荡，使各国旅游业遭受打击或重创。以1997年7月爆发于东南亚的金融危机为例，这一次金融危机，据世界旅游协会统计，给东南亚地区约1900万从事与旅游业相关行业的人带去了如何维持生计的问题。其所带来的客源剧减、行业萧条、恶性竞争的局面，对我国一大批旅行社和酒店也产生了较大影响，1997～1998年我国部分相关旅行社倒闭，全国旅游饭店客房出租率和平均房价连续大幅下滑，一大批饭店处在经济效益低下，甚至经营亏损的非正常状态中。

2. 贫富差距引发的问题

贫富差距过大以及由此而带来的社会矛盾和纷争是很多国家所面临的棘手问题。社会中生活水平较低的少部分人，将其生活状况的不如意归咎于社会和政府，从而有可能采取极端的方式发泄不满、报复社会。当然其中可能不乏某些犯罪集团和组织的参与、煽动。某些旅游者，其在外出旅游的过程中又常受"穷家富路"观念的影响，从而出现消费攀高的现象，极易成为被袭对象。如在肯尼亚的内罗毕，旅游者会被建议不要把相机伸出车窗外拍照，因为这里贫富差距很大，偷盗者较多。

（三）社会文化因素

社会文化方面影响出境旅游安全实现的主要因素有如下几方面：

1. 社会治安条件较差

一个社会的安全程度决定着出境旅游安全实现的可能性。如果旅游目的地治安案件频发、偷盗者横行，出境旅游安全自然难以得到保证。如2011年11月3日，浙江省的一个30人的旅行团在南非回程途中遭遇劫匪，所幸没有人员伤亡。以尼泊尔为例，因其国内治安状况影响，2007年"十一"黄金周前，中国驻尼泊尔大使馆的官方网站曾提醒我国公民在来尼旅游时要避免前往尼泊尔南部"特莱平原"参观游览；遇事不要围观，以免发生意外；并要谨慎保管财物，在游人众多的景点参观游览时要提高警惕；护照须随身携带，准备好护照资料页和尼泊尔签证页的复印件以防万一。

2. 旅游目的地居民与旅游者之间的矛盾

随着旅游者数量的日益增多，旅游目的地居民原有的生活节奏和生活模式被打破，一方面，其固守的传统观念受到冲击，合法权益的实现常因要优先满足旅游者的需求而被忽略或搁置。另一方面，旅游者在外出旅游时也常常忽视了对目的地居民价值观念、生活方式的尊重，言行随意，举止不当，如评论其独特风俗、未经允许而随意拍照等。如此，则容易引发旅游目的地居民与旅游者之间的隔阂与矛盾，甚至以较激烈的方式表现出来。

（四）法律因素

法律层面对出境旅游安全影响最大的因素莫过于相关法律、法规不配套，不健全，且未能严格执行。国家各级行政主管部门制定的防范、应对出境旅游安全问题的法律、法规，虽然能够从制度层面保证旅游业运行的各个方面受到保护，但由于这些法律、法规之间尚未形成相配套的体系，且多从宏观的角度着手，鲜就微观层面制定规则，故而执行效果并不明显。而对有些新兴的旅游方式及旅游项目尚无相关的法规规范指导市场运营，例如有较高参与性、刺激性的探险、蹦极、热气球、空中滑翔、跳伞、漂流等旅游项目。由于没有法律的约束，没有行业人员的指导，相关的出境旅游安全事故时有发生。如2009年4月25日埃及热气球坠落，导致16名外国旅游者受伤；2008年10月10日美国新墨西哥州热气球坠毁致1人死亡1人重伤。

（五）技术因素

科技的发展为旅游业的发展提供了推动力，如交通技术的发展使得旅游者的出行更加便捷，声控技术和光学技术在旅游人造景观上的运用增加了旅游景点对游人的吸引力等。同时，也应意识到，如果在设计、施工、使用等阶段出现失误，则先进的科技也有可能成为出境旅游安全隐患。比如2011年东京一个游乐场因为安全锁不牢靠，导致一名旅游者从8米高处跌落死亡；2009年8月11日，英国最著名的布莱克浦快乐海滩游乐场发生了一起意外事故，一列过山车在完成行程后，因为制动系统失灵无法停下来，结果撞向了前面另一列准备让游人下车的过山车尾部，此次事件共导致21人受伤；2007年8月13日，韩国釜山"环球嘉年华"一个观览车的轿厢与另一个观览车的轿厢发生碰撞，轿厢翻转，车厢门被甩开，5名旅游者从20米高空坠落地面，4人当场死亡。

（六）自然因素

自然因素作为影响出境旅游安全的常见因素，其对旅游者、旅游业从业人员的人身和财产的危害性、对旅游资源的破坏性都极为巨大。像飓风、台风、海啸、暴风雪、地震、泥石流等，都严重影响、限制着出境旅游安全的实现。如2004年12月26日，印度洋发生里氏9.0级强烈地震并引发海啸，灾难波及印度尼西亚、斯里兰卡、泰国、印度、马尔代夫等国，遇难总人数接近30万。尽管亚太地区不少度假景点并未受到海啸破坏，但调查发现，有9%的国际旅游者因此而感到害怕，决定到其他地区度假。因泰国洪水灾情严重，2011年10月27日国家旅游局发出紧急通知，提醒中国旅游者近期暂勿前往泰国首都曼谷和其他灾区旅游。2013年11月8日超级台风"海燕"横扫菲律宾中部多个地区，造成1200人遇难。由于台风"海燕"经过长滩岛，当地航班取消、码头关闭，造成许多旅游者在岛上滞留以及国内旅游者行程取消。除此之外，像高原反应、极端气温、凶禽猛兽、有毒动植物、森林火灾等也都会影响出境旅游安全。

（七）旅游系统自身因素

1.旅游从业人员的安全意识

旅游企业如果在其经营发展中只将获取利润作为终极目标而忽视安全的重要性，那么在其发展过程中一定会遭遇安全问题所带来的困扰，也必将影响其利润的实现。因此，旅游企业需要提高其对安全问题的重视程度，特别是通过培训，提高其员工的安全意识，使员工认识到旅游安全问题的重要性，了解应如何应对旅游安全问题，采取有效的措施防止危害发生。毕竟，旅游安全问题是关乎旅游企业声誉、形象的大问题，而且有相当一部分旅游安全问题是旅游业从业人员的疏忽大意导致的。比如2013年8月28日泰国芭堤雅一艘快艇在距码头100米处与一渔船相撞，造成中国旅游者2死7伤，就是未安排旅游者穿救生衣，导游没有全程陪同等原因，使"确保旅游者游览当中的人身安全"的承诺落空。

旅游业从业人员的安全意识也体现在组织、安排旅游活动的过程中要关注其自身的安全问题。比如导游、领队，身处旅游活动的第一线，其在带团的过程中，难免会遇到交通事故、旅游景区景点的突发事故、因工作矛盾而引发的人身伤害等。如何较好地保障自身安全，从而有效地推动旅游安全的实现，是旅游业从业人员必须思考的问题。

2.旅游者的安全观念

首先，旅游者外出旅游时，本着追求愉悦、放松身心的目的离开了熟悉的环境，来到一个新奇的地方，常常会将注意力集中于风景名胜和风土人情上，从而放松了警惕，忽视了身边的不安全因素。所以，旅游者很容易成为犯罪分子实施攻击的对象。

其次，旅游者在选择出游方式时考虑不周。有的旅游者在制订出游计划时，没有把自己的身体状况是否能够承受旅游活动的内容作为考虑因素，完全凭兴趣喜好选择参团。常发生患有心脏病的旅游者前往海拔较高的地区或参与惊险刺激项目的情况，有的旅游者甚至未随身携带急救药品，以致酿成在旅游过程中突发意外的悲剧。另外，有很多旅游者热衷于参加徒步游、自助探险游等个性化旅游，却是在没有进行必要的体能和心理准备、没有相关的背景知识储备、没有物资和救助准备，甚至没有经验或能力应付途中突变的情况下就贸然参加由非专业机构组织的、自发性的探险活动，而且不曾为自己购买旅游意外险，其出现意外事故时的代价则是旅游者人身安全保障的牺牲。

最后，旅游者的不文明行为也可能引发安全事故。比如旅游者将烟头随意扔弃或在干旱季节里进行野炊、烧烤而引发山林大火；擅自行动而误入泥泞沼泽地、有瘴气的山谷或毒蛇、猛禽经常出没的地方而意外丧生；因不了解旅游目的地的文化背景及乡土风情而言行不当，从而惹来纠纷等。

（八）其他因素

对旅游者而言，旅游过程中涉及的食、住、行、游、购、娱等环节，每一个环节都需要有良好的公共卫生状况，否则也会带来严重后果。比如因食品的不卫生、不新鲜而导致食物中毒；因客房、交通工具、购物商店、娱乐场所的清洁、消毒不及时而导致旅游者在触摸浴缸、马桶、电视遥控器、车门、护栏、电梯、游乐设施时造成交叉感染或形成病原；因旅游景区的卫生设施陈旧、脏乱，通风状况差而影响旅游者健康等。

某一国家或地区一旦发生公共卫生突发事件，是会给旅游业造成巨大打击的。如2003年年初，我国爆发了"非典"疫情，自世界卫生组织宣布我国的多个省市属于重度非典型肺炎（SARS）的疫区后，相继有100多个国家对中国公民入境旅游提出限制，而同时国外的旅行团也纷纷取消了来华的旅游计划。据世界旅游组织提供的数字，2003年"非典"疫情曾导致去往东北亚和东南亚的国际旅游者人数分别减少9%和14%。再如，突发性环境污染事故。突发性环境污染事故主要指危险化学品、有毒化学品、电磁辐射以及核、生物化学等造成的环境污染、破坏事件；因自然灾害造成的危及人体健康的环境污染事故；影响饮用水源地水质、风景名胜区和生态保护区的其他严重污染事故等。这些事故，毫无疑问地会危及旅游安全。

三、出境旅游交通安全知识

（一）旅游交通安全概述

任何可能给旅游者生命财产带来损害的不安全因素，都会对旅游业造成严重影响。近年来，旅游交通事故频发，给旅游业带来相当大的负面影响。

1. 旅游交通

广义的旅游交通指以旅游、观光为目的的人、物、思想及信息的空间移动。它探讨的对象包括人、物、思想及信息。而通常所讲的狭义的旅游交通只将讨论的对象限定在人或物的范围之内。

旅游交通从空间层次上可以分为三种：

第一层次是外部交通，指从客源地到旅游目的地所依托的中心城市的交通，跨越的空间尺度较大。其主要交通方式是航空交通和铁路交通，也有部分水运和公路交通。

第二层次是在旅游区内部中心城市到旅游城镇、风景区的交通，跨越的是中、小尺度的空间，交通方式以公路为主。

第三层次是内部交通，指旅游城镇、风景区内部的交通，跨越的是微观或小尺度的空间，交通方式以特种交通为主，如索道、游艇、电瓶车、畜力车、骑马、自行车甚至步行等。

从旅游交通的层次范围来看，旅游交通包括以旅游为目的出行的整个过程。但是旅游交通在选线、建设中主要考虑大、中尺度的交通。景区和旅游地内部交通一般是旅游城镇、风景区规划设计的内容。

2. 旅游交通安全

根据旅游交通的狭义概念，旅游交通安全是指以旅游、观光为目的的人、物在不同尺度范围内的空间移动中所涉及的对其有危害或存在潜在危害的安全事件及安全问题。国内外现阶段绝大部分旅游交通还是以公共交通方式为主，在旅游交通安全上还存在一些刑事犯罪的威胁，这种威胁中较为凸显的是抢劫和盗窃。以旅游为目的的出行，在出行方式、目的地、线路的选择及出行链的构成等方面和其他目的的出行有着较大的不同。因此，旅游交通安全与一般的客运、货运交通安全相比，还有其自身的特点：第一，发生时间具有间歇性；第二，发生地点具有广泛性。

此外，由于经济发展水平、基础设施的完善程度以及历史文化等各方面的原因，同样的旅游交通方式也会因国家或地区的不同而存在安全等级上的差异。

3. 旅游交通安全在旅游业发展中的地位

从人类自身来讲，在马斯洛的需求层次理论中，人类的需求被分成生理需求、安全需求、社交需求、尊重需求和自我实现需求五类，并由较低层次到较高层次依次排列。旅游无论作为人类需求中的哪类需求，总会排在安全需求后面。按照需求层次理论所做出的排位，人类一定是先考虑旅游出行的安全，然后才考虑旅游本身。

从旅游产业的角度来看，旅游交通是连接旅游客源地与旅游目的地的桥梁，没有良好的旅游交通条件就不可能形成旅游流，就不能为旅游目的地创造巨大的经济收益。从某种意义上说，旅游交通是整个旅游功能系统的媒介，旅游交通安全则是旅游业稳步发展的重要基础和重要保障，对旅游业的发展意义重大。

（二）旅游交通事故及应对措施

除徒步旅游之外，几乎所有的旅游形式都需要借助于轮船、汽车、飞机、火车等交通工具才能实现，而不管乘坐何种交通工具，都会让出游的危险增加。而且从人类开始使用到今天，几乎所有的交通工具都在安全上出过问题。

旅游交通安全问题的由来，虽然有一部分源自自然灾害的存在，但是现实生活中，人们总是在出现了安全事件之后，才会有所警醒，人们对旅游与交通安全的这种认知顺序的颠倒，正是旅游安全事件不断出现的主要原因。如果对安全问题充分重视，在事故发生之前就给予特别关注，那么旅游交通安全事件的出现概率就会不断降低。

1. 公路

在普通的旅行中，汽车往往是旅游者使用最多的一类交通工具，由汽车造成的旅游交通事故对旅游者的伤害，在各类旅游交通事故中最为普遍。虽然水路交通、空中交通每年也会出现一些事故，但与每年在公路交通中出现的事故相比，要明显少很多。公路旅游交通事故发生的原因除车况、路况、天气情况外，旅游车辆司机的疲劳驾驶、旅游车辆的机械故障、与对方车辆的碰撞等，也是主要原因。

事故分析：中国一直奉行独立自主的外交政策，与世界各国友好相处，这使中国旅游者在国际旅行期间具有相当高的安全感。国际上完全针对中国普通旅游者的恐怖事件发生的概率很小。国家旅游局接到各地上报的出境旅游安全事故中，最主要的是旅游交通事故。

在出境旅游中，因复杂路面和恶劣气候、管理松懈而造成的旅游交通安全事件最多。分析事故发生的原因，主要是驾驶员安全意识薄弱、不能谨慎驾驶、违规行驶、操作不当、疲劳驾车、缺乏旅游车辆特殊驾驶经验以及旅游车辆存在安全隐患等。

旅游车辆驾驶与城市和省际车辆驾驶不一样，会遇到各种复杂路况和恶劣天气，驾驶员应当具有丰富的驾驶经验，熟悉行车线路和路况。

应对措施：为了预防各类旅游交通安全事故的发生，确保旅游者的人身安全，各旅行社及领队人员要提高防范意识，制定事故应急预案，其中特别规定在旅游单日行车不应超过 500 公里，如超过应确保安排两名司机，严禁疲劳驾驶。

首先，旅游车辆的驾驶员、随车的导游和领队要树立强烈的安全行车意识，不能有半点的麻痹大意，在路况不好、恶劣天气、复杂条件下都要做到谨慎驾驶。领队人员要根据天气、路况及具体情况，时刻提醒、协助和督促司乘人员安全驾驶。

其次，是要保证旅游车辆的正常运行，要对在用旅游车辆定期进行安全检查，凡是没有旅游运营资质的车辆一律禁止接待旅游团队，严禁故障车和尾气超标车上路，尤其不能超载超速行车及超负荷行车。旅游车上的每个座位都要有安全带；密封的旅游车内，车窗旁边应配备逃生锤；大型旅游车在中部或后部应有一个安全门，并给予醒目的标注。随车出行的导游和领队是整个旅程中的安全责任第一人，因此要对导游、领队人员集中进行安全培训。导游和领队应向旅游者介绍一些基本的安全知识和注意事项，并及时提醒乘车的旅游者系好安全带。如果发现旅游车辆的驾驶员在行车过程中有超速驾车或其他违章行为，要及时提醒并制止。

此外，各旅行社及计调、导游和领队人员要主动加强与旅游、气象等部门的联系，及时了解和掌握旅游地区路况、恶劣天气信息，为旅游者提供安全舒适的旅游交通服务。

2. 水路

承担水上交通运输的船舶经营者基本上是单元式经营。水路旅游交通有其固定的水域或航线，和陆地有相当一段距离。因此，针对旅游者的一些犯罪活动（如抢劫等）使人难于防范。

近年来，水上旅游逐渐成为一种特色旅游，承载的水上运输业务主要以短途航线为主。虽然水上旅游已成为旅游产业的重要组成部分，但在推动当地经济发展的同时，也为水上交通安全埋下了许多隐患。

2011年7月10日，俄罗斯"布加尔"号游轮在俄罗斯鞑靼斯坦共和国境内的伏尔加河段沉没，122人遇难，遇难旅游者以女性为主，另包括28名儿童；2011年2月17日，越南一艘载有27人的游轮在下龙湾沉没，造成12人死亡；2010年7月25日马来西亚旅游景区停泊岛附近发生游艇与另一艘船猛烈相撞事故，6名中国旅游者受伤；2009年7月23日，瑞典两艘邮轮在波罗的海一港口附近发生相撞事故，造成多人受伤；2006年3月30日，一艘载有137名乘客的邮轮在巴林附近海域倾覆，造成至少57人死亡。

事故分析：与公路交通相比，水路交通受一些自然因素的影响更大。在水路交通事故中，因不可抗拒的自然因素导致的事故仍占多数。但是，在各类水路旅游交通事故中，由于人为原因所导致的事故仍居首位。

由于水路交通的特殊性，国际恐怖分子和一些反政府武装的活动目标逐渐向水路交通转移。随着水上旅游的逐渐升温，旅游船舶密度增加，老旧船舶、不规范船舶也不断出现，船上通信设施和救生设备不齐全，布置不合理，船舶的技术性能和航行安全的可靠性能也不容乐观。据统计，因此而引发的事故占水上旅游交通事故的80%以上。

作为一种特色旅游的水上旅游，由于还处于发展初期，大多数还未划定旅游专用水域。旅游船舶与其他船舶在同一通航水域混合航行，没有明确的游览船、货运船航道之分，快艇在大船前穿梭时往往忽略瞭望、测距、鸣笛等操作规范。不遵守通航秩序的现象时有发生，极易发生水上交通事故。

应对措施：自然原因造成的水上旅游交通事故，虽然具有不可抗拒性，但如果旅行社在选择某些水上旅游交通线路前，对其沿途的天气情况有所掌握，并加以规避的话，这类旅游交通事故发生的概率就会大大降低。

旅行社除了购买最高规格的旅行社责任险保障旅游者权益外，还应对领队人员进行一些实用的水上救生、逃生基本知识培训，为领队人员购买人身意外险，为旅游者购买活动期间的旅游意外险。一旦风大浪急，游艇项目就有一定危险性，应取消安排水上项目。旅途中领队人员要有安全防范意识，及时提醒旅游者注意人身安全，尤其在涉水景区，要听从工作人员或导游员的劝导。

安全提示 | **逃生保命三要素**

在任何情况下，逃生保命的三要素：一是坚忍不拔的逃生意志，二是因地制宜的逃生方法，三是正确使用的逃生器材。

3. 航空

全世界每年死于道路交通事故的人数达100多万，而死于空难的大约仅有1000人。从这个意义上讲，乘飞机也许是最安全的交通方式，然而飞机一旦失事，幸存的概率非常小。常见的空难原因主要有人为因素、环境因素和飞机质量因素。其中通过对飞机失事有关资料的分析，人为因素占80.5%。

根据中国行业研究网（http://www.chinairn.com/news/20121208/811153.html）《2016年全球航空旅客运输量预计分析》，总部设在日内瓦的国际航空运输协会（International Air Transport Association，IATA，简称"国际航协"）发布报告称，2012 ~ 2016 年，全球航空客运量每年将实现 5.3% 的递增，预计到 2016 年将达 36 亿人次。特别是中国，到 2016 年航空客流量将较 2011 年增长近 1.93 亿人次，其中国内支线客运将增长 1.59 亿人次，国际航班乘客则有望增长 3400 万人次。

事故分析：人为因素是造成空难的第一大原因，包括地面指挥失误造成起降过程发生问题、飞机检修维护不力、驾驶员过度疲劳或者操作失误等。飞机的起飞和着陆过程虽然只占总飞行时间的 6%，但发生事故的概率却高达 68%；环境气象原因也是不可低估的重要因素，最主要的是恶劣的天气，如大雾、冰雹、雷暴雨、低云等；飞鸟撞击也会引发飞机事故；飞机本身的故障也会导致空难，如飞机结构问题、操纵系统失灵以及起落架放不下来等。

真正属于飞机本身技术问题造成的事故只占很小比例，特别是现代民航客机，飞机的安全性能已十分成熟。此外，军事、恐怖活动造成空难的事故也偶尔发生，如劫机事件、恐怖分子安放爆炸物品以及客机误入别国领空被击落等；近些年广告气球日益增多，气球失控升空与民航客机抢道事件时有发生，给飞行安全带来了极大的威胁。还有一些空难事故一直找不到失事原因。如 2014 年 3 月 8 日凌晨 2 点 40 分，马来西亚航空公司一架由吉隆坡飞往北京载有 239 人的 MH370 航班与管制中心失去联系，至本书出版之时还没有准确消息。

据飞行安全基金会的数据，以下是过去几年中全球范围发生的几起重大飞行事故（参考消息网 www.cankaoxiaoxi.com）：

2013 年 7 月 6 日，韩亚航空公司 214 航班在降落美国旧金山国际机场过程中失事，失事的波音 777 型客机搭载 291 名乘客和 16 名机组人员，其中有 141 名中国公民，两名中国公民遇难。

2012 年 6 月 3 日，达纳航空公司一架 MD-83 飞机在尼日利亚坠毁，导致 163 人丧生。

2010 年 7 月 28 日，蓝色航空公司一架空客 A321 飞机在巴基斯坦坠毁，导致 152 人丧生。

2010 年 5 月 22 日，印度航空快运公司一架波音 737 飞机在印度坠毁，导致 158 人丧生。

2009 年 7 月 15 日，里海航空公司一架图波列夫 154 飞机在伊朗坠毁，导致 168 人丧生。

2009 年 6 月 30 日，也门航空公司一架空客 A310 飞机在科摩罗坠毁，导致 152 人丧生。

2009 年 6 月 1 日，法国航空公司一架空客 A330 飞机在大西洋坠毁，导致 228 人丧生。

2008 年 8 月 20 日，西班牙航空公司一架 MD-82 飞机在西班牙坠毁，导致 154 人丧生。

路途较远的出境旅游，几乎都要与飞机打交道，因此很多人对乘坐飞机的程序十分熟悉。也正是因为经历太多，很多人对乘坐飞机旅游中包含的一系列安全规则和程序已熟视无睹。而事实上，安全隐患很可能就存在于这样的掉以轻心当中。在万米高空，安全问题出不得一点差错，一点小小的疏忽也许会带来意想不到的麻烦，甚至是无法挽回的悲剧。

应对措施： 也许无法完全消除空难，但是确有通过科学技术的提高和责任心的加强来减少或降低空难的可能。

机场的安全检查是对全体乘机人员最基本的安全保障，因而不仅需要旅客予以理解，更需要旅客的充分配合。正是通过这些具体的安全环节，才使得安全意识从抽象变得具体。

为了减少旅行过程中航空旅行事故的发生概率，旅行社在选择航空班机时应从安全的角度出发，选择最安全的班机和航空线路。在选择飞机方面，应该选择至少 30 个座位以上的飞机。专家指出，飞机的机体越大，国际安全检测标准也越高、越严，即使发生意外，大型飞机上乘客的生存概率也较小飞机高。

在选择航空线路时应尽量选择直飞航班。有关统计数据显示，飞机起飞后的 6 分钟和着陆的 7 分钟内，是最容易发生意外事故的时段，国际上称为"黑色 13 分钟"。据航空医学专家统计，有 65% 的空难事故发生在这 13 分钟内。

因此，预防的最好措施是选择一条中转次数最少的航空线，这样可以有效减少遭遇"黑色 13 分钟"的概率。

在登机前要提醒旅游者大件行李不要随身带上飞机，如果飞机遭遇乱流或紧急事故，座位上方的置物柜通常承受不住过重的物品，乘客很容易被掉落下来的行李砸伤。登机后，领队人员在找到座位之前应先对飞机进行仔细观察，清楚地了解安全门的位置。待旅游者坐稳后，要提醒旅游者检查座位下的救生衣，并叮嘱旅游者一定要认真观察飞机起飞前空姐的安全演示。安全演示的内容虽然大致相同，但因飞机型号、航空公司的要求不尽相同，也会有些许区别，因此要求领队人员要牢记空姐的安全演示，并达到 100% 的掌握程度，以便在意外发生时有足够的帮助旅游者脱离危险的知识。

乘坐飞机逃生的要领和技巧是出境旅游安全的重要组成部分，每一位领队人员都应将其作为自己的一项业务技能熟练掌握。

（三）旅游出入境安全

大多数出境旅游的旅游者对相关国家的法律法规和海关的有关规定所知甚少，对旅游相关部门发布的各种警示也不太在意。由于旅游者的不重视和组团旅行社的疏忽，从而使因违反海关的有关规定而发生的意外事件非常多。

中国旅游者实质性进入国际旅行的时间不长，国际旅行的安全经验还不像西方旅游者那样娴熟，因而对旅游出入境过程中发生的抢劫、偷盗等刑事犯罪更是缺少防范经验。另外，许多中国旅游者出境旅游时都喜欢携带大量现金，不喜欢使用信用卡作为支付手段，从而增大了随身财物被偷盗的机会。另外，中国旅游者因缺少对外国法律法规尤其是海关相关规定的基本了解，因而在出入境的过程中蒙受损失的情况很常见。

如近年来，一些中国公民赴缅甸旅游时，在市场上购买了未加工的玉石毛坯并试图带出境，被缅甸海关扣留；有些中国商务人员试图携带数额较大的美元出境，结果被缅甸海关查出后予以没收，蒙受了巨大的损失。

在象牙案件中，绝大多数当事人都是在访问的国家通过正规场合购买的象牙制品，也符合所在国关于购买象牙和象牙制品的法律规定。但是这些旅游者正是由于缺乏对我国海关相关规定的了解，不知道他们"合法"购买的象牙制品是不允许私自携带入境的，而受到中国海关部门的行政处罚。

中国旅游者除缺乏对一些国家海关相关规定的了解外，还缺少防范境外刑事犯罪的意识，尤其是到一些经济发达的欧美国家旅游时，往往更是放松了警惕。首次出国旅行的旅游者，对安全的自觉性往往会被强烈的好奇心等所取代。

许多中国旅游者都喜欢携带现金而不喜欢使用信用卡，走出国门的中国旅游者在消费习惯上属于典型的"炫耀性消费"。中国旅游者喜欢购物，这一习惯在经过国外新闻媒体的推测和揣摩性的报道后已大大走样。在客观上造成中国旅游者安全指数的降低，使中国旅游者更容易成为犯罪分子的侵害目标。

在旅游者的旅程开始之前，组团的旅行社和计调、领队人员应召开行前说明会，提醒和告诫旅游者将要到访的每一个国家的注意事项，尤其是海关和机场安检的有关规定。如去一些非洲国家旅游时，不要购买象牙等中国海关禁止携带入境的旅游纪念品；到缅甸旅游时，要去正规市场购买做成成品的玉石纪念品，不要在当地黑市购买玉石原石并携带出境，以免触犯缅甸的法律。

出境旅游团的领队对保证全团旅游活动的顺利进行和全体旅游者的安全负有不可推卸的责任。出境旅游团领队应不断丰富自己的国际旅游经验，尤其是在出入境过程中的安全经验。同时，对旅游行程中可能发生的各种状况都应当了然于心，随时提醒旅游者提高安全警觉。

安全提示　　　　　　　　　　**托运箱包的安全**

在选择出行的托运箱包时，从安全的角度考虑，最好不要选择那些过于名贵的品牌，因为这样会使自己的行李被偷盗的危险性增加。应该选择一些箱体牢固、外表并不太引人注目的中等箱包产品，以增加其安全性。如果可能，要在行李箱上多加一把锁来增加偷盗者的开启难度。托运的旅行箱外面加上一条捆扎带，也会起到同样的作用。另外，在行李箱上不要粘贴具有明显国家标志的胶贴，否则，在一些种族主义盛行或政治偏激的地方，行李很有可能受到损坏。

四、出境旅游景区安全知识

（一）旅游景区的含义及地位

旅游景区含义的模糊和宽泛，使得没有一个固定的旅游景区的定义和规范。但是，作为一个系统，旅游景区应该包括自然类旅游景区（国家公园、森林公园、地质公园、自然保护区、野生动物园等），人文类旅游景区（文化遗址、博物馆、古建筑、名人故居等），人造景观区（主题乐园、微缩景区、海洋馆等），休闲度假区（海滨、湖滨、温泉区、滑雪区、高尔夫球运动区等）以及节事庆典（大型活动、博览会、狂欢节、艺术节等活动区）和具有极高参与性的旅游活动区域（漂流旅游区、滑雪旅游区、登山旅游区、攀岩旅游区、蹦极旅游区、滑翔旅游区、跳伞旅游区等）。

旅游景区是旅游业的核心要素，是旅游产品的主体，是旅游产业的中心环节，同时，旅游景区是旅游活动的核心和空间载体，是旅游系统中最重要的组成部分，也是吸引旅游者实现出游需求的最主要因素。旅游业和旅游服务都是依附于旅游景区的存在而存在的。旅游景区是旅游业中一个最主要的复杂的组成部分，因此，旅游景区的正常运营与否直接影响到旅游业的正常发展。

（二）旅游景区安全的内涵

旅游景区安全可以相应地分为人身安全、财产安全、名誉安全等。从旅游业运行的环节和旅游活动的特点来看，旅游景区安全包含旅游活动的六大环节，可相应分为景区饮食安全、景区住宿安全、景区交通安全、景区游览安全、景区购物安全、景区娱乐安全六大类；从旅游学研究对象看，旅游景区安全可以分为旅游主体安全、旅游媒体安全和旅游客体安全。旅游主体安全即旅游者安全；旅游媒体安全集中表现为景区交通安全和旅游从业者安全；旅游客体安全即旅游资源的安全，涉及资源的保护、环境容量与可持续发展。综上所述，旅游景区安全可以定义为：作为旅游主体的旅游者在旅游景区开展各种旅游活动的时候，旅游主体、旅游媒体和旅游客体的安全是否受到威胁和伤害。

（三）旅游景区安全事故表现形态

近年来旅游景区安全事故频繁发生，旅游景区安全事故通常在旅游活动的各环节交替或同时出现。主要有以下几种：

（1）犯罪。旅游与犯罪之间有着非常重要而且明显的关系。由于给旅游者带来创伤的严重性和影响的社会性，犯罪成为出境旅游安全中最为引人注目的表现形态之一。旅游景区犯罪包括盗窃、诈骗、抢劫、敲诈勒索等暴力犯罪与财产性犯罪，还包括性犯罪和与毒品、赌博、色情有关的犯罪。

（2）火灾与爆炸。近年来火灾呈上升趋势。火灾与爆炸往往造成严重的后果，如人员的伤亡、基础设施遭到破坏、财产遭受损失等，甚至造成整个旅游景区设施系统的紊乱。

（3）游乐设施安全事故。如机械游乐设施安全事故、航空热气球事故、水难事故、景区交通事故（缆车等）。这些安全事故的发生更让我们看到游乐设施安全问题的严重性。

案例　　　　　　　乘迪士尼太空船后猝死

2005年6月13日下午，家住宾夕法尼亚州塞勒斯威尔的4岁男孩多迪乘迪士尼太空船后猝死。多迪的母亲巴穆维耶当天陪儿子一起坐上了太空船。当太空船在空中旋转时，她说自己"感觉有什么地方不对劲"。"当时多迪吓得身体都僵了，两条小腿软趴趴地垂着。我不得不握紧他的手，让他不要害怕。"巴穆维耶回忆。太空船停下来后，多迪四肢瘫软，连路都走不了了。巴穆维耶不得不把他抱下飞船。游乐园的工作人员叫来医生，但折腾了一番后，多迪并无多大起色，于是又被送往附近医院救治。可惜，最终他仍不治身亡。

（4）旅游活动安全事故。如攀岩、探险事故。户外探险不是普通的旅游，在大自然面前切不可凭兴趣鲁莽行事，旅行社应该建立应急救援机制，将事故危险降到最低。

案例 　　　　　　　　　　　　**沙滩打手机遭雷击**

- -

　　据俄罗斯《共青团真理报》2008年7月18日报道，在俄罗斯巴什基尔一沙滩浴场，一名年轻妇女因在下雷阵雨时接听手机遭雷击，导致她本人和身边两个儿子死亡，另有6人受伤。手机周围有磁场，磁场具有导电性。因此建议，打雷时不要接听手机。

　　（5）疾病（或中毒）。旅途劳累、旅游异地性导致"水土不服"和客观存在的食品卫生问题等可能诱发旅游者的疾病或导致食物中毒等。

案例 　　　　　　　　　**赴美旅游遭蚊子叮咬后失去意识**

- -

　　无处不在、防不胜防的蚊子恐怕是自然界最不起眼也最具杀伤力的昆虫。蚊子能够传播传染病和致命病毒，它对人类的危害超过任何凶猛野兽。除了传播各种传染病外，人类还可能因为它的"轻轻一吻"感染罕见的致命病毒。据英国《泰晤士报》报道，英国一名男子在美国罗得岛州和新罕布什尔州度假旅游期间就遭遇了这种厄运，因蚊虫叮咬，他的大脑神经系统遭到一种东部马脑炎病毒的严重破坏，后陷入昏迷。医生对此也束手无策。

　　（6）其他意外安全事故。出境旅游安全表现出复杂性和突发性，往往存在特殊、意外的突发性事件。如正在运行的"全部符合标准要求"的蹦极、飞旋转椅突然倒塌事故；橡皮筏漂流发生意外等。此外，不可完全预测的地质灾害会突然发生，造成不可估量的伤害和损失，等等。

五、出境旅游饭店安全知识

　　马斯洛在其著名的需求层次理论中把"安全需要"列为人类的基本需要之一，即人类有"治安、稳定、秩序和受保护"的需要，安全需要是仅次于生理需要的人类最先考虑的问题（图1-1）。因此，可以将安全通俗地理解为"无危为安，无损为全"，安全就是使人的身心健康免受外界因素影响的状态。

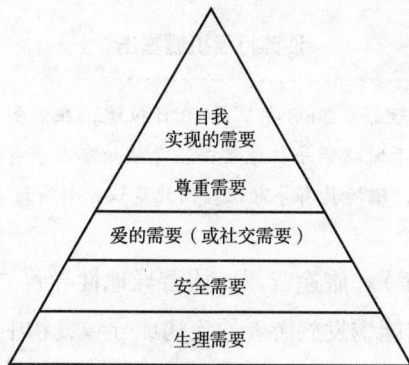

图1-1　马斯洛需求层次划分

（一）旅游饭店安全的内涵

旅游饭店既是为住店宾客及社会公众提供各种服务的场所，又是饭店管理者组织和开展各项经营活动的场所。饭店开展各项经营活动都要以安全为基础。只有在安全的环境中，饭店的各种服务才能得以开展，并确保其质量。当然，也只有在安全的环境里，饭店的经营管理活动才能取得理想的社会效益和经济效益。

旅游饭店安全是指在饭店经营区域内所有人员、所有财产没有意外损失或伤害，并不受任何外界威胁的生理、心理安全环境。

（二）饭店安全保护对象

饭店安全保护对象指在饭店所控制的范围内的所有人员和所有财产。所有人员指的是所有光临本饭店的顾客，包括住宿、用餐及参加娱乐、商务会议等各种活动的客人，还包括饭店所有员工以及在饭店经营区域内的其他合法人员。所有财产则不仅限于所有顾客的财产，还包括饭店财产和饭店内工作人员的财产。

具体说来，主要包括：

（1）保障饭店宾客的人身安全、财产安全和心理安全。

（2）保障饭店员工及饭店经营区域内工作人员的人身安全、财产安全和心理安全。

（3）保障饭店的财产安全。包括防止财物失窃、保护设施设备、防止客人逃账、防止火灾、防止恐怖袭击以及防止其他意外情况发生，维持饭店正常的经营秩序。

（4）保障饭店的网络安全，防止黑客入侵，防止病毒感染，确保网络安全及饭店网络工作系统的正常运行。

（三）饭店安全的类型

现代饭店经营中的安全问题主要表现为七大类型。

（1）犯罪活动。饭店安全中的犯罪大多数以偷盗为主，因为饭店是一个存有大量财产、物资、资金的公共场所，因此无论饭店客人的钱财还是饭店内具有较高价值的物品都有可能成为犯罪分子进行偷盗犯罪活动的目标。偷盗案件甚至有可能演变成人身伤害事件。

（2）火灾及其他意外伤害。火灾事故往往会造成饭店人员的重大伤亡和财产损失。由于饭店接待设施以及各类高档消费品存储较多，一旦发生火灾，其经济损失较高，危害也较大。饭店火灾不仅危及客人、饭店员工的生命财产安全，也使饭店遭受重大的经济和名誉损失，甚至会给社会和国家带来不可估量的损失。

（3）隐私及心理安全。隐私安全是对客人个人生活习惯、爱好、嗜好及其他行为的安全保障；心理安全是指客人住店后对饭店环境、设施和服务的信任感。随着科技的迅猛发展，即使是客人的个人隐私也变得越来越透明，作为饭店有义务提供给客人一个安全、没有侵犯和窥视的生活、工作空间，而客人对隐私安全的担心也会影响到客人的心理安全，这是客人对饭店最起码的信任需求。

（4）逃账。逃账现象在饭店经营中常有出现。在饭店经营管理中，经常有客人冒用信用卡、盗用支票、使用假支票和假币或恶意逃单等。逃账无疑会给饭店带来经济损失和人力的耗费，危及饭店的财产安全。

（5）社会治安问题。饭店作为一个接待、服务型企业，来往的客人身份复杂，必然会出现一些社会治安问题，例如吸毒、赌博、卖淫嫖娼和打架斗殴等。毒品、赌博、色情并不一定给客人带来直接的安全威胁。但毒品、赌博、色情本身是犯罪的温床，是威胁客人安全的潜在因素。

（6）卫生安全。卫生安全问题常表现为食物中毒，食物中毒是由饮食卫生引发的较为严重的饮食安全问题。饭店发生此类卫生安全问题的原因主要是饮食提供者提供的食品、饮料过期、变质或处理不当而导致的恶性伤害。

（7）其他安全问题。如网络安全和恐怖问题等，随着社会的不断进步，安全问题的形式也在不断地发生变化，传统的安全保护已经不能够适应现代社会的发展，因此需要从多方面入手，保障饭店的经营安全。

（四）饭店安全管理的难点

（1）饭店具有开放性。几乎所有的饭店都敞开大门迎接八方来客，同时又要防止居心不良分子和犯罪分子乘机混杂其间，危害消费者和饭店的权益，处理好这些关系确实不易。

（2）饭店正成为新的犯罪目标。饭店是一个存放有大量财产、物质和资金的场所，很容易成为外来不良分子及饭店某些不法员工进行偷盗活动和其他犯罪活动的目标。从饭店出现的盗窃案件来看，内部员工作案、内外勾结作案也占相当大的比例。饭店员工在日常工作中常有机会接触到饭店和客人的钱、财、物，如果他们的自身修养不足，会令饭店的安全管理工作防不胜防。

（3）宾客安全意识薄弱。在饭店发生的各类安全事件中，有很多事件的案发原因与宾客安全意识薄弱有关，如不将贵重物品存放在前台，而是随便放在客房内，令犯罪分子有可乘之机；让"三陪女"进房，结果是"引狼入室"，招来"杀身之祸"。还有不少饭店安全事故的肇事者就是客人自己，例如饭店火灾事故的发生，究其原因有很多是住店客人使用烟火不当或误用电器等。总之，宾客素质参差不齐以及安全意识淡薄是饭店安全管理的隐患。

（4）员工流动频繁。在其他行业，正常的人员流失率一般在 5%～10%，作为劳动密集型企业，饭店的流动率多在 20% 以上。员工的高流动性导致饭店服务的不稳定性，同时导致饭店员工素质降低。

（5）防疫防恐问题突出。饭店业作为接待旅游者的主要场所之一，如何防止疫情在饭店内部传播成为饭店经营者在非常时期的主要工作之一。在过去的十几年中，针对旅游者的恐怖袭击事件屡屡发生，如恐怖分子劫持飞机、游轮和杀害无辜旅游者等，而针对饭店的恐怖袭击活动也逐年增多，如发生在 2002 年的巴厘岛恐怖爆炸活动，造成了 191 人死亡、300 多人受伤的严重损失，不仅对发生爆炸的俱乐部造成致命的打击，同时给印度尼西亚的旅游业带来了巨大的打击。

（6）犯罪分子作案手段狡猾、隐蔽性强。从近几年破获的案件中分析，犯罪分子越来越趋向于高智商、高科技的专业犯罪团伙，他们往往身着名牌服装，以大款形象入住高级豪华饭店，对饭店相当熟悉，以致饭店安全管理人员放松警惕。这类犯罪分子作案时有明确的分工，开一道磁卡密码锁只需几秒钟，且不留下任何蛛丝马迹。

（五）饭店消防安全隐患原因分析

饭店火灾原因具体来说主要表现为以下几个方面：

（1）室内装饰装修标准高，使用可燃物多。

（2）建筑结构易产生烟囱效应。现代化的饭店不少是高层建筑，电梯井、管道井较多，一旦发生火灾，就极易产生"烟囱效应"，即在低层发生的火灾造成的热空气，因为密度较低，经电梯槽或走火通道得以往上流动，使高热气体不断在通道的顶部积聚，结果使火势透过空气对流在大厦的顶层制造另一个火场。不但使扑救变得更困难，更会危及前往天台逃生的人员的生命安全。

（3）电器设备故障。现代饭店功能繁多，各种电器设备的使用也十分频繁，而这些设备用电负荷大，再加上有的电器电线安装不符合要求，因而成为饭店火灾的主要原因。

（4）客人吸烟所致。一种是由于客人卧床吸烟，引燃被褥造成火灾；另一种是由于吸烟者乱扔烟头引发火灾。

（5）消防设施、设备不足。很多饭店火灾的发生与蔓延大都是由于没有配备足够的消防器材所致，而多数饭店为了减少费用而忽视了消防设施的配备。我国消防法规定，一类建筑通道每 15 米必须安放手提式灭火器一部，二类建筑通道每 20 米必须安放手提式灭火器一部。

（6）防火意识淡薄。饭店火灾多数发生在夜间，此时客人已休息，饭店工作人员又少，火灾苗头往往不易被发现，如果饭店对消防管理有所疏忽，火灾就不能得到及时有效的控制。

（六）饭店火灾人员伤亡原因分析

造成饭店火灾人员伤亡的原因有：

（1）起火发现晚、燃烧速度快，扑救困难。

（2）发生火灾时人们的异常心理与行为。饭店客人在饭店居住时间多数不长，对逃生路线不熟悉，在火灾疏散过程中，容易造成心理紧张、恐慌，而发生混乱阻塞逃生通道，严重影响疏散的速度与效果，从而造成惨重的伤亡。

六、旅行社出境旅游安全知识

（一）旅行社出境旅游安全管理

出境旅游安全管理指为了保障出境旅游活动的平安、无危险、不受威胁、不出事故，避免或降低因安全事故造成的人员伤亡、财产损失而有意识、有计划地对出境旅游活动中的各种风险进行预防、警示、控制和处置的活动及相关活动的总称。

旅行社出境旅游安全管理的目的是保障出境旅游者在人身财产和旅游权益"无危、无损"的状态下，完成旅游行程，实现旅行社综合效益。旅行社出境旅游安全管理强调全员管理和全过程管理（图1-2）。

（二）旅行社出境旅游安全保障的内涵

旅行社负有保证旅游者人身和财产安全的义务。这种安全保障义务是旅行社为旅游者提供的符合保障旅游者人身、财产安全需要的服务。

（1）出境旅游危险预防义务，即出境旅游危险告知义务。在出游前，旅行社不仅应当向旅游者提供在旅游计划中所涉及的各种必要的可能威胁旅游者人身、财产安全的信息，如有关交通、餐饮、住宿、游览、购物、娱乐等设施设备的安全状况以及以上各个环节中容易出现的各种安全问题；出境旅游目的地国家或地区的风俗习惯、宗教信仰、流行疾病控制预防、社会治安状况等。而且应当做好以上各个方面的危险预防准备工作。出境旅游领队在引导旅游者旅行、游览过程中，应当就可能发生危及旅游者人身、财产安全的情况进一步向

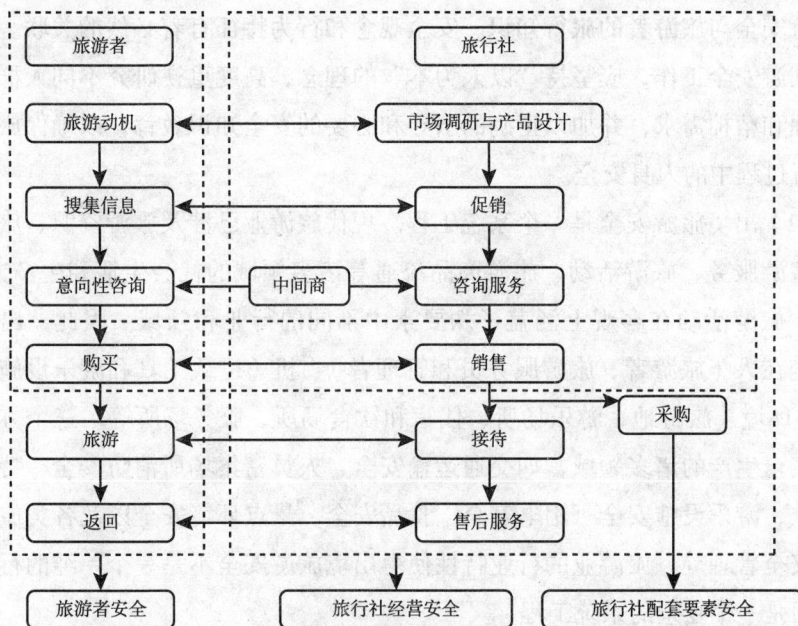

图 1-2　旅行社安全管理过程图

旅游者做出具体的真实的说明和明确的警示，并按照旅行社的要求采取相应的恰当的防止危害发生的措施。

（2）危险注意及救助义务。在旅游过程中，旅行社工作人员不仅要提前履行告知义务，还要密切注意并采取恰当的措施预防危害的发生；如果旅游者的人身、财产安全正在受到侵害，出境旅游领队人员应当积极协助旅游者果断采取恰当措施以制止侵害的继续；如果旅游者的人身、财产安全已经受到了侵害，出境旅游领队人员应当尽快和有关部门或单位取得联系，通过协商、行政或法律等途径采取相应措施，防止旅游者损失进一步扩大，妥善处理善后事宜。

（三）旅行社出境旅游安全管理特征

（1）出境旅游安全的本质是人身安全。旅游是现代社会居民的一种短期的特殊的生活方式，是人们从外出经济消费中获得身心健康、精神愉悦和文化信息传播的过程，其主体是人的审美、游乐、考察、交流和求知活动。因此，出境旅游安全与旅游者的旅行知识、安全观念和行为特征有着必然的关联。做好出境旅游安全工作，应坚持"以人为本"的理念，高度重视研究不同人群的旅游心理和精神需求，并加以正确的引导和必要的安全知识教育，以确保旅游者在旅行过程中的人身安全。

（2）出境旅游安全是一个系统工程。现代旅游业已涉及旅游资源、旅游设施、旅游服务、旅游活动、旅游商品流通等诸多领域的社会生活和生产方式，其中，旅游活动在客观上涵盖了六要素中不同的行业和领域。因此，出境旅游安全在人（旅游者、旅游服务员和管理者）、机（运载工具和游乐设施、设备）、环境（旅游地、游乐场所、住宿和饮食场所、服务场所等）三个方面包罗了安全生产的诸多领域，如交通运输安全、人员密集场所消防安全、特种设备安全、游乐设施安全、用电安全、食品安全、景点环境安全以及各类旅游项目的安全管理等。旅游业的行业特性使得出境旅游安全不是一个单纯的行业安全，而是一个复杂的系统工程。

（3）出境旅游安全是动态的安全保障。旅游的基本特征是亲历性。出境旅游安全是保障旅游者在交通、游览、游乐、休闲、购物等一系列旅游活动运行过程中的安全，是动态状况下的安全保障。出境旅游安全的这一特征，决定了其安全监控和管理工作的特殊性，要求负有安全管理和监督职责的各方加强工作联动，对出境旅游安全所涉及的各个方面、各个环节采取针对性的管理办法和措施，对旅游活动实施全过程的安全监控和动态管理。

（四）旅行社出境旅游安全管理的内容

（1）出境旅游线路设计中的安全。旅行社产品的销售最后必将落实到具体的线路设计，旅游线路设计的好坏是和旅行社经营状况息息相关的。所以，旅行社一般都十分重视对出境旅游线路的设计，国外旅行社将旅游线路视为商业秘密，有的甚至申请专利加以保护。旅行社在设计出境旅游线路时，除了应做到内容丰富，结构合理，既可以使旅游者获得愉悦的旅游体验，又可以使旅行社获得经济效益外，安全因素也是必须考虑的问题。在出境旅游设计线路及实施操作时应尽可能地避免人们能够预料的风险，把风险控制在最低的程度。旅行社应当避免存在有安全隐患的旅游线路和旅游方式，对出境旅游目的地的选择也必须考虑到战争、自然灾害、流血冲突、社会治安和犯罪以及恐怖活动等可能影响旅游者人身、财产安全的因素。

（2）选择安全可靠的境外旅游供应商。旅行社是联系众多旅游供应商的纽带。旅行社不可能包揽所有的环节，而必须依靠一定的旅游供应商方可提供适当的产品，实现旅游者的出行目的。因此，为了保障旅游者的人身、财产安全，旅行社必须尽一切可能的方法进行调查，收集相关信息，挑选能够提供一定旅游服务水准的境外旅游供应商。

（3）选任合适的出境旅游领队人员。出境旅游领队人员是旅行社与旅游者直接接触最多的人，他们往往是安全事故的当事人或者是赶到现场的第一人。选任具备足够安全意识与安全事故防控能力、处理能力的合格领队人员，不但有助于在旅游过程中更好地预防、发现和消除安全隐患，降低安全事故发生率，也是有效处理事故、降低事故损失的关键。旅行社须加强对领队人员的培训工作，规范旅游服务的安全操作，培养安全意识和安全事故的处理能力，还应该要求他们具备起码的安全设施设备准确使用和日常维护的常识。除此，要求领队人员对旅游者进行安全引导和教育也很重要。

（4）选择合格的境外地接社。境外旅游目的地地接社是直接为旅游者提供有关旅游目的地线路、交通工具、饮食、观光以及其他旅游服务项目事项等信息和相关服务的旅行社。根据组团社的预订，向当地旅游服务供应商订购有关服务，如住房、餐饮、汽车、景点门票以及赴下一站的机、车、船票，并将它们组合成包价旅游产品，制定价格后预售给组团社。总体而言，组团旅行社和地接旅行社之间是建立在互利基础上的经济合同关系。在实际操作中，具体表现为四种关系：隶属关系、单一的合作关系、松散的合作关系和稳定的合作关系。从地接社的功能和与组团社的关系可以看出，选择合格的地接社对于保证组团社产品的质量和信誉、保障旅游者合法权益是十分重要的。特别是当组团社没有自己的分支机构，与地接社处于比较单一或比较松散的合作关系的时候，选择合适的境外地接社尤为重要。

（5）旅游购物安全。在旅游的六大环节，旅游购物消费属于弹性最大的一项旅游收入。旅游者对"购"的需求是最随机的，具有较强的弹性。旅游购物已成为现代旅游活动中不可缺少的组成部分，由此形成的收入也成为旅游业经营中最重要的组成部分。与此同时，旅游购物对目的地的非破坏性越来越受到发展旅游业的地区和国家政府的重视。旅游购物安全直接涉及旅游者的财产安全，因此也是旅行社出境旅游安全保障义务的基本内容，应当引起旅行社的足够重视。为保障旅游者的购物安全，旅行社首先要做的是加强对领队人员的管理，提高他们的整体素质，规范他们的职业行为和职业道德。同时，在旅游过程中，旅行社工作人员还应该提醒旅游者旅游目的地常见的购物陷阱，劝告旅游者不要有从众心理和贪图便宜的思想，以免上当受骗。购物时要谨慎，最好在正规商店购买商品，这样可以避免退换货时的麻烦。机场只办理与机场有协约商店的退税业务，所以，旅游者在购物前一定要问清到底这家商店是不是真能在机场办理退税服务。

（6）提醒旅游者。如非必需，出境期间不要携带大量现金和贵重物品。中国人很容易被偷窃，其中一个重要原因是我们有随身携带大量现金的习惯。同时注意不要把现金和贵重物品放在托运行李中，也不要把现金和贵重物品放在酒店或旅游车中。正确的做法是可存放在酒店前台和房间的保险箱中，但要保管好凭据、钥匙，并记住保险箱密码，一旦发现钱物丢失或被偷盗，要立即报告领队和导游，请他们与酒店方面交涉，如在机场、酒店或旅游车上遗失证明，要和领队一起与相关方面交涉，可酌情报警处理，并请其出具较为详细的遗失证明。

（五）旅行社出境旅游安全事故表现形态

（1）犯罪。由于犯罪给旅游主体带来的创伤的严重性和影响的社会性极大，因而成为出境旅游安全中最引人关注的表现形态之一。旅游业运行中存在的犯罪数量众多，具有一定的规律和特点，大体上可以分为三类：侵犯公私财产类犯罪、危害人身安全犯罪、性犯罪和与毒品、赌博、色情有关的犯罪。这几类犯罪有可能交叉出现，即在实施一种犯罪的同时实施了其他的犯罪。如发生对旅游者的性侵犯，随之而来的还有财物抢劫。

（2）突发的自然灾害。近年来突发的自然灾害呈上升趋势。如雪崩、山火、岩石崩塌、海啸、地震、台风等，都属于"不可抗力"的灾害源头。

（3）疾病（或中毒）。旅游劳累、旅游异地性导致"水土不服"和客观存

安全提示

"经济舱综合征"

"经济舱综合征"一词最早出现在 2000 年 10 月。当时，一名 28 岁的英国妇女乘坐飞机从澳大利亚经过长达 20 多个小时的旅行后，一到伦敦机场便昏倒在地，2 小时后在英国医院不治身亡。经检查发现，这名妇女得了一种奇怪的病症，因为病症特殊，而且是一种新发现的病症，还没有命名，所以科学家将其命名为"经济舱综合征"，泛指乘客因乘坐飞机所造成的综合病症。

在的食品卫生问题等可能诱发旅游者的疾病或导致食物中毒。如一旅游者在日本食用河豚中毒；另据不完全统计，在伦敦和纽约机场出现多名乘客死于长时间旅行带来的"经济舱综合征"。

（4）旅游者自身原因。探险游、特种游成为旅游时尚，却也是旅游事故发生的重点领域。首先，部分旅游者喜欢挑战自我，刻意追求高风险旅游行为，却都没有经验或能力做足事先准备和应付中途突变，其代价往往是旅游者人身安全保障的牺牲，如漂流事故、烟头随意丢弃引发山林大火、误入泥泞沼泽地、进入有瘴气的山谷或遭遇毒蛇及意外丧生等。另外还有出游前不了解旅游目的地的文化背景，不了解异乡风土人情而引发纠纷等。据报道，曾有两名年轻女性自助旅游者前往印度旅游，被当地小伙子围困无法脱身直至被强奸。出境旅游时，由于对发生战乱和爆炸的不安全区域没有进行有效规避，也容易陷入危险。

（5）旅游从业者安全。2006 年 3 月 17 日，领队刘某在美兰机场因给的小费不能让司机满意，被其雇用的打手打成脑震荡。可见，导游、领队在从业过程中的人身安全也存在极大隐患。另外，在旅行社内部，由于雇用临时领队带团可以少给或不给带团津贴，部分旅行社也采取了这一侵害导游、领队合法权益的举措。

（6）旅游资源安全。旅游资源是旅游业赖以生存的基础。旅游资源是指特定地理环境中能够激发人们的旅游动机、产生旅游活动的各种因素的综合。它可以是物质的，也可以是附着于物质实体上的精神文化。随着旅游业持续发展，旅游者逐渐增多，绝大部分景区都面临着旅游环境容量受限的问题。随着旅游产业不断升温，旅游地居民世代传承和长期保留下来的民间文化艺术形式，虽然发挥了不同程度的经济效益优势，但也遭到了不同程度的破坏、流失和变异。

第二章 *chapter 2*
旅行社出境旅游安全管理

在整个出境旅游过程中，旅行社所扮演的角色是极其重要的。一旦出现丝毫的麻痹大意或人为失误，将会造成无法挽回的后果。

第一节 出境旅游安全问题的类型

一、按照旅行社运作流程划分

按照旅行社的运作流程，可以将出境旅游安全问题划分为以下类型：

（一）旅行社的内部组织安全问题

旅行社的内部组织安全问题是指旅行社内部组织不合理、不合法、不稳定等因素引起的安全问题，它主要体现在安全管理制度不完善、安全管理流程不科学、安全教育培训不系统等方面。要解决这些问题，旅行社应强化安全责任意识、设立安全管理机构、配备专职安全管理人员并建立安全管理规章制度。

（二）旅行社的产品设计安全问题

旅行社的产品设计安全问题是指旅行社在旅游线路、服务和项目的设计、选择过程中，由于预测不足、考虑不周、做法不够合理而导致线路产品存在安全隐患或不可抗力风险。它可能导致旅游者、旅行社、旅游产品提供者之间的纠纷，让旅行社遭受损失，使旅游者人身、财产、精神、权利受到威胁或损害等。旅行社需要在产品设计阶段对可能存在的安全隐患和风险进行系统、全面的评估。

（三）旅行社的采购安全问题

旅行社的采购安全问题是指旅行社在采购服务要素时选择了不合格、不稳定或与约定产品标准不相符的旅游要素，并由此引发的相关安全问题的统称。在旅游服务过程中，若旅游供应商提供的服务要素存在安全隐患，或提供的服务要素缺乏质量保证，或服务提供行为存在不稳定性，都容易导致旅游纠纷或旅游安全问题的出现，旅行社需要通过严格采购管理、明确旅游合同中"安全责任条款"约定事项等措施来减少问题的出现。

（四）旅行社的营销安全问题

旅行社的营销安全问题是指旅行社由于市场定位不准确、参与恶性价格竞争、采用非法销售渠道或进行不实宣传等，而导致旅游者与旅行社之间存在误解、纠纷，并引发旅行社经营风险，使旅游者人身、财产或旅游权益受到威胁、损害的统称。因此，了解旅游者的旅游需求，实行科学规范的营销活动，是减少旅游安全事故的必要前提。同时，随着信息技术的发展，以网络为基础的营销正成为旅行社的重要营销方式。因此，在旅行社网络营销风险的识别基础上，构建完整的旅行社网络交易安全体系也显得越来越重要。

（五）旅行社的接待安全问题

旅行社的接待安全问题是指旅行社在具体完成食、住、行、游、购、娱等业务环节过程中所发生的安全问题的统称，它既包括六要素业务过程中所发生的安全问题，也包括各业务过程中因为衔接、配合不当而发生的安全问题，如饮食中毒、住宿失窃、行程耽搁、活动取消等。旅行社需要通过加强业务流程衔接、合理安排接待人员、规范事故应急体系等措施来及时发现隐患、妥善处理问题，减少安全事故的出现。

（六）旅行社的财务安全问题

旅行社的财务安全问题是指旅行社因为现金、账目、备用金、保证金等管理混乱或不合理管理而引发的旅行社与旅游者或旅游供应商之间的财务纠纷的统称，它可能引发旅行社的财务风险和经营风险。其中，旅游者定金的支付、旅游行程取消的赔偿、旅游安全问题引发的财务赔偿等环节，容易出现各类财务纠纷，需要旅行社在管理过程中予以重视。同时，旅行社还应主动地从财务危机的特征出发，在分析财务危机的成因基础上及早地发现、防范危机，避免陷入危机的泥沼。

二、按照旅游要素的类型划分

按照旅游要素的类型，可将旅行社面临的出境旅游安全问题划分为以下类型：

（一）饮食安全问题

饮食安全问题是指旅游饮食环节发生的各类安全问题，它主要包括：

（1）旅游者因食用旅行社安排的饮食产品发生食物中毒、身体不适或突发疾病等。

（2）旅游者与旅行社、餐饮企业间因餐饮质量问题而产生的纠纷。

（3）餐饮企业没有按照合同约定标准提供服务而引发的纠纷。

（4）旅行社采购服务的标准与旅游合同所规定的标准不符引发的纠纷。

（5）旅游者在就餐期间发生的火灾、刑事治安事件等各类问题。

（6）旅游者在就餐期间的变更需求、精神需求、尊严需求没有得到满足而引发的纠纷及旅途滞留等问题。

（二）住宿安全问题

住宿安全问题是指旅游住宿环节发生的各类安全问题，它主要包括：

（1）旅游者与旅行社、住宿企业间因住宿服务质量而产生的各类纠纷。

（2）旅游者在住宿期间突发疾病。

（3）旅游者在住宿期间遭遇现金失窃、行李丢失或贵重物品失窃等。

（4）旅游者在住宿期间遭遇抢劫等刑事治安事件。

（5）旅游者在住宿期间遭遇火灾、设施故障、服务纠纷、受侵犯等其他各类问题。

（三）交通安全问题

交通安全问题是指旅游交通环节发生的各类安全问题，它主要包括：

（1）旅游行程因不可抗力因素或其他客观原因而导致的停止、耽搁或取消。

（2）因自身、天气或交通工具等原因而引发的旅游者在旅游交通工具上的突发疾病、身体不适等。

（3）因车辆资质、司机个人原因、环境问题等导致的旅游交通事故。

（4）旅游车辆达不到约定标准而引发的各类纠纷。

（5）由于旅行社预见不足或缺乏事先警示导致旅游者在旅游交通过程中的人身、财产遭到损害等问题。

（四）游览安全问题

游览安全问题是指旅游者在旅游景区游览过程中发生的各类安全问题，它主要包括：

（1）因景区服务不当而引发的各类纠纷。

（2）因不可抗力因素或其他客观原因导致的景区游览活动的中止、耽搁或取消。

（3）因景区设施故障而导致的安全事故，如缆车事故、设备事故等。

（4）因突发自然灾害导致旅游者死伤的各类安全事故。

（5）因旅游者身体原因引发的游览过程中的突发疾病，如高原反应等。

（6）旅游者在景区游览过程中发生的各种意外事故，如坠崖、失踪等。

（五）购物安全问题

购物安全问题是指旅游购物环节发生的各类安全问题，它主要包括：

（1）旅游者与旅行社、旅游商店间因商品质量而产生的纠纷。

（2）导游、领队人员虚假导购而产生的旅游者错误消费。

（3）旅游者购物时发生的强迫购买现象。

（4）导游、领队人员与旅游购物商店联合欺诈旅游者。

（5）在旅游购物环节发生的偷窃、抢劫、火灾等各类事故。

（六）娱乐安全问题

娱乐安全问题是指旅游途中参加娱乐项目时发生的各类安全问题，它主要包括：

（1）旅游者在旅游娱乐中涉黄、涉赌、涉毒。

（2）旅游者在旅游娱乐中遭遇抢劫、偷窃等刑事治安事件。

（3）旅游者在旅游娱乐中遭遇火灾、设施故障等安全事故。

（4）旅游者酗酒闹事及其导致的各类安全问题。

（5）因旅行社的不合理安排而导致的其他娱乐安全事故等。

第二节　旅行社出境旅游安全问题的特点和处理原则

一、旅行社出境旅游安全问题的特点

（一）随机性

旅行社所组织的旅游活动和行程安排虽具有计划性，但旅游活动在时间和空间的组合上具有不确定性。旅行社的服务对象、所涉及的服务要素和设备设施、所面对的环境因素等都具有随机性，这种特征容易引发因随机事件而导致的安全事故。如因道路堵塞引发行程耽搁、造成旅游行程的后置，从而要求对所有后续服务要素进行重新安排。

（二）多发性

旅行社的安全运作不仅与旅行社的内部管理有关，也与旅游要素供应商和旅游者有密切联系，任一环节的缺陷都可能导致旅行社安防体系的疏漏，从而导致安全事故的发生。近年来，我国出境旅游安全事故呈多发态势，对旅行社企业产生了严重的不良影响。

（三）异地性

旅游活动具有异地性，旅游者离开其惯常居住地到异地旅游时，对陌生环境中的安全隐患通常了解不够或预见不足，这容易引起非常规的旅游安全事故。旅游事故发生的异地性增加了处理的难度，需要旅行社有充分的应急资源储备和科学的应急管理预案。

（四）联动性

旅游团队行为和旅游者个人行为间存在联动影响关系，不管个体旅游者发生安全事故，还是旅游团发生整体性安全事故，都会连锁反应到整个旅游团的行程，甚至影响整个旅游行程中每个单项产品供应商的经营活动。

二、旅行社出境旅游安全问题的处理原则

（一）游客至上原则

"以人为本"是现代社会的基本准则。旅游者是旅游活动的主体，旅行社在保证旅游活动顺利进行的同时，也有责任保证旅游者的人身、财产等权利不受侵害。在设计旅游产品、采购旅游要素、接待旅游者的各个环节中，旅行社都应时刻注意以旅游者为本，将保证旅游者的安全作为第一要务，树立旅游者

安全至上的意识。

（二）协调统一原则

安全是旅游的客观要求，旅行社做好安全工作是对行业、旅游者和社会应负的基本责任。由于旅行社是旅游服务中的龙头企业，这就要求旅行社在安全管理中协调旅行社的各个部门、岗位和人员，协调旅游活动所涉及的各主要服务要素，共同为旅游者提供安全的旅游服务。发生事故后，旅行社应积极协调政府主管部门、救援部门、保险部门等参与事故的应急处置和善后工作。

（三）动态监控原则

安全管理涉及旅行社经营活动的方方面面，涉及设计、采购、接待、营销、财务的全部过程，涉及全部的行程时间，涉及一切变化的流程因素。因此，只抓住一时一事、一点一滴，简单草率、一阵风式的安全管理，是走过场、是形式主义，不是应该提倡的安全管理作风。旅行社经营活动中必须坚持全员性、全过程、全方位、全天候的动态监控模式。

（四）责任到人原则

人员是旅行社服务的核心，也是旅行社出境旅游安全管理的主体。旅行社应建立"安全意识人人具备，安全责任落实到人"的管理制度，按照"谁组（接）团、谁负责"的原则，实行安全工作分层管理、逐级负责的安全责任制，建立旅行社出境旅游安全管理的运行机制。这是旅行社分清责任、规避风险、保证旅游活动顺利完成的重要保障。

（五）安全与效益兼顾原则

安全投入是安全管理的重要基础。对旅行社员工和导游、领队人员进行必要的安全培训、促进员工和导游及领队人员安全技能的提升，为员工和导游、领队人员配备必需的安全设施，既可以改善其工作条件、调动其积极性，也有助于旅行社出境旅游安全效益和经济效益的提升。因此，安全投入与经济效益间具有一致性，安全投入能促进经济效益的增长。旅行社应以安全为基础来协调旅行社的各项经营管理活动，防止为了经济效益而放弃安全投入、无视风险存在的现象。

第三节　旅行社出境旅游安全的组织管理

一、旅行社出境旅游安全管理机构建设

旅行社出境旅游安全管理应坚持"安全第一、预防为主、综合治理"的方针，按照"谁组（接）团、谁负责"的原则，实行分层管理、逐级负责的安全责任制。一般情况下，旅行社可以成立旅行社出境旅游安全工作领导委员会和旅行社突发事件应急管理小组两种组织机构。

（1）旅行社出境旅游安全工作领导委员会。旅行社应根据企业经营规模相应设置安全管理机构或者配备专职的安全管理人员。如成立由总经理任组长，办公室主任任副组长，各部门经理和各门市部经理参加的安全工作领导委员会（图2-1），并担负起旅行社出境旅游安全工作制度、措施的制定与完善，安全工作的监督与检查，安全事故的调查与处理等责任。

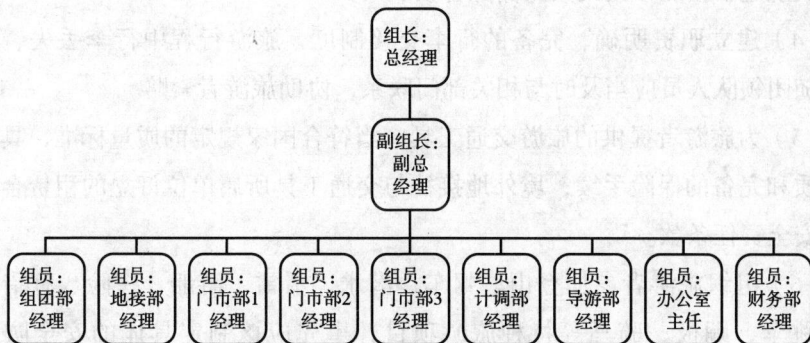

图 2-1　旅行社安全工作领导委员会组织机构图

（2）旅行社突发事件应急管理小组。为了有效应对旅游活动中的各种突发安全事件，旅行社应在事件发生接报后成立旅行社突发事件应急管理小组。应急管理小组应依据有关案件的实际情况，实施紧急处置、救援和善后事务，降低事故损失。应急处置结束后，应急管理小组应组织员工认真分析，总结经验教训，开展教育培训，并根据实际情况及时修改、完善应急预案，防患于未然。

二、旅行社的出境旅游安全管理制度建设

制度管理是安全管理的重要手段。旅行社应针对日常安全管理和突发事件应急处置制定专门的管理制度，为旅行社的安全工作提供规范和指南。

（一）旅行社日常安全管理制度

（1）旅行社在组织旅游者参加出境旅游活动、为旅游者提供旅游服务的过程中，应当将安全保障工作贯穿始终。

（2）旅行社所提供的出境旅游产品和服务应当符合保障旅游者人身、财产安全的要求，采取必要和可行的安全防护措施，避免可能影响旅游者安全的各种风险，防止可能对旅游者造成的各种侵害。

（3）旅行社与旅游者订立的出境旅游合同应含有安全条款，旅行社应当根据相关规定，按照参团人数比例配备领队人员。

（4）建立职责明确、完备的行李交接制度，旅游行程中行李丢失、损坏的，随团领队人员应当及时与相关部门联系，协助旅游者索赔。

（5）为旅游者提供的旅游交通工具应当符合国家规定的质量标准，具备客运资质和完备的保险手续；境外地接社与交通工具所属单位订立的租赁合同应含有安全责任条款。

（6）组织旅游者参加登山、驾车、潜水、滑雪、游船、探险、狩猎、漂流、跳伞、蹦极、骑马等特种旅游项目，事先应该制定具体的安全防范措施和救援预案，并向旅游者明示；重要团队应按照规定报相关行政管理部

门备案。

（7）组织未成年学生参加境外旅游活动时要做好安全提示和安全教育工作。行前应当与未成年学生的监护人订立含有安全条款的出境旅游合同。

（8）组织老年人参加境外旅游活动时应当为老年旅游者配备具有个人基本信息的胸卡；委派具有带老年旅游团经验的年龄稍大的领队人员；提倡老年旅游团全程配备专门的陪护人员和熟知心脑血管等常见老年性疾病急救技能的医务人员，配备常见急救药品，预约行程中的救护医院。

（9）在黄金周、寒暑假及重大政治节庆活动期间，应当根据不同时期的特点，采取切实有效的安全防范措施。

（10）建立安全的信息报送渠道，发生旅游安全事故时，应当按照《生产安全事故报告和调查处理条例（国务院第 493 号令）》履行报告义务。

（二）旅游安全突发事件应急预案

旅行社应当建立出境旅游安全突发事件的应急管理预案，防止和减少事故及损失：

（1）制定完善配套的应急管理预案。应急预案内容包括应急部门工作职责、救援组织、救援方式、救援启动程序、救援处置程序、善后处理、定期保障演练、新闻处理等。

（2）相关人员应当熟悉和掌握应急救援预案的内容、程序及援救技能，并在事故发生后迅速启动救援机制。

（3）旅行社应当定期组织相关人员进行应急预案的演练，不断改进，并做好记录。

案例 ××国旅《旅游安全突发事件应急预案》

为能及时、妥善、有效地处理旅游团队在旅游过程中可能遭遇的突发事件，防止损害后果扩大，特制定本《旅游安全突发事件应急预案》。

一、一级突发事件

一级突发事件：指由于不可抗力导致的航班延误、取消，机场、公路、景点关闭，团队受阻、滞留，行程延误、变更，游客集体拒绝登机或单方终止行程，不接受旅行社或有关方面的善意安排并采取极端行为等突发性事件。

处理办法：

（1）本地事件。事发第一时间，导游或领队应及时向业务部门报告，业务部门得知消息后应立即向所在经营单位分管领导报告，分管领导应及时作出明确的处理意见，并赶赴现场协调处理。必要时，可请求省、市旅游局派员协助处理。

（2）省内事件。突发事件在省内州、市发生的，分管领导应视情况紧急程度，亲自或指派负责人前往事发地协调处理。必要时，可请求省、市旅游局与事发地旅游行政管理部门参与处理。

（3）省外事件。事件发生在国内其他省（市、区）时，一般情况下，分管领导应亲自与对方地接社（或全陪）协调，请求协助处理和取证；特殊情况，报经公司同意后，派人前往事发地协调处理。必要时，可通过省旅游局与事发地旅游局联络，请求协助。

（4）境外事件。事件发生在国外或我国港、澳、台地区，分管领导处理时，原则上应指令业务部门与境外地接社协调，通过领队督促地接社按我公司要求妥善处理。必要时，应请示旅游、公安、外事等政府主管部门，通过涉外渠道进行处理。黄金周期间，应向各假日办报告请示。发生一级突发事件时，领队、导游、组团社、地接社都有取证责任。

二、二级突发事件

二级突发事件：指由于旅行社或第三方的过失或疏忽，导致游客人身伤害、贵重物品（证件）损毁、被盗，出入境被拒，团队行程严重受阻，或旅游目的地突发重大疫情、恐怖事件，集体食物中毒、团队（游客）被强行留滞或团员失踪、滞留不归、意外死亡等突发性事件。

处理办法：发生上述突发事件时，分管领导接报后，应在第一时间摸清事件真实情况，立即报告公司总经理，由总经理召集负责人、当事部门及相关人员，研究处理方案，必要时请示省、市旅游局。发生二级突发事件时，应根据不同情况，分别向责任险或意外险承保保险公司及时报险，协调处理。

三、三级突发事件

三级突发事件：指由于自然灾害或重大交通事故、犯罪行为等导致游客多人伤亡（财产重大损失或集体境外滞留、失踪）等突发事件。

处理办法：分管领导接报后，应在第一时间了解事件详情，并立即报告总经理，由总经理召集相关负责人组成事件处理领导小组，研究方案，分头实施。发生三级突发事件，应按程序及时向行政主管部门、保险公司、交通管理部门、公安边防部门、外事部门、国家旅游局和本公司领导报告请示。

——资料来源：［EB/OL］. http://www.cct.kmcct.-cn/cctnews/200909/12662.html，2010-09-10.

第四节　旅行社的出境旅游产品安全管理

一、旅行社出境旅游产品设计的安全管理

（一）出境旅游线路设计的安全控制

1. **出境旅游线路的安全设计要求**

（1）出境旅游线路设计应该具有安全控制观念，要统筹线路安排，综合考虑行程的时长、旅游者的体能消耗、兴奋点的安排、激烈活动的比例等安全要求，避免过度体能消耗、过度激烈活动和过度时长导致的旅游安全事故。

（2）对于旅游者自行设计、由旅行社进行核准的出境旅游线路，旅行社应该发挥自己的专业优势，在安全审核的基础上给旅游者提供专业的线路安排建议。

（3）出境旅游线路设计时应选择有安全质量保证的交通、餐饮、住宿等各种服务配套要素，应避免旅游者接触不安全、不健康的活动要素，避免风险程度较高的旅游要素。

（4）出境旅游线路尽量选择安全有保障、发展较成熟的景区，并进行科学组合。应优化景点间的交通线路，避免线路景点在空间上的不平衡格局，以减少旅途中的不安全因素。

（5）旅行社应建立详细的出境旅行团队档案和反馈制度，以便总结和检查事故频发的旅游景点和旅游线路，并针对问题提出相应对策。

2. **出境旅游旺季线路的安全设计**

在出境旅游旺季，旅行社在设计线路时应注意以下问题：

（1）及时掌握境外住房、餐饮、交通等要素状况，提早进行出境旅游要素的储备工作。

（2）旅行社应做好售前的实地考察，了解旺季的实际情况。售中应了解旅游者和领队的反馈，补充和完善旅游线路。售后要做好访谈和调研。

（3）出境旅游线路的设计应考虑热点、温点和冷点的相互搭配，有机结

合。应有意识地对旅游者进行引导，控制热点的人数和时间段，适当安排增加温点、冷点的客源。

3. 出境旅游线路设计对变更计划的预防

出境旅游线路在实际执行时会面临变更的风险，而这些变更往往会引起旅游者与旅游企业的纠纷甚至安全事故。变更原因包括不可抗力因素导致变更和旅游者要求变更等类型。

（1）出境旅游线路设计要预防因自然灾害等不可抗力因素导致的线路变更，应结合旅行社的应急预案对可能的变更情况进行预测，并储备相应的变更方案。对于可能带来的不可抗力变更情况，应在旅游合同中与旅游者约定应急处置方案，使旅游者有心理上的准备。

（2）因旅游者要求而导致的线路变更是常见的情况。旅行社应总结以往的接待经验，统计分析旅游者的变更情况和类型，提前将预防措施融入线路安排中；储备应对各种变更情况的应急方案，并将其融入线路接待计划中；尽量提高线路设计的质量，减少旅游者提出变更的可能性。

（二）出境旅游线路设计中对项目安全的控制

1. 出境旅游项目的变更控制

（1）在出境旅游活动开始之前，旅行社应对境外旅游目的地的景点、天气等自然条件有所了解，做出安全、合理的行程安排。

（2）旅行社应及时了解线路中旅游要素项目的相关信息，了解其安全运营状况，为可能的项目变更决策提供信息基础。

（3）旅行社应主动与旅游者签订出境旅游合同，提前明确游览项目的内容和标准，以有效控制出境旅游过程中可能发生的项目行程变更。

2. 出境旅游项目的风险评估与控制

（1）对新开发的出境旅游项目应进行风险评估，对出境旅游线路中存在较高危险系数的特种旅游项目，如登山、自驾车、潜水、滑雪、游船、探险、狩猎、漂流、跳伞、蹦极、骑马等，应着重进行风险评估。

（2）风险评估应考虑旅游者的差异性，根据旅游者的实际情况和出境旅游项目的安全适应性，考虑不同旅游者群体的风险状况。

（3）风险评估时应充分考虑境外旅游目的地周边环境和天气的影响，明确突发性的风险隐患因素。

（4）应在风险可控的基础上选择合适的旅游项目。

（5）对线路设计中予以采用但风险程度较高的出境旅游项目，旅行社事先应当制定具体的安全防范措施和应急预案，并向旅游者明示。

案例 《北京市旅行社安全管理规范（试行）》（节选）

《北京市旅行社安全管理规范（试行）》第二十条规定，组织旅游者参加旅游活动，应当将安全保障工作贯穿始终，其具体规范包括：

（1）与旅游者签订的旅游合同中应当包含具体的安全提示与安全责任条款。

（2）向旅游者推荐购买旅游意外保险。

（3）召开旅游行前说明会，向旅游者明确提示行程中应当注意的安全事项；告知旅游目的地风土民情、民俗禁忌和法律规定；谨记救援途径和相关机构的联系方式。

（4）旅游行程中，应当就可能发生危及旅游者人身、财产安全的情形，向旅游者做出真实说明和明确警示，并采取防止危害发生的安全防范措施。

（5）旅游结束后，应当对旅游团队活动做出安全风险评估，并登记归档。

二、出境旅游合同签订的安全控制

合同是当事人或当事双方之间设立、变更、终止民事关系的协议。依法成立的合同，受法律保护。出境旅游合同是旅游者和旅行社之间就旅游产品的销售和购买所订立的民事合同。从某种意义上说，出境旅游合同是对出境旅游线路设计所确立的旅游服务要素的契约安排，它是出境旅游线路设计的后续管理行为。

（一）出境旅游合同安全管理存在的问题

1. 出境旅游合同亟须规范

旅行社目前使用的合同种类繁多，有省（市）旅游局（委）原先出台的旧版合同、有《旅游法》实施后的试行合同、有旅行社自行印制的合同等。由于没有统一的样式，使得旅游者产生了旅游市场不规范的感觉，规范出境旅游合同是当务之急。

2. 合同条款需要明确

如未按照《旅游法》规定，在没有与旅游者达成一致协议时随意安排购物、增加景点等项目，在酒店标准中随意采用"准×星级"等说法进行宣传；在导游服务环节没有明确标出领队或导游员提供的导游服务；组团旅行社与境外地接社间因未签订散客委托接待合同或合同签订不明确，导致散客团队大量出现因实际行程、接待标准与合同约定不符的情况而引发纠纷、投诉，甚至出现旅游者罢游、滞留等现象。

3. 价格条款约定模糊

合同约定的收费项目说明模糊，如儿童减半收费未明确半价收费的具体项目等问题。

4. 依法启用旅行社公章（合同专用章）

在出境旅游合同中会出现使用部门章、门市部章等不规范或不具备法律效力的印章问题。

（二）出境旅游合同规范中的注意事项

1. 推广使用新版"出境旅游合同"

旅行社必须与旅游者签订《出境旅游合同》；合同应符合平等互补、协商一致原则，安全第一、安排合理原则，诚实守信、确保履约原则；应向社会和旅游者公开包价旅游的各种自费项目并写入出境旅游合同的"行程安排"中，保证自费项目合法、内容公开、价格合理、选择自由；应在"旅游者须知"中提醒。

2. 推动出境旅游合同价格"透明化"

旅行社在销售旅游产品时应质价相符，明码标价；要建立旅游包价报价管理机制，对所有产品建立价目表，实现出境旅游合同价格的公开化、透明化。

3. 宣传内容与合同内容的一致性

旅游业务广告内容应与旅游者订立的出境旅游合同内容相一致。广告内容对旅游线路、项目、时间等内容有表述的，表述应清楚、明确，不得用模糊、不确定用语误导消费者。对价格和收费有表述的应明确价格和收费所含的项目及档次或标准。旅行社刊登业务广告时应准确、真实地标明旅行社名称、许可证编号、地址和联系电话。

4. 规范旅行社用章

与旅游者签订的合同须盖经公安部门认可的旅行社公章或合同专用章，不得使用部门章、门市部章等不具备法律效力的印章。用车、用房的确认单必须加盖双方相互备案的确认章。由于旅游行业人员流动性很大，因此一般不得使用个人签名。

（三）出境旅游合同变更

在出境旅游合同签订后，由于个人原因、行程安排、不可抗力因素等问题的存在，旅游者或旅行社可能向对方提出变更之前所签订的合同，改变合同所约定的部分内容。这种合同变更行为涉及旅游者和旅行社双方的利益问题，因此需要双方慎重考虑、协商解决。

案例   旅游合同变更存在的问题及其处理

旅游合同变更，是指旅游合同签订后直至旅游合同履行完毕前，旅游者或者旅行社经过与对方协商，就旅游合同内容做出改变的行为，即对旅游合同的权利、义务做出调整。

一、旅游合同变更的现状

旅游合同的签订，只是表明旅行社与旅游者就旅游活动中的权利、义务达成协议，并不意味着旅游合同一经签订就不能改变。在旅游合同履行过程中，只要经过旅游者和旅行社双方协商同意，旅游合同约定的权利、义务就可以变更。

（1）旅游者提出合同变更，主要包括旅游者出团时间的推迟或者提前、延长在景点逗留时间、取消或增加某些服务项目。随着旅游者需求的不断提高，旅游者提出服务项目变更的概率也随之增加。

（2）旅行社提出的合同变更包括两个方面：旅行社在安排旅游团行程时可能出现的变更，合同签订后由于一些临时状况，要求旅游者推迟或提前旅游行程，或者要求旅游者改变出团地点等；导游或领队在旅游服务过程中，希望旅游者增加自费项目、购物活动等。

二、旅游合同变更存在的问题

（1）旅游团出发前的旅游合同变更存在的问题。在这个阶段提出的合同变更，集中在解除旅游合同、推迟或者提前旅游时间等方面，旅行社有时会以旅游目的地接待费用上涨为由，要求旅游者增加旅游团款。双方协商不成，可能导致合同解除。

（2）旅途中的旅游合同变更。一般由导游或领队或旅游者提出：导游或领队希望旅游者参加自费项目、增加购物次数等；有时也可能是旅游者提出变更服务项目。如果该类项目变更没能征得全体旅游者的同意，旅游者会认为旅行社强迫消费。

三、旅游合同变更必须遵循的原则

（1）旅游合同变更必须符合法律法规的规定。旅游者和旅行社签订的旅游合同必须合法，合同变更内容同样必须合法。

（2）旅游合同变更必须在合同履行完毕前完成。假如旅行社与旅游者之间没有签订合同或者合同已经履行完毕，合同关系已经不存在，旅游者和旅行社就不存在任何法律关系，更谈不上对合同权利、义务关系的变更了。

（3）旅游合同变更必须体现协商性。不论旅行社还是旅游者，旅游合同变更都必须体现协商一致原则，征得对方的同意。不经过双方的协商，任何一方擅自变更合同内容就是违约，必须承担相应的法律责任。

（4）合同当事人均可提出合同的变更。旅游者和旅行社法律地位完全平等，旅游者和旅行社任何一方都可以提出对旅游合同进行变更，而且可以对旅游合同的任何内容进行变更。

四、旅游合同变更纠纷的处理原则

（1）只要旅游者和旅行社协商一致，且协商内容不违反《旅游法》法规强制性规定，对旅游合同内容的变更就合法有效。旅行社及其导游或领队证明合同变更已经得到旅游者同意的最有力证据，有旅游者同意变更的签字。假如导游或领队不能出示旅游者同意变更的签字，就应当推定旅游者没有同意变更，导游或领队单方面变更，属于擅自变更范畴，即旅行社违约。

（2）旅行社及其从业人员擅自改变服务内容，应当退还旅游者相应的费用，并按照合同约定承担违约责任，接受旅游管理部门的行政处罚。

（3）旅游者需要改变行程或者服务项目，也必须征得旅行社的同意。如果旅游者没有征得旅行社的同意，擅自提高住宿标准、交通标准，产生的服务差价应由旅游者自己承担。如果旅游者的行为给旅行社造成损失，旅行社可以要求旅游者承担损失。

——资料来源：《中国旅游报》2009-10-12，作者：黄恢月，浙江省旅游质监所

（四）出境旅游合同的解除

1.《旅游法》第六十七条规定

因不可抗力或者旅行社、履行辅助人已尽合理注意义务仍不能避免的事件，影响旅游行程的，按照下列情形处理：

（1）合同不能继续履行的，旅行社和旅游者均可以解除合同。合同不能完全履行的，旅行社向旅游者作出说明，可以在合理范围内变更合同；旅游者不同意变更的，可以解除合同。

（2）合同解除的，组团社应在扣除已向地接社或者履行辅助人支付且不可退还的费用后，将余款退还旅游者；因合同变更而增加的费用由旅游者承担，减少的费用退还旅游者。

（3）危及旅游者人身、财产安全的，旅行社应当采取相应的安全措施，因此支出的费用，由旅行社与旅游者分担。

（4）造成旅游者滞留的，旅行社应当采取相应的安置措施。因此增加的食宿费用，由旅游者承担；增加的返程费用，由旅行社与旅游者分担。

2.《旅行社条例实施细则》第三十五条规定

旅游行程开始前，当发生约定的解除旅游合同的情形时，经征得旅游者的同意，旅行社可以将旅游者推荐给其他旅行社组织接待，并由旅游者与被推荐的旅行社签订旅游合同。

3.《关于审理旅游纠纷案件适用法律若干问题的解释》第十三条指出

因不可抗力等不可归责于旅游经营者、旅游辅助服务者的客观原因导致旅游合同无法履行，旅游经营者、旅游者请求解除旅游合同的，人民法院应予以支持。旅游经营者、旅游者请求对方承担违约责任的，人民法院不予支持。旅游者请求旅游经营者退还尚未实际发生的费用的，人民法院应予以支持。但因不可抗力等不可归责于旅游经营者、旅游辅助服务者的客观原因变更旅游行程，在征得旅游者同意后，旅游经营者请求旅游者分担因此增加的旅游费用或旅游者请求旅游经营者退还因此减少的旅游费用的，人民法院应予以支持。

第五节　旅行社的出境旅游采购安全管理

一、出境旅游采购安全管理

（一）对出境旅游服务要素采购的安全管理

1. 住宿采购

（1）旅行社选定的境外住宿场所应符合有关质量和安全标准，具有完善的消防安全设施和安全保卫措施，切实保障旅游者的人身、财产安全。

（2）旅行社选择出境旅游团队住宿饭店时，应直接或通过当地接待社来审查其资格、明确责任，索取或查看有效的卫生许可证、营业执照等安全方面的资料证件；如与饭店签订团队住宿协议，要对饭店情况进行检查，发现问题应及时取消该饭店的供方资格。

（3）旅行社安排出境旅游团队入住前，应与饭店签订具体的住宿协议，标明住宿时间、标准、人数及注意事项等，并由双方盖章确认。

2. 餐饮采购

（1）旅行社组织旅游者境外用餐，应通过地接社选用卫生安全设施和营业证照齐全、环境整洁、符合有关标准要求的餐饮场所。旅行社不得安排团队到无卫生许可证、无营业执照、卫生条件差的饭店就餐。

（2）旅行社与餐饮店长期合作时，应审查其资格、索取有效的卫生许可证和营业执照备案，考察其厨房、厅面的卫生状况。考察合格后应与饭店签订团队就餐协议，明确责任。

（3）合作中若发现饭店存在问题应及时取消其供餐资格。每次就餐后领队人员应索取有效的就餐凭证。

案例 美邮轮集体中毒683人上吐下泻提前返航

美国一艘豪华邮轮"海洋探测者号"因突发集体肠胃疾病，不得不提前结束行程，于2014年1月29日回航新泽西。其创造了邮轮20年来传染病人数最多这项不太光彩的纪录——共有683人在乘船期间上吐下泻。

根据美国疾病控制与防治中心（CDC）的数据，这艘皇家加勒比公司的邮轮，共搭载了3050名乘客和1165名船员。至少629名游客和54名工作人员生病，症状包括呕吐、腹泻等，尽管他们不是同时病倒。该生病人数至少为20年来同行中的最高纪录。

一名生病的乘客多德（Arnee Dodd）在网站发帖称："我病了，已被隔离……我接触过的所有物品都被存放在生物危险品专用袋中。"

"海洋探测者号"邮轮2014年1月21日从新泽西州的自由角出发，原计划前往加勒比海于31日返回。巡航最初几天，疾病的报告已达到高峰。在美属维尔京群岛停靠期间，美国卫生督察人员上船调查和评估船上状况，之后决定缩短行程，提前2天返航。

目前，CDC尚未就这次集体染病原因作出最终报告，但所有人的症状与诺如病毒一致。感染性极强的诺如病毒是引起非细菌性腹泻暴发的主要病因，具有发病急、传播速度快、涉及范围广等特点，可通过污染的水源、食物、物品、空气等传播，容易发生在邮轮这样小范围内有大量人群的地方。

——资料来源：http://www.chinanews.com/gj/2014/01-30/5799186.shtml

3. 旅游吸引物采购

（1）旅行社在对境外旅游吸引物进行选择采购时，应事先对景区、目的地进行风险评价，应选择景观质量高、安全有保障的景区。考察景区周边是否存在明显的治安环境问题。

（2）旅行社在踩点时须综合考察景区的道路状况、设施性能、安全装置、提醒装置等安全要素，综合评价团队旅游的安全风险。

案例 男子出国旅游不慎溺水身亡 旅行社被判赔偿60万元

2012年6月，顾某一家与苏州某旅行社签订了一份出境游合同，约定该旅行社在8月为顾某一家安排泰国苏梅岛六晚七天自由行，其中8月7日的旅游日程安排为"龟岛＋珊月湾浮潜一日游"。而就在这一天，会游泳的顾某在参加珊月湾浮潜活动时不幸溺水，尽管旅行社以最快速度将顾某送往当地医院，但顾某还是因医治无效死亡。事件发生后，死者家属将旅行社诉至法院。

原告诉称，被告旅行社组织原告家属顾某赴泰国旅游，双方签订了旅游合同，原告方支付了旅游费用。谁知，顾某在泰国游泳时不幸溺水身亡。旅行社作为本次泰国游的组织方，应确保每位参游者的人身财产安全，而被告及其旅游辅助服务者未尽到安全保障义务，造成顾某溺水死亡，应当承担全部赔偿责任，故请求法院判令被告向原告支付死亡赔偿金、丧葬费等各项费用共计80余万元。

旅行社答辩称，出团前已对安全注意事项向游客做了说明与警示；之后又向游客发出了出团通知，载明了旅游行程及相关注意事项，着重提示游客在参加海岛活动时要量力而行，根据自己的水性来选择旅游项目，并要互相关照，以免发生不必要的伤害。此外在溺水发生后，旅行社也立即将游客送往医院，没有拖延。因此旅行社已经尽责。

一审法院审理认为，尽管旅行社在出团通知中注明了游客在参加海岛活动时应注意个人安全，根据自己的水性来选择旅游项目，参加浮潜要注意安全，但从出团通知的内容来看，仅为一般的注意提醒，作为旅游安排中的必有项目，旅行社并未详细地介绍浮潜活动及该活动中可能存在的危险性，无法使游客全面了解该活动，更无法促使游客警惕活动中的危险，对此旅行社存在过错。

在游客溺水后，虽然旅行社尽全力协助游客进行及时的抢救，但限于旅游地点并无完善的医疗设施，而导致游客在溺水较长时间后才被送至医院，耽误了最佳抢救时机，故旅行社在为游客安排景点时亦存在过错。另外，死者顾某作为完全民事行为能力人，对自身的水性及健康条件把握不当，自身亦存在过错。法院最终判令旅行社向顾某家属承担顾某死亡赔偿金、丧葬费、被抚养人生活费和交通费以及精神损害赔偿金合计60多万元人民币。

该旅行社不服一审判决，上诉至苏州中院，近日，苏州中院作出终审判决：驳回上诉，维持原判。

二审承办法官介绍，2013年10月1日正式施行的《旅游法》对高风险旅游项目作出了明确规定。根据法律规定，一方面，旅行社要取得涉险旅游项目经营权，防止陷入违法经营的状态；另一方面，还要充分考虑到旅游者与旅游经营者之间的信息不对称，向旅游者做好充分、细致的情况告知和风险预警，并且认真制定好在旅游者发生人身、财产危险时的急救、补救方案，尽到涉险活动组织者的安全保障义务，以尽可能保障旅游者的安全。浮潜就属于具有高风险的旅游项目，然而游客往往无法意识到这一点，所以旅行社在组织游客参加浮潜时必须注意安全，并尽到提醒义务。

在本案中，浮潜作为旅行社安排的一项活动，参团的游客均有可能进行一次至数次浮潜。在这种情况下，旅行社的提醒不能仅仅限于量力而行、注意人身安全等宽泛的字眼，还应当包括浮潜可能具有的危险、禁止进行浮潜的疾病、浮潜是否需要懂水性、是否需要专业人士陪同、是否必须穿好救生衣等具体的提示，便于游客考虑自身情况，对浮潜次数进行选择。

此外，旅行社在新开发旅游景点的安全保障义务应当高于开发成熟的景点。本案中的旅游景点是开发尚不完善的景点，岛上安全设施不足，且在岛屿附近没有设备齐全的医院，旅行社在安排此类旅游线路时应当对安全情况事先进行考察，在确定游客安全有基本保证的基础上再行规划，这不仅是对游客安全保障的考虑，也有利于自身利益的保护。而作为旅游者一方，在选择旅游项目时，要向旅游经营者进行充分细致的了解。如果涉及高风险旅游项目，要首先考察旅游经营者有无经营权。同时旅游者也切勿对自身情况过于自信，尤其在选择人生地不熟的出境游时一定要把握好"量力而行"的尺度。

——资料来源：《姑苏晚报》2013-12-3.

（二）对境外地接社与分支机构的安全协调与管理

1. 对境外地接社的选择

选择合适的境外地接社，应从以下几个方面进行考察：

（1）境外地接社的规模和经营管理模式。核实境外地接社的注册资金及证件是否齐全；在当地或者景区有无一定的出票能力和提供特殊服务的能力；专职导游的数量和文化素质，有无中文导游等；应注意境外地接社的经营管理模式是否稳定科学；坚决杜绝选择"野马"旅行社。

（2）业务接待量。业务接待量是境外地接社实力的体现；衡量业务量的大小和稳定程度是指标的重要方面。旅行社应当根据自身的规模选择与自己相匹配的境外地接社，不应盲目追求业务量的大小。

（3）报价。产品价格关系旅游者的切身利益，同时关系到旅行社的收益。但是关注价格应当避免只关注总报价，而忽略报价中包括的项目。不能将报价作为衡量的唯一标准，并不是报价越低越好，前提是必须保证旅行社的信誉和安全不受损害。

（4）商誉。评估境外地接社的商誉对于旅行社而言十分重要。境外地接社应当有可靠的偿付能力和履行合同的信誉。

（5）依赖性。致力于专门业务的境外地接社会更专注于特定的线路产品，可能会更认真、更专业地完成接待工作。大的旅行社实力较强但经营业务较多，其对个别旅游团的关注度可能会下降。

2. 对分支机构的管理

境外旅行社应严格根据《旅游法》、《旅行社条例》的要求设立分支机构。

旅行社分支机构的经营范围不得超出设立分社的旅行社的经营范围。旅行社在选择其他境外旅行社分支机构时，务必考察其母社的资质，保障具体业务的安全。

二、出境旅游采购安全保障的法律制度

（一）出境旅游采购中的旅游合同保障

1. 出境旅游采购合同的内容

出境旅游采购合同的基本内容有以下5个方面：合同标的、数量与质量、价格和付款方法、合同期限、违约责任。

（1）合同标的。指合同双方当事人约定的权利义务所指向的事物，即合同的客体。旅游采购合同的标的就是由旅行社购买、由旅游服务供应企业出售的旅游服务，如客房服务、餐饮服务、汽车运输服务等服务要素。

（2）数量和质量。由于旅游采购合同是预购契约，不可能规定确切的购买质量，而只能由买卖双方商定一个计划采购量，或者规定一个采购和供应幅度。服务质量则是由双方商定的最低的质量要求。

（3）价格和付款方法。合同须规定拟采购的服务价格。由于价格常常随采购量的大小而变动，而合同中又没有确定的采购量，因此，可商定一个随采购量变动的定价方法，还要规定在合同期内价格可否变动及其条件。此外，还要规定优惠方式、折扣条件、结算方式和付款时间等。

（4）合同期限。指签订合同后开始和终止买卖行为的时间，一般是一年签一次合同，也有每年按照淡旺季签两次合同的。

（5）违约责任。是指当事人违反合同约定所列条款时应负的法律责任。《合同法》规定，违约方要承担支付违约金和赔偿的义务。

2. 变更合同应遵循的原则

因旅行社在产业链中的位置，旅游计划的变更极易受到相关因素以及突发事件的影响。这种影响直接对原先的采购构成威胁。当出现变更时，计调人员应积极协助处理并做出相应调整，如根据团队人数增减、交通变化问题、行程

变动等情况，修改行程或取消原定行程，并重新采购。通常，在对原计划进行调整时，应遵循以下原则：

（1）变更最小的原则。尽可能对原计划不做大的调整，也尽量不引起其他因素的变动。

（2）宾客至上的原则。旅游计划是旅游活动的依据，旅行社同旅游者一旦形成约定关系，一般不要随意更改，尤其是在行程进行中。对不可抗力因素引起的变故，应充分考虑旅游者的意愿，并求得他们的谅解。

（3）同级变通的原则。变更后的服务内容应与最初的安排在级别、档次上力求一致，尤其是客房标准。因此，在合同变更前，应与旅游者沟通是否愿意变更，同意变更的应该让旅游者签字方可变更合同。

3. 变更后的采购办法

当计划变更和突发事件发生时，旅行社应立即启动应急方案，并与旅行社的相关部门及相关单位，如交通、饭店、地接社等构建协调通道，用以应对所有可能的突发事件。

（1）行：指交通变更，如由于天气原因航班延误、铁路不能正常运行等。

解决方法：征得组团社同意，领队与旅游者协商，更换交通工具，以保证旅行顺利进行，并得到旅游者签字方可变更合同。

（2）宿：旅游者因客房出现问题要求更换客房或饭店，如房间供水、供热不好等。

解决方法：领队人员应与导游员一起立即与饭店协商解决，不能让矛盾扩大，要安抚旅游者情绪，并选择就近或同级客房。

（3）餐：饭菜质量不高或菜量不足。

解决方法：领队人员应与导游员一起及时与餐馆协商，采取更换或增加菜量等弥补措施。如果属于旅行社采购标准的问题，应告知并由旅行社负责协调解决。

（4）游：因各种意外情况而导致景区景点发生变更。

解决方法：领队人员应综合旅游者意愿、游览时间等因素进行综合协调，协助导游员尽量使旅游团的总体行程不变，但又能使旅游者观赏到最精华的景区景点。

（二）出境旅游采购中的消费者权益保障

旅行社作为经营者，应当依据《消费者权益保护法》的规定承担经营者的义务。《消费者权益保护法》第七条规定："消费者在购买、使用商品和接受服务时享有人身、财产安全不受损害的权利。消费者有权要求经营者提供的商品和服务，符合保障人身、财产安全的要求。"第十八条规定："经营者应当保证其提供的商品或者服务符合保障人身、财产安全的要求。对可能危及人身、财产安全的商品和服务，应当向消费者做出真实的说明和明确的警示，并说明和标明正确使用商品或者接受服务的方法以及防止危害发生的方法。"

这些规定表明，旅游者在接受旅游服务时享有人身、财产安全的权利，旅行社提供的旅游服务要保证旅游者人身、财产安全。旅行社对可能危及人身、财产安全的服务，应当向旅游者做出真实的说明和明确的警示，并说明和标明正确使用商品或者接受服务的方法以及防止危害发生的方法。这些都是旅行社的法定义务。

旅行社作为旅游活动的组织者并以组织旅游活动获得经营利润，是旅游活动的受益人。旅游者在旅游活动中受到损害，即使旅行社对损害无过错，旅行社也需对旅游者给予一定的经济补偿。最高人民法院在《关于贯彻执行〈中华人民共和国民法通则〉若干问题的意见（试行）》第一百五十七条中规定："当事人对造成损害均无过错，但一方是在为对方的利益或者共同的利益进行活动的过程中受到损害的，可以责令对方或者受益人给予一定的经济补偿。"这表明，旅行社作为旅游活动的组织者，作为旅游活动的受益人，即使对旅游者的损害无过错，也要承担经济补偿的法律责任。

安全提示　　　　　　七项措施遏制"零负团费"

一些旅行社常常采取以成本价或者低于成本价的方式招揽游客，这种"零负团费"现象不但造成恶意削价竞争，而且导致服务质量差、旅游线路差，造成导游强迫游客购物等现象，严重扰乱了旅游市场秩序。西安市旅游局对重点企业和重点旅游环节采取了七项集中排查措施，遏制"零负团费"现象，营造了"诚信旅游，品牌服务"的良好市场环境。

一查旅游合同：重点查处旅行社不与旅游者签订规范的旅游组团合同，不规范签订旅游合同，故意隐瞒旅游购物、自费项目的行为。

二查旅游广告：重点查处含有"零负团费"、低于正常成本价报价、欺诈宣传、涉足黄赌毒、超范围、超目的地等内容以及使用模糊性、攀附性、误导性语言营销的违法违规旅游广告。

三查旅游团队光顾的购物商店、观光、娱乐自费项目：重点检查各旅游目的地、集散地，以旅游团队为重要销售对象的土特产商店、社会餐馆、自费景点、文艺演出和足疗设施违法违规收受回扣的行为。

四查旅行社业务档案：重点查处组团社与地接社之间低于正常成本价操作旅游团队，旅行社委托境外非指定旅行社、非旅行社机构和个人接待旅游团队，旅行社向导游、领队人员卖团、收取人头费等违规行为。

五查旅行社门市部：查处旅行社违反"四统一"规定，放任门市部违规自行操作组团旅游活动，私自将旅游者交给设立社之外的旅行社组团出游的行为；旅行社内业务部门违反"四统一"规定，采取承包的形式，而实质上是个人、部门私自经营组团业务的行为。

六查导游领队人员执业情况：在落实导游领队人员薪金的基础上，重点查处导游、领队人员强迫旅游者购物，强迫旅游者参加自费景点和项目，私自收受回扣，擅自变更旅游行程或降低旅游服务标准的违法违规行为。

七查旅游线路：市旅游局将有计划组织对部门旅游线路进行随团暗访调查，定期向社会公布旅游线路指导价格，同时充分发挥游客督导员的作用，调动广大游客的参与意识，督促企业规范经营行为，引导市民理性选择和消费。

——资料来源：《西安日报》2007-07-13.

（三）出境旅游采购中的商业秘密保障

每家企业都拥有一定价值的商业秘密，商业秘密能给企业带来经济利益，并使其处于有利的竞争地位。如果通过不当手段来窃取其他同业竞争者的商业秘密，则属于我国《反不正当竞争法》所规定的不正当竞争行为。旅行社的商业秘密在实务中的具体表现形式包括：产品、研究开发的有关文件、公司内部文件、客户资料等。

此外，旅行社在长期的采购业务中会与要素企业形成密切的伙伴关系，这种业务关系代表了旅行社的特定商业渠道，也需要旅行社和领队人员严加保护。

第六节　旅行社出境旅游保险安全管理

根据《旅游法》和《旅行社条例》及相关法律，旅行社应该为旅游者提供规定的保险服务。旅游保险是指旅游经营者或旅游者个人向保险公司投保，根据不同的险别、不同的标准缴纳保险费，与保险公司订立保险合同，使旅游企业或者旅游者在旅游活动过程中遭受的各种意外事故、危险能及时得到经济补偿的一种契约关系。

一、旅游意外险

（一）定义

旅游意外险是指被保险人在保险期限内，在出差或旅游的途中因意外事故导致死亡或伤残，或保障范围内其他的保障项目，保险人应承担的保险责任。而这里意外事故的构成必须具备以下条件：

（1）意外发生的，即被保险人未预料到的和非故意的事故。

（2）外来原因造成的，即被保险人身体外部原因造成的事故。

（3）突然发生的，即事故的原因与伤害的结果之间具有直接的关系，并在瞬间造成伤害，来不及预防。

旅游意外险定义的基础内容是人身意外。而意外险与旅游险的区别在于，意外险通常保障更单一，而且保障时间长的可达 1 年，短的也有几天。旅游意外险大多时效性较强，一般与出行时间对应。

（二）投保方式

（1）消费者可以到专业保险公司销售柜面购买。填写投保单，保险公司收具保险费后出具保险凭证，保险生效。

（2）消费者还可以通过网站购买，支持在线投保。消费者在网上完成填写投保信息和付费，保险公司出具电子保险凭证通过电子邮箱或短信发送给客户，保险生效。

（3）消费者可以联系有资质的个人代理人购买。很多消费者都有为自己服务的保险代理人，消费者可以通过这个代理人购买。

（4）还可以通过有资质的代理机构购买。很多保险公司将系统终端装置在代理机构，客户提供投保信息并向代理机构交付保险费后，代理机构通过保险公司系统打印保险凭证给消费者，保险生效。

案例　　　　一起没有获得赔偿的旅游者死亡事故

"买旅游意外险？旅行社不是已经帮我们买了吗？干吗还要再买意外险？"

随着旅游者伤亡事件越来越多，旅游保险也开始引起人们的关注，然而令人遗憾的是，多数旅游者并不知道购买旅游意外险，导致在旅途中一旦发生人身伤亡事故，特别是意外伤亡事故不能获赔或者难以获赔。从各大旅行社反馈的数字来看，目前参团的旅游者中只有大约30%的人购买了旅游意外险，有70%的人由于各种原因没有购买旅游意外险。

某旅行社组织了前往澳大利亚的一个旅游团，到达目的地后入住在海边的一处度假村里。按照行程计划，入住当天将到海边游泳，第二天启程前往其他地方旅游，不巧的是，在到达当天便有台风即将到来的预警，当时带队导游警告所有旅游者不准下海游泳。其中有两位旅游者没有听从领队和导游的劝告，在自由活动时间私自下海，结果被台风卷走死亡。

由于这两位旅游者事先没有购买旅游意外险，旅行社并没有相关责任。旅行社责任险不起任何作用，因此，死者的家属事后没有得到任何赔偿。

案例　　　　出国游遇车祸　旅行社竟没投保

2008年12月18日，南京市民李小英与南京钟山A旅行社签订了《江苏省出境旅游合同》，其中约定，李小英和75岁的母亲王招娣共同参加由A旅行社提供的10晚11天新马泰旅游服务，由A旅行社提供往返飞机和当地旅行车辆接送等交通服务，另约定，由A旅行社替李小英和王招娣代办"旅行社责任险、人身意外险、航空意外险"三项保险。

合同签订之后，李小英缴纳了包括旅游团费、保险费以及其他费用等共计9140元。但是，当年12月21日出发时却发生了一件意外。A旅行社通知李小英说，她和母亲将跟随B旅行社组织的旅游团（拼团）踏上旅途。

当年12月26日，李小英和王招娣在泰国游玩，当日深夜11点左右，在乘坐旅游车由景点返回曼谷的途中旅游车发生侧翻，李小英的母亲当场死亡。

2009年1月6日，泰国方面赔付共计66万泰铢，合人民币3.2万余元。而后李小英一家人准备向出国前投保的C保险公司理赔时，却发现旅行社竟没投保。

几经交涉无果后，2009年年初，李小英姐弟将A旅行社告上法庭。B旅行社被原告列为第三人。同时被列为第三人的还有为A旅行社承保旅客"人身意外险"的C保险公司，以及为该旅行社承保"旅行社意外险"的D保险公司。

最终法院判决两家旅行社赔付李小英40余万元。

资料来源：《燕赵晚报》2010-5-24.

（三）注意事项

（1）如实填写投保单。在网上填写投保单一定要正确填写以免因为填写了错误信息而使保险公司在出险时拒赔，造成不必要的损失。

（2）看清保险条款。很多投保人只知道旅游团代理投保了旅游险而不知投保险种的责任范围，没弄清楚就稀里糊涂投了保。

（3）并非保得越多越好。选择一定数量的保险险种投保，自然有了更多的保障，但是，旅游医疗险种是补偿性险种，保多了形成超额保险多交保费就不明智了。

（4）出了事故应及时通知。保险公司依据《保险法》第二十一条规定："投保人、被保险人或者受益人知道保险事故发生后，应当及时通知保险人。"因此出现事故后应及时报案。

（四）险种分类

（1）交通意外险。交通意外险是以被保险人的身体为保险标的，以被保险人作为乘客在乘坐客运大众交通工具期间因遭受意外伤害事故，导致身故、残疾、医疗费用支出等为给付保险金条件的保险。主要包括火车、飞机、轮船、汽车、地铁等交通工具。

（2）人身意外险。人身意外伤害保险是指在约定的保险期内，因发生意外事故而导致被保险人死亡或残疾，支出医疗费用或暂时丧失劳动能力，保险公司按照双方的约定，向被保险人或受益人支付一定量的保险金的一种保险。保障项目分死亡给付、残疾给付、医疗给付和停工给付。

（3）航空意外险。在航空保险中，航空意外险是离普通乘客最近的险种，最高保额为200万元。保险金额按份计算，保费每份20元，每份保额20万元。同一投保人最多可以买10份，即最高保险金额为200万元。保障时间是从意外伤害发生之日起180天以内。

旅行社没有为旅游者购买旅游意外险的义务，但是作为旅游经营者，应清楚旅游活动可能面临的各种风险，作为旅游活动中第一个与旅游者接触的经营者，应当提醒旅游者购买旅游意外险，并为旅游者提供购买旅游意外险的方便。

安全提示　　　　　　　境外紧急救援保险

境外紧急救援保险是指国民在中国境外旅行途中遭受意外事故或者患突发性疾病时保险公司境外授权机构根据合作协议对客户实行紧急救援服务的一种保险。

境外紧急救援保险的范围包括紧急救援医疗转送、住院治疗、病情好转后转运回国、遗体转运回国和安葬、安排亲属处理后事、协助未满16岁儿童回国等基本业务，还有很多增值服务，如家属探病、代寻并转送行李、法律援助、翻译服务、儿童陪护服务等。

不过并不是所有的国家都可以办理境外紧急救援保险的。不在范围之内的有：亚洲地区的阿富汗、伊拉克、东帝汶等国；欧洲地区的波黑地区和巴尔干地区；大洋洲地区也有很多国家和地区不在此服务范围内，国内形势比较复杂的国家都是不参保的。保险时间是3个月，按北京时间算。

（4）境外紧急救助保险。中国人寿、中国太平洋保险公司与国际救援中心（SOS）联手推出的旅游救助保险，将原旅游人身意外保险的服务扩大，将传统保险公司的一般事后理赔向前延伸，变为事故发生时提供及时的有效的救助。

这种保险对于出国旅游十分合适。有了它的保障，旅游者一旦发生意外事故或者由于不懂当地习俗法规引起了法律纠纷，只要拨打电话，就会获得无偿的救助。

旅游保险是一种风险转移机制，办旅游保险本身并不能消除风险，但能为遭受风险损失的旅游者提供经济补偿，使事故得到妥善的处理。

安全提示 　　　　　　　　　要购买的旅游意外险

1. 旅行社责任险与旅游意外险有何不同？

根据国家旅游局 2001 年 9 月 1 日正式实施的《旅行社投保旅行社责任保险规定》（简称《规定》），旅行社在出团之前必须购买旅行社责任险。旅行社责任险是旅行社为自己投保，投保人、被保险人、受益人均为旅行社，一旦因旅行社的责任造成旅游者遭受人身和财产损失，保险公司代表旅行社承担赔偿责任。也就是说，旅行社责任险对旅游者本人不具备任何保障作用。

根据《规定》的第六条至第八条规定，旅游者在旅游过程中，由自身疾病引起的各种损失或损害，旅行社不承担赔偿责任；由于旅游者个人过错导致的人身伤亡和财产损失，旅行社不承担赔偿责任；而且旅游者在不参加双方约定的活动而自行活动的时间内发生的人身、财产损害，旅行社不承担赔偿责任。

大部分旅游者并不知道购买旅游意外险。大多数人都认为已经有旅行社责任险了，没有必要购买额外的旅游意外险。旅游者被挡在"意外险"门外的原因：一是旅游者被误导，认为旅行社责任险便是"全保"。二是保费过高将旅游者"挡之门外"。目前一般出境游保额在 30 万元的保费就需要 100 元左右，这种过高的保费将不少旅游者挡在了门外。三是国人保险意识普遍不高，有七成旅游者不购买旅游意外险。比如，在东南亚海啸前购买旅游意外险的旅游者比例不到 20%；海啸过后旅游者保险意识突然增强，大概有 40% 的旅游者购买了旅游意外险；现在购买旅游意外险的旅游者又降低到 30% 左右。

2. 普通意外险不能代替旅游意外险！

单从字面上看，旅游意外险很容易让人联想到日常投保的普通意外险，并且普通意外险一般都是以年为单位进行投保，是否投了普通意外险就不需要再投保旅游意外险呢？

单从保障范围上看，普通意外险的身故、残疾、意外伤害医疗、意外住院津贴等和旅游意外险的保障范围是有所重叠的，但普通意外险并不能完全替代旅游意外险。因为旅游意外险作为专门针对出行旅游的险种，它的保障内容更加宽泛一些。

首先，旅游意外险增加了例如航班延误、行李证件损坏或遗失、紧急救援服务等旅行中可能遇到的突发意外状况的保障。其次，针对不同的旅游行程安排，旅游者可以自行选择天数来进行投保。当然，短期旅游意外险相比长期旅游意外险的费用更低一些。所以旅行社要给旅游者提供险种的参考，由于出境旅游不确定因素比较多，买一份旅游意外险可以防患于未然。

目前，市场上的旅游险主要有两种，一种是确定了保障范围和保额的产品，消费者缺少选择的余地。还有一种是可以自由选择保障范围和保额的产品，最多可以选择20 多种保障。建议选择后者，根据自己的需要来确定具体的内容，使保障更加科学。

比如只是普通游玩，就没有必要选择带高风险运动的选项，减少不必要的支出。

那么，在购买旅游意外险时，特别是境外旅游意外险时需要注意什么呢？要看产品保障范围是否能够满足自己的具体需求。比如保险产品覆盖的旅行目的地、全球救援服务商的品质和网点分布、医疗费用是否由救援公司直接垫付、是否有随身财产保障、是否能够提供恐怖袭击保障、事后理赔是否迅捷等各个指标来考量各家的产品，最终确认两三个较优选择。

二、旅行社责任险

《旅游法》第九十七条规定：旅行社违反本法规定，有下列行为之一的，由旅游主管部门或者有关部门责令改正，没收违法所得，并处 5000 元以上 5 万元以下罚款；违法所得 5 万元以上的，并处违法所得 1 倍以上 5 倍以下罚款；情节严重的，责令停业整顿或者吊销旅行社业务经营许可证；对直接负责的主管人员和其他直接责任人员，处 2000 元以上 2 万元以下罚款：

（1）进行虚假宣传，误导旅游者的。

（2）向不合格的供应商订购产品和服务的。

（3）未按照规定投保旅行社责任保险的。

《旅行社责任保险管理办法》于 2011 年 2 月 1 日施行。旅行社责任保险，就是承保旅行社在组织旅游活动过程中因疏忽、过失造成事故所应承担的法律赔偿责任的险种，该险种的投保人为旅行社。投保后，一旦发生责任事故，将由保险公司在第一时间对无辜的受害旅客进行赔偿。旅行社责任险具有很强的社会公益性。

旅行社责任险采取"一切险加列明"的方式确定保障范围，旅游交通事故、食物中毒等以往界定困难的责任被明确列入保障范围；保障额度高，每人赔偿限额从原来的 9 万元提高到现在的最低 20 万元人民币。统保产品还设计了从 20 万元至 80 万元的限额，供旅行社自由选择。基本责任险之外，还设置了可供选择的附加险，满足旅行社的多样化需求。

旅行社责任保险具有很强的社会公益性。这样既转嫁了旅行社的责任风险，也保障了旅游者的利益。

近年来，国家旅游局正在积极推广旅行社责任保险统保示范产品。

（一）旅行社责任保险统保示范产品的内容与特点

2011 年 10 月 31 日国家旅游局启动了 2012 ~ 2013 年度旅行社责任保险统保示范项目，旅行社责任保险统保示范产品（以下简称统保示范产品）是国家旅游局履行公共服务，提升行业安全保障能力的一项重要工作。是国家旅游局与中国保监会近年来开展"旅保合作"，提高旅行社风险管理和保险保障水平的重要举措。经过近几年的运行，示范项目取得了显著成效，得到了国家相关部委的肯定、行业的认可。示范项目通过有责预付、无责垫付、巨灾"超赔"和调节处理等机制，妥善处置了较大及以上旅游突发事件，使重大事故的保障机制更加完善，减少了旅游者和旅行社的纠纷，较好地转移了旅行社的风险，建立了符合旅行社发展需要的保险服务体系。统保示范产品的关键词是责任、统保和示范。

责任即旅行社在组织旅游活动的过程中依法需要承担的法律赔偿责任，它包括：因被保险人疏忽或过失应当承担的赔偿责任；因发生意外事故被保险人应当承担的赔偿责任；仲裁裁决或者人民法院判决或经旅行社责任保险调解处理中心和事故鉴定委员会认定被保险人应当承担的赔偿责任。

统保即包括中国人民财产保险股份有限公司、中国太平洋财产保险股份有限公司、中国平安财产保险股份有限公司、中国大地财产保险股份有限公司、中国人寿财产保险股份有限公司、太平财产保险有限公司在内的 6 家保险公司共同承保，共担风险，统一产品责任范围、统一价格、统一服务、统一营销推广。

示范即不强制、不排他，靠保障、价格和服务赢得旅行社的支持。

（二）推出统保示范产品的必要性

1. 是旅行社规避风险的需要

旅游活动链条长、环节多，国内外旅游目的地不可预知的安全风险不断增加，一个大的责任事故可能会使旅行社破产倒闭，故必须要有应对风险的手段，这就需要责任保险。同时，随着经济社会的发展和最高人民法院《关于审理人身损害赔偿案件适用法律若干问题的解释》的出台，旅行社面临的责任赔偿风险越来越高，加之旅游者的维权意识、索赔意识越来越强，客观上要求旅行社投保保障更为全面、额度更高的保险，但旅行社又不希望保费过高，那只有团结起来，走"团购"统保之路，降低保费。

2. 是旅行社保险规模化的需要

保险的规律就是要有规模，有了规模，保险公司才能给予旅行社更好的条件、价格和服务。同时，旅行社单独投保，由于对保险专业不熟悉，对保险公司的运行规律不明白，又没有规模，所以不具备和保险公司谈判的能力。即使是一省一市的统保，规模仍然十分有限，难以应对重、特大涉旅突发事件。只有全国统保才能改变这种不利的局面。

3. 是克服目前旅行社责任险不足的需要

以往的实践经验证明，现有的旅行社责任险保障不全，服务不到位，"索赔难、理赔慢"，一旦出险，保险纠纷旷日持久，效益好的旅行社被拖垮，效益差的旅行社没有能力承担巨额的赔偿责任，被迫倒闭，旅游者无法获得赔偿，最终不得不由政府买单。因此，通过统保，集中全国的规模，才能走出旅行社责任保险的困境，把旅行社和旅游行政主管部门从"索赔难、理赔慢、旅游者闹"中解脱出来，专心做好本职工作。

（三）统保示范产品的优点

1. 责任范围扩大

统保示范产品的责任范围既包括因为在组织旅游活动中的疏忽、过失而诱发的赔偿责任，也具体列明了 11 种常见或者难以界定的责任；增加了意外事故责任，体现行业特点。增加了"有责延误、无责救助"的责任，减少了纠纷，强化了以人为本的意识。设计了 5 种附加险供选择，完善了保险保障。

2. 保障额度提高

统保示范产品为旅行社设计了 4 档赔偿限额，为参保人设计了从 20 万元到 80 万元 7 个限额供选择；设计了公共责任限额，一旦旅行社的限额不够用，可申请公共责任限额，可有效解决群死群伤责任事故无法得到妥善处理的问题。

3. 旅行社随团服务人员有保障

增加了对旅行社委派的随团领队、导游的赔偿责任。从而为全国十几万导游和 3 万多名领队人员提供了职业保障。

4. 性价比高

统保示范产品年度保费水平充分考虑了保障与成本的关系；设计了多个调整因子，最大限度地给予优惠，并定期评价，根据市场费率水平进行调整。

5. 理赔不再难

其优点主要体现在：由保险经纪公司、行业专家和旅行社代表共同组建调解处理中心，处理所有人伤事故，拥有理赔话语权；建立了 400 统一服务专线，接受旅行社的咨询和报案，境内 1000 元人民币、境外 500 美元以内的人身伤害赔偿案由导游、领队直接处理；建立重大事故的医疗费用垫付、预付和公共救援专项资金；建立"先赔后追"机制，不用为责任扯皮，化解了行业难题。

6. 用数据和事实说话

建立全国统一服务平台，收集行业投保与索赔数据，建立起行业的风险管理数据库，为旅游行业的安全管理提供决策依据。

（四）保障范围

保障范围分为基本保障和选择（附加）保障。

1. 基本保障

包括旅行社对旅游者的赔偿责任，有责延误费用，无责救助费用，精神损害赔偿，随团导游、领队保障，法律费用，其他费用 7 个方面的保障。

（1）对旅游者的赔偿责任。包括：

①两类意外事故赔偿：在旅行社组织的旅游活动中发生交通事故和食物中毒事故，由保险公司先行赔付，后向有关责任方追偿。

②六类"疏忽或过失"保障：

- 旅行社未尽到审慎选择旅游辅助服务者义务的。
- 在行前未尽到询问旅游者与旅游活动相关的个人健康信息义务或对行程中可能危及旅游者人身、财产安全的事项没有向旅游者进行必要、真实说明和明确警示义务的。

● 发生危及旅游者人身或财产安全事故时，未能采取必要的保护、救助措施，导致损害进一步扩大的。

● 行程或旅游项目安排不当，发生旅游者人身伤亡、财产损失事件的。

● 导致行程延误后遭遇不可抗力或突发事件，发生旅游者人身伤亡、财产损失事件的。

● 代管旅游者的旅行证件、行李物品丢失的。

③工作人员疏忽过失保障。旅行社委派的工作人员在履行职责的过程中导致旅游者人身伤亡、财产损失的。

④公众责任保障。由于旅游服务辅助者或其他第三人的原因，在旅行社或其旅游服务辅助者的经营场所发生旅游者人身伤亡、财产损失事件的。

⑤转院费用保障。发生保险事故后，根据旅游者治疗的实际情况，或经医生要求，需要转院进行后续治疗而发生的交通费、住宿费。

（2）有责延误费用。由于旅行社的疏忽或过失，导致行程延误或终止（含被拒绝出入境）而产生的必要的交通费、食宿费等。

（3）无责救助费用。在旅行社组织的旅游活动中，发生自然灾害、社会安全事件、突发公共卫生事件等非旅行社原因引发的事故、灾难及其他不可抗力事件，旅行社虽然不承担责任，但要救助而发生的交通费、食宿费、通信费和必要物品购置费等。

（4）法院认定的精神损害赔偿。

（5）随团导游、领队保障。旅行社的工作人员在随团出行的过程中，从事与业务有关的工作时，遭受意外而致受伤、死亡，或患与工作有关的职业性疾病所致伤残或死亡的，可以得到赔偿。

（6）法律费用。发生保险事故后，旅行社需要支付的合理的法律费用。

（7）其他费用。旅行社为防止或者减少保险标的的损失所支付的其他必要的、合理的费用。

2.选择保障

以下保障，需要旅行社根据需要选样投保，另外缴纳保险费。

（1）紧急救援费用。在旅行社负有责任的情况下，发生的紧急救援的费用。（旅游者自行购买的意外险项下的救援险，承担不是旅行社责任的救援费用。）

（2）旅程延误。不是旅行社的疏忽、过失所导致的旅程延误6小时以上的，发生的食宿、交通等合理、必要费用。导致延误的具体原因包括自然灾害、传染病、航空管制、战争、罢工、旅游者证件被盗等情形。

（3）旅行取消损失。由于各种自然灾害、战争、公共卫生事件、非旅行社原因和政府行为（如发布橙色以上预警）等原因，旅行社已经发生的，无法向旅游者收取、无法从旅游辅助服务者处退回的有关食宿、交通等费用或额外支出的退票、退房等费用损失，可以得到赔偿。

（4）扩展费用。包括因宗教原因，旅游者遗体需要遣返的费用；家属探望的往返交通及食宿费用；医务人员和旅行社的工作人员前往处理事故的往返交通及食宿费用；发生事故后，随行老人和未成年人的送返费用；由于某一旅游者的疾病导致其所在旅游团的旅程延误所发生的费用。

（5）抚慰金。提供每次事故每人抚慰金2万元人民币的责任限额。

3. 不保的风险、责任、费用

（1）不保的风险。战争、核风险、行政行为、故意行为、违法行为、间接损失、罚款等不在保险范围内。此外，如果违法违规、故意行为与事故没有因果关系时，保险仍然需负责。

（2）不保的情形。包括旅游者的故意行为、犯罪行为所致的及旅游者擅自脱离团队所造成的人身伤亡、财产损失，不能从保险公司获得赔偿。但在旅行社组织的"自由行"或其他旅游活动中，能够或应该能够预见到的旅游者可能发生人身伤亡、财产损失的，可以获得赔偿；旅行社工作人员因犯罪或者违反治安管理而伤亡，因醉酒导致伤亡、自残或者自杀等情况将不能获得赔偿。

（五）保险赔偿

1. 事故的分级处理

境内（包含我国港、澳、台）损失小于人民币1000元时，或境外损失小于500美元时，只要明确属于保险责任，已确认旅游者签署赔偿协议，而且没有后续赔偿，在保留合法的费用单证并与受害方签署赔偿协议的前提下，旅行社拥有理赔权，即可现场直接赔付；超出 1000 元人民币的案件，分别由调解处理中心负责案件的定责定损或由事故鉴定委员会负责案件的鉴定工作。

2. 统保专项保证金

（1）垫付：发生较大以上级别的旅游突发安全事件，不论是否属于责任范围内的事故，垫付限额为总保费的 15%，最高限额为 3000 万元人民币。

（2）预付：在以下三种情况下可以动用统保保证金进行预付：第一，旅游突发公共事件或预估损失超过 10 万元；第二，保险责任明显但损失金额尚不能最终确定；第三，节假日期间发生事故等原因导致保险公司无法及时支付预付赔款。

案例 统保示范项目专项保证金垫付 150 万元——国际旅行社快速处理事故理赔

2010 年度旅行社责任保险统保示范项目专项保证金向青岛某国际旅行社垫付 150 万元，为该旅行社快速处理涉外交通事故的经济赔偿提供了及时保障。2010 年 2 月 28 日上午 11 时，正当全国人民欢度元宵佳节之际，在山东威石公路上，一辆大货车失控冲过公路中间的隔离带，撞上青岛某国际旅行社接待韩国旅游团的大巴，当场造成 3 人死亡，15 人受伤，其中 6 人重伤。

当地政府及时将受伤游客送往医院救治，并承担了家属的接待和安抚工作。有关旅游局领导和工作人员、旅行社经营者、统保示范项目全国调解处理中心领导和当地调处人员迅速赶往现场，在当地政府组成的联合工作小组领导下，开展了紧张、高效、专业的善后处理工作。在青岛市旅游局的领导下，调处中心与旅行社齐心协力，共同商定赔偿方案，与保险公司积极沟通，协调各方，在短短的 4 天内，多次谈判，反复沟通，与遇难者家属和韩国大使馆工作人员最终达成赔偿协议。5 日下午，10 名游客登船回国。其他游客也于 7 日回国。

在谈判过程中，旅行社和调处中心与保险公司达成预付意向，但由于超过当地保险公司理赔权限，上报总公司处理需要一段时间；同时考虑到旅行社一时拿不出巨额的赔付资金，经其申请，决定启动统保示范项目的专项保证金。

经过省市旅游局逐级申报，国家旅游局批准，调处中心快事快办，按照估损金额，于 5 日下午汇出 150 万元垫付资金，主要用于支付医疗费、护理费、交通费、住宿费、住院费、住院伙食补助、必要的营养费等因医疗而产生的各种费用，以及在第一时间内支付的死亡赔偿金。

——资料来源：《中国旅游报》2010-03-15.

（3）公共紧急救援：重大级别的旅游突发公共事件，或发生不可抗力造成的突发事件，或国家旅游局认可的其他情况。

（六）事故处理流程

1. 报案、接案

发生事故后，旅行社现场人员应立即通报旅行社并报案。同时要说明以下信息：被保险人；时间、地点、原因；事故经过、目前的状况、损失程度；报案人姓名、联系电话；事故现场导游及领队的姓名、联系方式。报案后第一时间，保险经纪公司会有专人负责联系。

2. 应急处理

配合行政管理部门进行救助；救助过程中如有不明事项及时联系相关部门；经纪人或保险公司进行现场查勘，指导导游填写索赔材料；调处中心或事故鉴定委员会进行定损；根据指导保留理赔单证、手续资料等。

可申请启动公共紧急救援资金，还可以申请启动垫付资金。如遇到重大级别以上事故，应第一时间通知经纪人，会有专业人员进行指导、跟踪，协助申请专项资金。

3. 案件处理

经纪人委派专员负责案件的跟踪处理，由事故鉴定委员会对案件进行鉴定。

在海外发生出险情形的，国际紧急救援机构将提供医疗咨询、现场救援帮助等服务（需购买紧急救援附加险）；共保体统一聘请国际知名公司提供现场服务；经纪人服务专线协同服务资源，提供案件处理建议，如果发生重大突发事件，需要公共救援，国家旅游局会启动统保赔付专项资金，提供救援服务。

4. 赔偿

可申请预付资金；由保险公司在规定时间内进行赔付，再进行追偿，由旅行社进行协助。

出境旅游领队人员安全管理

出境旅游领队人员作为旅行社服务的终端，全权代表组团社带领旅游团出境旅游，负责履行境外安全提醒责任，对可能影响游客人身、财产安全的问题及时进行提示，并督促境外接待旅行社和导游人员等方面执行旅游计划，并为旅游者提供出入境等相关服务的活动，其地位和作用非常重要。

第一节　旅行社对领队人员的安全管理

我国出境旅游领队队伍不断壮大，但同时存在领队人员个人素质、业务能力等方面参差不齐、良莠混杂的问题。为确保对出境旅游领队人员的有效、安全管理，旅行社可以采取以下三种主要措施。

一、建立健全出境旅游领队人员安全管理制度

出境旅游领队人员须持有出境旅游领队证，坚决不聘用无证领队人员；聘用合法的、及时年检注册的出境旅游领队人员从事领队接待活动，建立健全出境旅游领队人员档案及其诚信档案。

（一）《旅游法》中对领队主要有如下规范要求

第三十六条 旅行社组织团队出境旅游或者组织、接待团队入境旅游，应当按照规定安排领队或者导游全程陪同。

第三十七条 参加导游资格考试成绩合格，与旅行社订立劳动合同或者在相关旅游行业组织注册的人员，可以申请取得导游证。

第三十八条 旅行社应当与其聘用的导游依法订立劳动合同，支付劳动报酬，缴纳社会保险费用。

旅行社临时聘用导游为旅游者提供服务的，应当全额向导游支付本法第六十条第三款规定的导游服务费用。

旅行社安排导游为团队旅游提供服务的，不得要求导游垫付或者向导游收取任何费用。

第三十九条 取得导游证，具有相应的学历、语言能力和旅游从业经历，并与旅行社订立劳动合同的人员，可以申请取得领队证。

第四十条 导游和领队为旅游者提供服务必须接受旅行社委派，不得私自承揽导游和领队业务。

第四十一条 导游和领队从事业务活动，应当佩戴导游证、领队证，遵守职业道德，尊重旅游者的风俗习惯和宗教信仰，应当向旅游者告知和解释旅游文明行为规范，引导旅游者健康、文明旅游，劝阻旅游者违反社会公德的行为。

导游和领队应当严格执行旅游行程安排，不得擅自变更旅游行程或者中止服务活动，不得向旅游者索取小费，不得诱导、欺骗、强迫或者变相强迫旅游者购物或者参加另行付费旅游项目。

第九十六条 旅行社违反本法规定，有下列行为之一的，由旅游主管部门责令改正，没收违法所得，并处5000元以上5万元以下罚款；情节严重的，责令停业整顿或者吊销旅行社业务经营许可证；对直接负责的主管人员和其他直接责任人员，处2000元以上2万元以下罚款：

（1）未按照规定为出境或者入境团队旅游安排领队或者导游全程陪同的。

（2）安排未取得导游证或者领队证的人员提供导游或者领队服务的。

（3）未向临时聘用的导游支付导游服务费用的。

（4）要求导游垫付或者向导游收取费用的。

第一百零一条 旅行社违反本法规定，安排旅游者参观或者参与违反我国法律、法规和社会公德的项目或者活动的，由旅游主管部门责令改正，没收违法所得，责令停业整顿，并处 2 万元以上 20 万元以下罚款；情节严重的，吊销旅行社业务经营许可证；对直接负责的主管人员和其他直接责任人员，处 2000 元以上 2 万元以下罚款，并暂扣或者吊销导游证、领队证。

第一百零二条 违反本法规定，未取得导游证或者领队证从事导游、领队活动的，由旅游主管部门责令改正，没收违法所得，并处 1000 元以上 1 万元以下罚款，予以公告。

导游、领队违反本法规定，私自承揽业务的，由旅游主管部门责令改正，没收违法所得，处 1000 元以上 1 万元以下罚款，并暂扣或者吊销导游证、领队证。

导游、领队违反本法规定，向旅游者索取小费的，由旅游主管部门责令退还，处 1000 元以上 1 万元以下罚款；情节严重的，并暂扣或者吊销导游证、领队证。

第一百零三条 违反本法规定被吊销导游证、领队证的导游、领队和受到吊销旅行社业务经营许可证处罚的旅行社的有关管理人员，自处罚之日起未逾 3 年的，不得重新申请导游证、领队证或者从事旅行社业务。

（二）《中国公民出国旅游管理办法》中对领队主要有如下规范要求

（1）组团社和领队人员向旅游者提供的出国旅游服务信息必须真实可靠，不得作虚假宣传，报价不得低于成本。

（2）组团社及其旅游团队领队不得组织旅游者参与涉及色情、赌博、毒品内容的活动或者危险性活动。

（3）旅游团队领队不得擅自改变行程、减少旅游项目。

（4）旅游团队领队不得强迫或者变相强迫旅游者参加额外付费项目。

（5）旅游团队领队不得与境外接待社、导游及为旅游者提供商品或者服务的其他经营者串通欺骗、胁迫旅游者消费。

（6）旅游团队领队不得向境外接待社、导游及其他为旅游者提供商品或者服务的经营者索要回扣、提成或者收受其财物。

案例 南京海外旅游让"无证领队"带团

春节期间，市民陶先生一家参加了南京海外旅游有限公司组织的港澳"豪华"游，但在旅游中不但没有享受到品质服务，还遭受了让人难以忍受的待遇，使精神和身体受到了莫大的折磨。

据陶先生反映，他为了全家享受欢乐，免去"常规团"恼人的购物烦恼，选择了无购物压力、条件较好的港澳四晚五天品质游。根据合同，全程应安排在四星级酒店入住。2月19日晚，香港导游安排游客去了一家刚装修好的酒店，整个房间弥漫着浓重的甲醛味。20日和21日，游客们又被安排去荃湾远东帝豪酒店，双人间的面积不到6平方米，床宽不过60厘米，厕所只能站下一个人，阴冷潮湿且到处是霉斑、霉味。在香港参观"旧火车钟楼"的景点取消了。为赶行程，"海洋公园游玩3小时以上"缩了水。行程表上本有半天游玩时间也被缩短为两个半小时。当晚到达维多利亚港时，导游带大家到路边摊点购买鱼丸当晚餐充饥，结果造成第二天多位游客腹泻。

无独有偶，游客施小姐也反映，自己参加南京海外旅游有限公司也是基于"品质游为无购物压力、条件较好的豪华旅行"的考虑，才特意与老公陪70岁高龄的母亲带着美好向往加盟了此次出游。但整个行程却让施小姐大失所望。香港导游常给全团游客施加压力，推销商品。在澳门，取消了参观"金莲花"广场景点的安排。

两位投诉人还反映，南京海外旅游有限公司的领队在全程活动中没起到一点作用。"回程时，大家在飞机场让领队对出现的问题做书面说明时，领队非但不同意，还甩团先上了飞机！"陶先生告诉记者，"南京领队全程没有佩戴领队证，且在江苏省旅游局也未查到其领队证号，南京海外旅游有限公司也不能提供其领队证。"

陶先生、施小姐回南京后，来到了南京海外旅游有限公司要求给个说法，但该公司负责人借故不予接待，只是约定24小时后给予回复。然而，至今一直未与他们联系。陶先生、施小姐携相关证据投诉到江苏省旅游局，当场查阅了网上资料，竟发现本次香港游的领队没有领队证也没有导游证，仅仅是该公司的普通业务员。南京海外旅游有限公司出境旅游中心的冯经理告诉记者，此事已经由南京市旅游质检所开始调查，投诉信和所有文件在市旅游质检所，对于领队无证等一些事不便回答，现在就等调查报告的结果。记者随后又与南京市旅游质检所取得联系，该所工作人员昨天告诉记者，经查，南京海外旅游有限公司存在合同违约，要求该旅游公司对游客进行赔偿。另外对该旅游公司出境游领队没有领队证的问题，将给予行政处罚。

——资料来源：搜狐网 http://news.sohu.com/20070310/n248629921.shtml

二、加强培训确保出境旅游领队人员素质

出境旅游领队人员素质的高低是决定出境旅游服务质量高低的关键因素，因此，旅行社应不遗余力地提高出境旅游领队人员的素质，从而有效地降低旅行社安全事故的发生。按有关规定旅行社要接受主管部门组织的管理人员、导游、领队的在岗培训、年审培训，并有意识地提高出境旅游领队人员的学历水平。

案例　　　　8·23香港游客在菲律宾被劫持事件

2010年8月23日上午9时左右，香港康泰旅行团一行21人在菲律宾首都马尼拉被歹徒劫持。随车领队躲在后排座位给旅行社打电话，通报了劫持事件。19:40左右，菲警方实施突击解救行动，香港游客中8人死亡，6人受伤。

进展与判断：在旅行团被劫匪挟持的一刻，带团领队谢某冒死悄悄致电回港，向旅行社报告，旅行社随即联络旅游业议会和保安局，要求菲律宾警方拯救人质，领队坚守全团直到中枪身亡殉职。在这次事件中遇害的8名香港游客获得康泰旅行社以及保险公司提供的赔偿32万港元至132万港元不等。自旅行团出事后，康泰旅行社一直跟进事件，及时派出人员赴当地协助；另外，旅行社还派出4名人员，包括两名特派员及两名医生到马尼拉了解情况，准备为死伤者做医疗遣返或遗体遣返工作。

同类事件预防措施：首先，国际旅行社在选择旅行目的地时要选择安全性高、有安全保障的国家或地区，尽量避开类似黑色旅游目的地国家或地区。旅行社在组织出境旅游团队时要参加旅行社责任险，游客意外保险等险种以降低旅行社的风险。其次，随团领队在遭遇这种事件时要保持镇静，第一时间告知组团社，必要时先稳住劫匪，阻止其做出进一步伤害游客的行为。最后，旅行社在接到报告后，要立即通知地接社和相关安全部门，积极解救人质，告知国家相关部门协调解救事宜并随时关注事件势态发展。

三、加大对出境旅游领队人员的考核和检查力度

专职出境旅游领队人员应做到无治安处罚记录或刑事处罚记录、无向旅游者以明示或暗示的方式索要小费现象，旅行社应督促出境旅游领队及时填写并上交内容完整、详细、规范的领队日志。

案例　说说领队那些事儿：浙江省"领队日记"表彰大会

2011年9月18日，浙江省旅游培训管理中心在杭州云栖海航度假酒店举办《领队日记》表彰大会。来自浙江、江苏、安徽、山东、福建、北京、上海7省市旅游局领导，浙江省各市旅游局分管局长、行业管理处负责人，浙江省出境游组团社总经理和相关人员，以及获奖领队共300余人参加了大会。

国家旅游局监管司司长李任芷出席表彰大会，浙江省旅游局副局长叶建国出席会议并讲话，浙江省旅游局党组人员、办公室主任杨建武宣布获得一、二、三等奖及优秀奖的100名出境游领队名单，浙江省旅游局人事教育处处长徐海主持会议。出席会议的各位领导为优秀领队颁发了荣誉证书和奖品。

《领队日记》是今年浙江省领队年审培训的一项重要内容，旨在向社会全面展示领队风采，树立起积极、健康的领队形象，同时加强行业间的展示和交流。浙江省旅游培训管理中心于2011年4～7月历时3个月，大力开展了《领队日记》评选活动，这项活动也是整个年审培训的重头戏。今年为第一届《领队日记》评选，浙江省旅游培训管理中心相关领导希望通过该活动，进一步宣传领队工作，向社会展示领队工作与生活最真实的一面，同时进一步提升领队的专业素质，更为行业间的学习与交流打开一扇窗。

通过文学专业评审、旅游专业评审以及大众短信投票3个阶段，对近6000篇《领队日记》进行评选，最终选出100篇优秀领队日记，省旅游培训管理中心还把此次评选出的优秀领队日记集结成书，供业内学习、培训所用。通过《领队日记》，我们看到领队们从北极到赤道，从海洋到沙漠，与大家分享旅途美景与喜悦；他们经历地震、飓风、海啸等极端天气，他们遭遇游客疾病、航班延误等突发情况，将这些工作经验思考总结并与大家分享。工作的点滴回忆，会聚成篇篇图文并茂的《领队日记》，全方位展示了领队工作的广阔与细致，精彩与不易。

——资料来源：浙江在线 http://gotrip.zjol.com.cn/05gotrip/system/2011/09/19/017854369. shtml

案例　浙江省"领队日记"评选一等奖：归心似箭，力挽狂澜——北极领队日记

朋友，您向往北极吗？朋友，您去过北极吗？

当您游历了欧洲、非洲、大洋洲、南北美洲后，您是否寻思，某一日您会不远千里，让自己的双脚，踏上北极那一块神秘的陆地？

北极，以其纯洁美丽的冰川、人迹罕至的冰原，让人充满了想象与神往！

然而，撩开北极神秘的面纱，您会发现，在北极，哪怕是纯粹的旅游，我们都必须区

别于其他任何一个目的地，因为不经意间，意料外的事情已经发生！

2010 年 9 月，浙江首支市民前往北极旅游的团队终于成行。我们在雅致的北极小镇"爱玛夏利克"停留多日，徒步穿越了陡峭的无人区，品尝了北极蓝莓的原生态纯真美味，游览了充满冻土湖泊的鲜花谷，拜访了纯真质朴的因纽特家庭，聆听了原始冰川剥落后坠入北大西洋的轰鸣……

今天，是返程的日子。

按照计划，我们 10+2 人的团组（连同导游、领队）将搭乘直升机飞行 10 分钟，从爱玛夏利克飞往库鲁苏克，之后再搭乘 3.5 小时的小型飞机从库鲁苏克飞往冰岛，然后从冰岛飞 4.5 小时抵达巴黎，紧接着从巴黎飞行 11.5 小时到上海，结束难忘的北极之旅。

可是，行程临近尾声，一切都被打乱。

我们的酒店坐落在爱玛夏利克的山峰上，直升机机场就在山脚下。从酒店前往直升机机场这一段高低错落的山路，搭车大约需要 10 分钟，唯一的交通工具是酒店那辆小面包车。早晨，享用了酒店的自助餐以后，我们在大堂静静等待。总台告诉我们，必须等到直升机公司的计划起飞通知，酒店才会派车送我们去机场。

因为直升机每次搭客数量有限，因此我们一行 12 人被分为"5 客人 +1 领队"、"5 客人 + 1 导游"两个组别。按照预定的计划，第一组 6 人所搭乘的直升机起飞时间是 10:05，第二组是 10:55。尽管两组起飞的时间有差异，但可以确保来得及衔接下午 1 点从库鲁苏克飞往冰岛的小型班机。

今天的天气不算很好，天阴沉沉的，风有点大，于是更觉得寒冷。尽管是 9 月，但气温已在 0℃以下。作为第一组的成员，我一直等到 9:30 才接到前台的通知，然后面包车送我以及 5 个客人前往机场。可是抵达机场后，一个因纽特值机人员通知我们：由于连续横风，考虑到库鲁苏克机场的特殊地形位置和飞行安全，我们的小型直升机将暂时停飞，需要到 11:30 再根据天气状况告知我们是否起飞，并且机场不保证届时直升机是否可以正常起飞。

横风？我一点也没有感觉到。老实说，站在室外，风好像并不是很大。见我一脸的疑惑，值机人员说，库鲁苏克机场的地形很复杂，虽然我没有感觉到风很大，但是在这样的天气下，原本 10 分钟的飞行却是危机四伏的。航空公司绝对不会在安全没有保障的前提下安排直升机执飞。那对我们来说，问题就很严重：从库鲁苏克起飞的航班是下午 1 点，几乎不用沙盘推演，我已经算出，团队将错过 1 点的航班。如果我们错过了下午 1 点的航班，那么从库鲁苏克飞冰岛，再从冰岛飞巴黎，以及从巴黎飞上海的后 3 段航班将全部错过，并且因为是团体出票，我们无法退票和改签，因此后 3 段机票将全部作废。我很清楚，如果现场重新购买后 3 段机票将没有任何折扣，并且由于北极当地航空公司垄断经营，此 3 段机票总价高达约 2.5 万元 / 人。对于我们这个团组来说，那就是将近 30

万元的直接损失。如果损失成立了，谁来承担？旅行社？游客？航空公司？

就目前看来，我只能先找航空公司表达诉求。但是机场的值机人员告诉我，原则上他们不承担因为天气原因造成的损失，但是从人性化角度出发，如今天无法飞行，他们会为我们安排好当天的住宿、用餐，同时会在天气转好后再安排直升机送我们飞往库鲁苏克；至于后面3个航段的机票，则根据航空公司的免责条例，完全不属于承担的范畴。我感觉自己的冷汗渗出后背，沾着贴身的棉衣，冷冷的很难受。回头看看客人，他们正很开心地逗着几个因纽特的孩子玩乐。

我马上询问有没有其他大型的备用直升机，能够抵挡目前的风力而将我们送至库鲁苏克。值机人员告诉我，公司的确有大型的直升机，也可以在目前的风力状况下飞行，但是此类飞机只服务于努克（格陵兰的首府）机场。由于努克路途遥远，因此调度过来的直升机在途中是需要加油的，而9月已经是北极的冬季，中途的加油站都不再营业，因此直升机将因为没有足够的燃料补充而无法飞抵我们所在的机场。

已经想不了太多了，我立即打电话给还在酒店大厅等待的导游，必须要有替代方案！看到我如此着急，值机的因纽特人也很抱歉，他告诉我，根据他的经验，就目前的风力而言，虽然直升机无法起飞，但还是可以选择搭船前往库鲁苏克的——当然，会比较颠簸；同时，原本10分钟的航程，搭船则至少需要2小时；还有一点很重要，如果我们选择搭船，那将被视作"自动放弃"搭乘直升机而无法获得退赔。

值机人员讲得滴水不漏。那就先联系船只吧！粗略算来，如果我们现在就搭船起航并且不浪费一丁点的时间，那么应该是可以赶上下午1点飞往库鲁苏克的航班的。

但是接通导游的电话以后，很遗憾地得知：在爱玛夏利克，只有一艘木船具备营运资质。而在当地，做什么事情都需要提前预约，我们临时要租船，租船公司根本就没有人。导游不停地联系，好不容易找到租船公司经理，又被告知今天是休息日，暂时无法找到船长。

我知道那艘木船，前几天我们搭乘它观看过峡湾内的浮冰。它大约可以载客20人，除了当中有个小小的船长室，另外可以躲避风雨的地方就是底部的小船舱。船舱没有窗户，只能容纳几个人，如果海浪稍微汹涌一点，那么坐在舱内就会晕得头昏眼花。想到我们将要搭乘这样一艘木船在广阔无垠的北大西洋上航行2小时，并且刮着所谓的令直升机都无法飞行的横风，实在很让人胆战心惊。

而即使是这样一艘很让人看不上眼的木船，居然都不是可以随意租到的。至于租船的费用则更是高得惊人，虽说我们使用的是单程，但木船送我们抵达机场后，需再折回爱玛夏利克，因此租赁折合人民币约需3万元。

导游在电话那边问：要不要租船？

我的脑海里立即浮现出旅游合同中常用的条款：旅行社不承担因天气、航空公司等不可抗力原因造成的损失……

回头看候机厅内的那几位客人，还在和因纽特小男孩逗乐。那小男孩有着浓密的黑发，长着典型的蒙古人的脸，看起来和我们的客人已经互动得很熟络了，张扬着双臂，不时发出快乐的笑声。

他们不知道我的焦虑，他们不知道我心急如焚，他们还没有去想我们将回不了家了！

此刻，我是不是应该打断客人们的欢娱，然后很公式化地告知他们：因为××原因，根据××条款，你们需要自行付钱租船前往库鲁苏克……然后签字确认？

已经没有时间了，更何况另外一组客人还在酒店大堂等待，如果我把这一切都做完，那么除非是搭乘气垫飞船，否则就凭那艘木船，一切都得玩完！

候机厅外，雨依然下得很大。

导游在电话那边再一次问我：租船公司已经催促着了，时间很紧迫，请马上告知，租船还是不租？

那一刻，我出奇的冷静，我甚至没打电话回旅行社请示，就对导游说：租吧，费用我会签字确认的！

那一刻，真有点"将在外，君令有所不受"的感慨和凛然！我知道自己的举措不符合公司的操作流程，我也不确定船费最终需要谁来承担，但是我知道，肩负着把客人安全、准时带回家的使命，在博弈如何将损失减到最低之后，此时此刻，我必须果断做出选择！

看了一下手表，这一忙乎，已是10:20。

因为只有一辆面包车，因此将第二组客人直接从酒店大堂送往码头。而为了争取更宽裕的时间，我带领着第一组客人，携带着行李，直接从机场步行至码头。

请想象一下当时的场景：天昏昏沉沉的，雨滴滴答答地下着，客人们低着头，费力地拖着大大小小各种行李箱、摄影器材、包裹，行走在湿漉漉的雨中。

从机场到码头的路程蜿蜒曲折，虽然只有半公里，但是因为当地交通极不发达，不少路段都是斜坡，并且是很原始的泥路，坑坑洼洼的水洼，又湿又滑，因此我们的行李箱在拖行中不时地翻倒，再被扶起来，再翻倒……

当我们泥泞、狼狈地抵达码头时，又是一个不好的消息，船长才刚起床，还在前往码头的路上。而这个所谓的码头实在是非常的简陋，因为这不是一个客运码头，平常日子是没有游客从这个码头出发的，因此没有候船大厅，甚至连一个可以避雨的屋檐都没有。

时间仿佛变得很漫长，我们在风雨中静静地等待，我不停地看表，忧愁布满心头。直到10:50，我们的船长才很有绅士风度地踱步过来。

沿着那狭小的跳板，团友们相互照应，一起帮忙搬运行李上船。此时雨越下越大，而就在我们准备抽离跳板的时候，突然一个客人惊呼她的数码相机遗忘在酒店的大堂了，她说那个相机对她非常重要，因为记录了她这些天在北极难忘的回忆，因此她必须现在回去拿！我们告诉她，真的没有时间了！她说那就马上联系下酒店，让酒店派人送到码头即可，几分钟的事情……

这时我实在是无法控制自己的情绪了，我断定当时一定是朝着客人吼叫的："绝对不允许，没有时间了！只能通知酒店邮递寄给你！"

而此刻更让人揪心的是，尽管我们自己没有浪费时间，但是因着订船、联系酒店、等候船长等事宜，开船时已经是11:00。如果航行顺利，2小时后抵达库鲁苏克机场，正好是下午1点，那是航班起飞的时间。

导游还了解到，我们抵达的是库鲁苏克机场的码头，而到机场的候机楼还需再步行10分钟的泥泞道路。

心仿佛是被刀绞一样，一切都是未定的，我甚至很担心，当我们如此费力折腾、花费2小时船程抵达机场后，飞机却在我们的眼皮底下飞走。

导游在一旁安慰我：他已经和航空公司的值班人员通话，恳请飞往冰岛的航班在库鲁苏克机场那边稍等我们一会儿。值班人员表示会转达此信息给机长。

但是同样，一切都是不确定的。

船长尽可能控制着木船沿着岸边行驶，因为这样可以减少船的颠簸。小小的底舱容不下所有的团友，于是大家都选择坐在甲板上。我已经穿上所有的衣服了，除了戴着防风帽，额外再把风衣的帽子也翻戴起来，可是还是无法抵挡北大西洋的凛冽寒风。俗话说"冷在风里"，那真是切肤体会；而形容"风头如刀面如割"，那是一点都不假：每一次起风，感觉就像是一把把刀片侧着在脸上刮过。

坐在露天的甲板上，一会儿是风，一会儿是雨，我们的衣服被雨水打湿，然后被海风吹干，再被淋湿……航行中，几乎都是惊涛骇浪，我们的木船时而被送上浪尖，时而被冲到谷底，客人们不时发出一阵阵的尖叫。

船行大约90分钟，终于可以看到机场了。远远望去，有一架飞机在跑道上停着，想来那应该就是搭乘我们飞往冰岛的飞机吧！

但是因为海底暗礁的原因，我们必须在海面上绕个大圈子才能抵达机场码头。那个时候，心里真是堵得慌！一方面，不想把自己焦虑的情绪传染给客人，得装出很镇静的样子；另一方面，不知道那飞机会不会突然滑行，然后让我们眼睁睁地看着它飞走……只能在心里默默地念叨着："船儿，你快一点，再快一点吧！飞机，你再等等，再等等吧！"真是恨不得插上翅膀直接飞过去。

终于抵达码头。这个码头是专为大型集装箱货轮而设计的，船长选择了最低矮的区域停靠，不过尽管如此，木船的甲板与码头的平台还是有着将近2米的落差。导游攀上码头，提着全团的护照先跑去机场办理登机手续。

此时，领队摇身一变成为一名船夫搬运工。我将行李一件件地递送上码头，客人们协助接取，但是其中有个箱子真的重得不得了，怎么都无法举起来，后来在另外一个团友的帮助下，才得以成功——箱子的主人是个美女，她后来非常抱歉地告诉我们：里面至少装了半箱她在北极无人区捡来的石头！

抵达机场，导游已经在值机柜台忙碌，飞机还真的等了我们！我们用最快的速度换取了登机牌、过安检。最终航班在2:00才起飞，因着我们的晚到，航班足足延误了1小时。

坐在机舱里，望着窗外，呼吸慢慢地平稳下来，脑海里开始回顾这上午惊心动魄的经历：

假如不选择搭船，那将是怎样？

假如今天木船停开，那将是怎样？

假如飞机不等我们了，那将是怎样？

……

没有那么多假如，因为我们现在已经很真实地坐在机舱里面了。刚才2小时在北大西洋上颠簸的航行，把手脚冻得冰凉，此刻，机舱内的暖意很惬意地包裹着我，身体慢慢地暖和、舒缓起来。

雨还在下着。库鲁苏克的机场跑道是罕见的沙粒跑道。那一颗颗小沙，在雨水中泛滥着晶莹剔透的光亮。

身边的客人都已经酣然睡去。已经是下午时分，我们还没有喝上一口水，没有吃上一块点心。很对不起他们，突然感叹人生百态：北极首发团的贵宾们，支付了如此昂贵的团费，却不得不像逃难一样地离开……

飞机开始缓缓地滑行，跑道上那细细的沙粒由一个个小点变成一条条细细的线。

终于起飞了，俯瞰窗外，因纽特人独有的彩色木屋随意地散落在叠嶂的冻上山岩之间。北大西洋又映入眼帘，洋面上漂浮着一座又一座形态各异的冰山，有的像仙女的竖琴，有的像憨厚的白熊，冰山的罅缝中，散漫着迷人的淡蓝色冰川折光……

一切慢慢地远去……闭上双眼，轻声地道一句：再见，北极！

浙江中旅旅业集团有限公司 导游（领队）中心

汤敏军

2011 年 4 月 26 日

——资料来源：http://item.tourzj.gov.cn/2012new/ld_article.aspx?Cid=0fc50e27-4672-4693-a39f-351717094d96

第二节　出境旅游安全准备

一、业务安全准备

(一)开好行前说明会

这里特指出境旅游行前说明会,说明会可由业务人员(OP)主持,经理出席,领队人员列席并作补充发言;也可以由领队人员主持,特别是重点介绍目的地的安全注意事项,以及相关注意的问题、特殊的禁忌、风俗习惯等。其主要内容如下:

(1)旅行团具体出发时间及集合地点,介绍领队。

(2)旅游的全部过程,包括出入境手续,每天的行程安排及境外的食宿标准、交通安排、景点概况等。

(3)前往国历史、天气、货币、特产、风俗习惯等基本情况。

(4)旅途中的安全问题,包括护照、贵重物品的保管。

(5)应携带的个人物品及海关的一些规定。

(6)旅行团境外纪律规定。

(7)发放旅行纪念品(如旅行包等)。

(8)向旅游者发放《出境旅游行程表》、团队标志和《旅游服务质量评价表》。《出境旅游行程表》应列明如下内容:旅游线路、时间、景点;交通工具的安排;食宿标准/档次;是否有合同协议的购物、娱乐安排以及自费项目;组团社和接团社的联系人和联系方式;遇到紧急情况的应急联系方式。

(9)向旅游者详细说明各种由于不可抗力/不可控制因素可能导致组团社不能按照行程计划完成的可能性。

(10)解答参团者的各种疑问。

（二）做好安全提醒

高高兴兴出游，安安全全回家，这是每个旅游者及其家人的心愿。怎样保证旅游安全呢？组团社和领队人员要特别提醒注意以下事项：

1. 证件安全注意事项

护照、签证、身份证、信用卡、机船车票及文件等是出国（境）旅游的身份证明和凭据，必须随身携带，妥善保管。

（1）要把原件放在贴身的内衣口袋中。

（2）在出发前，将两张近期照片和护照等材料的复印件放在手提包中。

（3）除出入境接受检查时使用外，最好交给领队统一保管。

（4）遇到有人检查证件时，不要轻易应允，而应报告领队再行应答。如领队不在现场，要有礼貌地请对方出示其身份或工作证件，否则应予以拒绝。如对方是警察，可以在检查中记下其证件号、胸牌号和车号，以防万一。

（5）证件一旦遗失或被偷被抢，要立即报告领队并向警方报案，同时请警方出具书面遗失证明，必要时向所在国申请出境签证并向我国驻所在国使领馆提出补办申请。

2. 财物安全注意事项

（1）出境期间不要携带大量现金和贵重物品。

（2）不要把现金和贵重物品放在托运行李、外衣口袋或易被割破的手提包中。

（3）不要把现金和贵重物品放在宾馆房间或旅游车中。

（4）不要让也不要帮不相识的人看管或托运行李。

比较安全的做法是：

（1）尽可能少携带现金，代之以银行卡，出游前可在国内兑换一些小额货币，用于在目的地小额消费，如打电话、上厕所和支付小费等。

（2）贵重物品可存放在宾馆前台和房间的保险箱中（须保管好凭据、钥匙并记住保险箱密码）。

（3）如发现钱物丢失或被偷盗，要立即报告领队。如在机场丢失，要速到航空公司机场失物招领处登记或索取丢失证明以备索赔。如在宾馆或旅游车上丢失，要和领队一起与相关方面交涉，并可酌情报警方处理。

3. 交通安全注意事项

（1）要熟悉所在国的交通信号标志，遵守交通规则，不要强行抢道，也不要随意横穿马路。

（2）在国外乘坐旅游车时，不要乘坐第一排的工作人员专座，此专座设有工作人员保险，但旅游者乘坐一旦发生意外是得不到赔付的。

（3）在乘坐飞机或乘车时要系好安全带。

（4）不要在飞机起飞后和降落前使用手机和相关电子用品；不要把头和手伸出旅游车外。

（5）在乘坐游船、快艇等水上交通工具时，要穿救生衣（圈）。

（6）万一发生交通事故，不要惊慌，要采取自救和互救措施，保护事故现场，并迅速报告旅行社和警方。

4. 饮食安全注意事项

（1）要在指定或下榻的宾馆餐厅用餐，不购买和饮用地摊或小商贩提供的饮料食品。

（2）要坚持饭前便后洗手的习惯，不吃过期或不洁净的饭菜瓜果，也不要自带食品（往往不能通过海关检疫）。

（3）要牢记自己的饮食禁忌，不盲目尝鲜、贪吃、乱吃。

（4）要避免在流行病传播季节到流行病传播地区停留。

（5）要做好预防措施，携带一些常用必备药品。

（6）万一患病，要及时到医院就诊，不要强忍硬扛。

5. 住宿安全注意事项

（1）进出宾馆房间随时关门锁门，离开宾馆时把钥匙交回前台，不要让陌生人进入房间。

（2）正确使用房间电器等设施，不要在床上吸烟，不要把衣物放在电灯台架上烘烤。

（3）要熟悉宾馆安全通道和紧急出口等疏散标志，遇到火灾时不要搭乘电梯。

（4）离开宾馆前要携带一张记有该宾馆地理位置和联系电话的卡片，以保迷路后安全返回。

（5）到健身房和游泳池锻炼时，要注意自我保护。

6. 观光安全注意事项

（1）观光游览时要服从领队和导游的安排，紧跟团队，不要擅自脱队。

（2）记下领队和导游的手机号码，以备万一离队后方便联系。

（3）记住旅游车车牌号、车身颜色和所在停车场位置，以便走失后找回。

（4）万一联系不到或找不到旅游车，可自行乘出租车返回宾馆或请警方协助并设法告诉领队。

（5）在拍照、摄像时注意往来车辆以及是否有禁拍标志，不要在设有危险警示标志的地方停留。

（6）要慎重参加带有刺激性的活动项目，量力而行，提高自我保护意识，服从安全人员的指挥；不要到赌场和色情场所消费。

（7）夜间自由活动要结伴而行，并告知领队大致的活动范围，不要乘坐无标志的车辆，不要围观交通事故、街头纠纷，不要太晚回宾馆。

7. 购物安全注意事项

（1）购物时要保管好随身携带的物品，不到人多、拥挤的地方购物。

（2）一定要到正规的商店购物，并且要有相关的发票证明，在数量上要适当，不要超出标准。

（3）在试衣试鞋时，最好请同团好友陪同和看管物品。

（4）不要当众数钱。

8. 人身安全注意事项

（1）要远离毒品，不接受陌生人搭讪，防止人身侵害。

（2）要尊重所在国，特别是有特殊宗教习俗国家的风俗习惯，避免因言行举止不当引发纠纷。

（3）遇到地震等自然灾害或政治动乱、战乱、突发恐怖事件或意外伤害时，要冷静处理并尽快撤离危险地区，然后及时报告我国驻所在国使领馆或与国内有关部门联系寻求营救保护。

总之，出门在外，安全第一。强化安全意识，采取安全措施是十分必要的。

案例 3名韩国游客和1名司机在埃及西奈半岛被炸死

2014年2月16日，埃及东北部西奈半岛的埃以边界处，一辆旅游大巴在准备进入以色列境内时遭到炸弹袭击，至少4人死亡。

埃及官员说，3名遇难者是韩国游客，大巴的埃及司机也被炸死，20多名韩国旅游者受伤。来自安全部门的消息说，目前还不清楚这辆旅游大巴遭到的是汽车炸弹攻击还是路边炸弹爆炸。目前也没有个人或组织出面声称对此次炸弹袭击事件负责。

——资料来源：中新网 http://www.chinanews.com/gj/2014/02-17/5842691.shtml

9. 文明礼仪提示

文明礼仪在现代社会交往中的作用越来越被人们所重视，它不仅体现了个人的修养和风度，也反映了一个国家的发展和进步。为此，作为领队人员要特别提醒旅游者，在国（境）外旅游期间要注意的文明礼仪：

（1）衣着文明。旅游休闲期间的衣着不必像正式场合那样讲究，只要穿着得体，平整干净，大大方方，适应气候环境和风俗习惯即可，但也不要过于随便；女士尽量不佩戴贵重奢侈的服饰首饰；此外要带上合适的睡衣睡袍。如果在旅游期间有商务洽谈等活动，那就必须着正装或职业装。

（2）举止文明。举手投足要稳重大方，表情自然，不要在公众场合搔首弄姿，勾肩搭背，随地吐痰，拥挤抢座；不要在旅游景点私刻乱画，践踏草地，采花摘果；更不要在大庭广众下追逐打闹，或在公共座椅上躺卧休息；不要在有"禁止吸烟"标志的地方吸烟。

（3）谈吐文明。谈话要言辞文明，语气平和，音量适中；使用"谢谢"、"请原谅"、"对不起"、"打扰了"等文明用语，杜绝不文明用语；不要在公共场合大声喧哗，手舞足蹈，高声说笑。

（4）用餐文明。自觉服从领队、导游安排，在餐厅领座员的引导下进入餐厅就座用餐；注意维护餐厅卫生，切勿随地吐痰，乱扔废弃物；用餐前不要乱动刀、叉、筷子，不要敲打碗碟桌椅；盛饭添菜时轻拿轻放，防止溢洒；咀嚼下咽时，不咂嘴啜食；喝汤喝粥时不要出声；剔牙时要以手遮口；用自助餐时要排队按顺序取菜；先冷菜，再粥汤，三热菜，四点心甜品，五水果，最后咖啡；要遵守"少取多次"的原则，不要一次盛取过多，避免丢弃浪费；要熟练掌握用西餐的习惯：主菜需要用刀切割，每次切一块食用，面条用叉子卷食；面包用手撕成小块食用，或用叉子将撕成小块的面包蘸调味品食用，而不要用嘴直接啃食；吃水果时用叉子取用；使用餐巾擦嘴时应用餐巾内侧擦拭，不要用自己的手帕擦；用甜品之前不要吸烟。要正确使用西餐餐具：左手用叉固定食物，右手用刀切割；餐具由外向内取用，每个餐具只使用一次；用餐完毕，可将刀和叉向右叠放在一起；用餐期间尽量不在中途退席，如必须退席，将餐巾放在椅子上再离开。

（5）交通文明。

①乘飞机。乘飞机要提前1小时以上抵达机场办理确认座位、托运行李和换取登机牌等手续；遵守秩序，不争先不插队；进入候机室前要积极主动配合安全检查，不要违规携带有碍飞行安全的物品；登机后要尽快入座并把随身物品放入座位上方的行李箱中；就座后系好安全带，不要脱鞋或乱仲腿脚影响邻座旅客；飞机起飞时要主动关闭手机等电子产品；休息时身体不要触及他人；呕吐时必须使用专用清洁袋；在飞机上用餐时，由乘务员按顺序送到座位上，不要亲自前去领取，如需要其他服务，可举手向乘务员示意，也可按呼叫键招呼，不要大声喊叫；飞机降落停稳后再打开行李箱取出随身物品依次下飞机；领取托运行李时要认真核对，避免拿错，如发现行李损坏或丢失，要当即和领队联系并到航空公司机场失物招领部门办理赔偿或寻找手续。

②乘轮船。乘大型游轮须凭事先预订好的船票按顺序排队上船，并对号进入客房；进出客房要锁好房门；在图书室、娱乐室、游泳池、健身房、电影厅活动时要遵守相关规定，爱护设备和物品；在甲板上要稳步行走，不可快跑或大声呼叫；不要将杂物、烟蒂等丢出船外，不要在船舷和甲板上随意舞动衣服

案例　　两拨中国游客泰国机场大打出手　航班延误1小时

2014年2月16日凌晨4时，结束了为期6天的泰国普吉岛游，该班航班原定4时20分起飞，但因为乘客打架，飞机在泰国机场延误了1小时才起飞。

事情是因换座位而起。当时一位女士想换到丈夫和孩子身边的座位，丈夫可能嫌要和邻座商量换座比较麻烦，就和妻子拌了几句嘴，结果丈夫骂妻子的时候，旁边的客人以为是骂他，于是产生口角，最后升级为肢体冲突。

事发后，机上六七名机组人员全部赶到现场处理，但都无能为力。机组人员认为乘客的行为已经威胁到航空安全，于是报警，请泰国警方登机处理。警方赶到后，将冲突双方都带下了飞机，一些没有参与打架的旅客也因为有亲友被带走而主动留在泰国。共有29名乘客因此次事件耽误了回国行程，其中包括3名孩子和四五名老人。

当时飞机上不少人劝架时说，都是武汉人，在国外打架，很丢人，可双方都未理睬。"坐在飞机上，我除了无语，更多的是觉得丢脸。"丁小姐说，"特别是泰国警方上飞机带人走的那一刻，觉得脸上被扇了重重的耳光。"

航空公司负责人表示，近年来游客的素质在提高，虽然飞机上偶有争执出现，但像这样在飞机上多人打架的情况确实很少见。

最后，泰国警方对打架双方做了罚款等处罚并进行了调解，目前双方已经和解并离开警局，他们将在旅行公司的安排下择期回国。

——资料来源：人民网 http://gx.people.com.cn/n/2014/0217/c350576-20578701.html

或围巾，夜间不要用手电筒向外乱照乱晃，以免引起其他过往船只的误会；上下船梯要主动礼让女士和老幼病残孕者；乘游艇时要注意穿好救生衣；帽子要系牢固，以防吹跑；不要在游艇上乱蹦乱跳；遇到颠簸时，要抓牢扶手，不要失态或怪声叫喊。

③乘火车。乘火车要提前30分钟以上抵达车站，凭火车票进入站台；候车时要站在黄色安全线以内，以免发生危险。要按车票上标明的车厢号上车，对号入座；火车行驶过程中不要在车厢内来回走动，以免摔倒碰伤。

④乘汽车。在国外乘公共汽车（巴士）、电车，基本上和国内一样，一般都在上车后主动找售票员购票或投币购票；上车前要准备好零钱；乘坐地铁也要提前在售票处购票，然后凭票进入站台候车；不要逃票；车厢内禁止吸烟，也不能吃瓜子、口香糖、冰激凌等易污染的零食；要尊老爱幼，主动给

他们让座。

⑤乘游览观光车。要提前10分钟上车，不要迟到，以免让他人等候、耽误行程；年轻的旅游者尽量坐到车厢后面，把前几排座位让给老人和妇女儿童；观光车的第一排座位一般都是留给领队、导游的，旅游者尽量不要坐；车上卫生间是供乘客应急需要时使用的，一般不要使用。

（6）住宿文明。旅游者在宾馆办理入住手续时，要主动礼貌地向前台服务人员出示自己的旅行身份证件，待服务人员办理完入住手续后，凭房卡或房门钥匙进入客房；团队旅游者则应配合领队、导游办理入住手续，根据他们的安排领取钥匙入住客房；如认为房间安排不合适，也不要着急，可请领队、导游协助调换，也可以自行调换后把房间号告知领队、导游；进入客房后要爱护所有设备设施；不要开着房门看电视，深夜看电视时要把音量调小，也不要在通道内高声谈天，以免影响他人休息；如需使用自带电脑上网，应请服务员帮忙，不要私自接线；洗浴时要注意卫生间的整洁干净，不要乱扔东西；不要穿着睡衣在房间以外的场所活动；要注意阅读房间内部分项目（如冰箱、小酒吧的用品，卫生间个别用品，电视的部分频道，市内电话，洗衣等）的收费说明，不要盲目使用；不要用浴巾床单等擦拭皮鞋；不要把烟缸、毛巾等带走；乘坐电梯时不要拥挤，依次进出。

（7）观光文明。爱护旅游景点的建筑设施、文物古迹和花草树木，不要涂写刻画；认真听取导游解说，按导游引导的线路参观游览，不要私自离开团队；要注意环境卫生，将废弃物丢进垃圾桶；要爱护动物，不要随意喂食、捕捉或垂钓，也不要挑逗恐吓动物；在景区拍照时要主动谦让，不要争抢，也不要妨碍他人拍照，如需他人帮助拍照，事后要道谢；路经窄小道路、小桥或山洞地道时，要相互礼让，不要争先抢行；参观博物馆、教堂、艺术殿堂、体育美术场馆时，要把背包、雨具等物品存放在指定地点；进入教堂、寺庙时女士不要穿裙子，男士不要穿短裤拖鞋；要遵守部分场馆内禁烟、禁食和禁饮及拍照时不能使用闪光灯的规定；参观时保持安静，不要触摸展品，也不要评头论足。

（8）购物文明。在国外旅游期间，购物要以自己的爱好需要，体现所在国特色新意、富有纪念和收藏价值、在国内不易买到、小型轻便和能否方便进出海关为原则，注重货真价实，认真挑选比较，做到不懂行的不随意买，不可信的不轻易买，不实用的不盲目买；要禁得住价格和叫卖的诱惑，不要贪一时便宜而吃亏上当；付款后应索要发票凭据和说明书等；进入超市购物时，要把随身携带的物品存放在指定地点，选购商品时不要打开包装，不要随意品尝食物；在免税店购物后，需出示护照并请收款员打印收据和免税单，以备出境时交海关检查。

安全提示 欧洲部分国家对穿着或携带假名牌的旅游者给予处罚

欧洲部分国家制定了针对入境旅游者穿着、携带假名牌的处罚办法和法规，将对穿着或携带假名牌的旅游者给予处罚。在此，特别提醒旅游者，为避免不必要的麻烦，赴欧洲旅游不要穿着、携带或购买假冒名牌物品。

（9）娱乐文明。在影剧院观看演出或电影时，应提前5分钟以上进场；如因故迟到，不要马上入座，先在就近方便的空位上坐等，到幕间时再就座，或请导座员协助就座，并请同排观众让道进入；就座后应脱帽，保持安静，不要乱发议论，以免影响邻座；要尊重演员，不要高声附唱或乱发嘘声；节目演出完毕，应鼓掌表示感谢；演员发生失误，要给予谅解，不要起哄吹口哨、喝倒彩；在歌舞厅跳舞要彬彬有礼，风度文雅；请女士跳舞要礼貌迎接，伸手示意，跳完一曲后送其回原座位。

（10）观赛文明。出国观看体育比赛时，要穿戴得体，不要光膀子和穿拖鞋进场；做到尊重比赛双方和裁判；遵守赛场规定和秩序；加油鼓掌要把握时机，适当控制自己的情绪，不要失态失控，狂喊乱呼，更不要辱骂裁判和运动员，甚至往比赛场地投掷杂物；不要私自闯入比赛场地；观赛时用过的食物及饮料包装等废弃物品要装进纸袋或塑料袋自行带离比赛场馆并投入垃圾箱。

（11）付小费。付小费是许多国家对从事服务行业工作人员的劳动表示尊重和肯定的一种方式，餐厅服务员的小费标准一般为消费金额的10%～15%，行李员、客房服务员的小费可自行确定。旅游团导游和司机的小费要交给领队或大家推举的代表，由他们统一交给导游和司机。

（三）核对票证，了解信息

1. 核对票证和旅游计划

领队真正的业务安全准备是领队人员从 OP 手中接到团队旅游行程（计划）的时候开始的。领队接到 OP 人员移交的出境旅游团队资料时应认真核对查验。出境旅游团队资料通常包括团队名单表、出入境登记卡、海关申报单、旅游证件、旅游签证／签注、交通票据、接待计划书、联络通讯录等。

虽然 OP 人员对自己综合制作的资料曾经进行过核查，但是，这并不能代替领队的工作，领队人员还须认真、仔细地核对，以免出错，对工作流程要把好关。

安全提示　　　　　　　　**领队人员必须 24 小时开机**

领队人员的手机等通信联络工具必须 24 小时开机，全天候待命，这是由领队职业特性决定的。因为作为领队人员只有拿到出团计划才有可能阅读和核对计划内容。但能否拿到计划、何时拿到计划，都是由 OP 决定的。

（1）认真核对护照上的中英文姓名，有无大使馆的签证印章、签字，签证的有效日期的字迹是否清晰。

（2）护照的正文页与出境卡项目是否一致，出境卡是否盖章，是否与前往的国家相符。

（3）将护照与名单核对，并将名单上所有项目逐一核对，特别是出境的实际人数一定要与团队名单表相一致。

（4）将护照与机票核对，重点是中英文姓名及前往的国家是否正确，机票（电子机票）上的英文及汉语拼音是否正确，应该保留的机票联是否无误。

（5）将机票与行程核对，包括国内段及国际段行程、日期、航班、间隔时间等，核实机票上载明的姓名、航班号、返程航班号等。

（6）与OP人员仔细核对团队行程，熟知团队游览线路、日期、食宿标准和档次。

（7）核对返程日期的交通工具、境外城市间的衔接、各地餐厅以及酒店的名称与地址。

2. 了解团队信息

（1）团队有无特殊要求。

（2）该团有无重要旅游者（VIP）。

（3）对餐饮有无特殊要求。

（4）确认超过60岁旅游者名单，掌握高龄旅游者身体情况。

（5）核对高龄旅游者紧急联络电话。

（6）确认到机场集合的准确时间和地点。

安全提示　　　　　　　　　　　**物质准备越充分越好**

物质上的准备越充分越好，不怕用不到，就怕没带到。在境外寻找自己要用的合适的物品是比较麻烦和困难的。

二、物品安全准备

（一）领队自带物品

（1）个人名片及重要通讯录。

（2）随身日用品。

（3）洗漱用品。

（4）计算器。

（5）闹钟。

（6）签字笔。

（7）剪刀。

（8）常用药（感冒药、肠胃药、消炎药、创可贴等）。

（9）领队工作用包（实用安全）。

（10）手机。

（11）充电器和转换插头。

（12）行李箱（坚固、耐用、合尺寸）。

（13）旅游目的地概况资料（书）。

安全提示　　　　　领队工作用包

领队的自备用品中最主要的是带一个安全、合适、不易离身的资料包，以防工作忙时因遗忘而丢失。保密袋是必要的，因为领队不仅掌握着团队的重要资料，而且掌握着一定数额的现金。

案例　　　　　都是公文包惹的祸

几年前，某旅行社赴马来西亚团的一位领队上团时带了一个"沙驰牌"的大公文包，主要是考虑装资料方便、不折皱，没想到，一天早上在吉隆坡酒店吃完早餐，忙着在酒店大厅旋转门旁边解决团里客人的问题，顺手将公文包放在行李箱上。结果有一个人在他跟前以问路为掩护，而另外一个人从他的行李箱上偷走了公文包。领队后悔莫及，损失惨重，里面丢失的有护照、机票、外币、人民币、身份证等贵重物品。

这名领队的主要问题是带了一个不适合领队工作的包，如果是贴身的或是肩背的包，可能会逃过这一劫。

（二）领队箱包

（1）大拉杆箱。建议领队选择可容纳重量为 20 公斤的大箱子，虽然国际航班的标准大多是限重 30 公斤，但有些廉价航班的标准会降到 20 公斤，拿太大的箱子可能会交纳不菲的超重费。当然，领队的箱子最好也不要太小，有时候客人买东西多了，还会请求将装不下的东西放入你的箱子内帮助托运。最好不要买太名牌的箱子，越贵的箱子越容易丢失或损坏，尤其是去一些欠发达的国家。箱子最好不要上锁，因为有的国家安检比较严格，需要开箱检查，上锁也会被撬开。另外，需要挂上行李签，用中文和英文写上名字、国籍和电话号码，一旦遗失，便于机场行李查询部门发现该行李后跟你取得联系。提取行李的时候会有很多相似的行李一起出现，如果你的行李有特殊标记的话，会很容易被识别出来。

（2）背包。可以选择与大拉杆箱为一套的可连接的小箱子。建议可容纳重量在7公斤以内，乘坐飞机时携带上飞机，可以装一些飞机上需要的东西，比如拖鞋、书籍、PSP、杂志、笔记本电脑和简易的洗漱包。还有在外面买的贵重或易碎物品也需要放在随身行李中。

（3）腰包。不愿意天天背着背包走景点的领队可以选择腰包，因为有些东西是不能离身的，比如护照、行程单、导游旗、钱包等。一般来讲，领队需要选择一个比较大的腰包，因为除了上述物品外，一般腰包还要装防晒霜、润喉糖、口香糖、纸巾、太阳镜、创可贴等好多东西。

（4）护照夹。很多国际机场有卖多功能护照夹的。有万宝龙、维氏、BOSS等品牌，除了装护照外，这种多功能护照夹还有专门的设计可以装零钱、硬币、信用卡、名片和登机牌，可以在带团过程中日常使用，在机场时就更方便了，所有要用的东西都装在里面，肯定不会丢三落四。

第三节　出境旅游安全问题的预防与处理

一、一般性安全问题的防范与处理

（一）出境旅游安全问题的一般性防范措施

（1）旅行社在核定的经营范围内（具有出境旅游业务经营资质）开展经营活动，并制定统一的人事、财务、招徕、接待制度；设立的门市部仅提供招徕、咨询和宣传服务，实行统一管理、统一财务、统一招徕和统一咨询服务。

（2）旅行社刊登广告需规范、价格明晰，在版面明显位置注明许可证号，无夸大、超范围或低于成本报价的宣传，无"特价"、"劲爆价"等用语。

（3）出境旅游合同填写完整、准确，对《旅游法》和《旅行社条例》规定的内容无缺项或模糊用语。

（4）计调服务流程规范，按合同约定认真落实旅游者的境外用房、用餐、用车、游览等相关内容。避免因为流程混乱、操作随意或因计调原因造成的出境旅游安全问题或旅游投诉。

（5）所派领队人员应持证上岗、规范服务。

（6）旅行社应与境外供应商、地接社签订正规合约并有年度筛选机制，优胜劣汰。

（7）积极参加旅游局、行业协会组织的相关安全活动与会议，妥善保管其文件及资料，对布置的工作认真执行。

（二）旅游线路及日程变更的处理

1.缩短或取消在某地的游览时间

（1）旅游团（者）因抵达时间延误造成的旅游时间缩短。

①仔细分析因延误带来的困难和问题，并及时向组团社报告，以便尽快采取补救措施。

②在公司计调或相关部门的协助下，积极接洽当地接待社，安排落实该团的交通、住宿、游览等事宜。提醒当地接待社或有关人员与饭店、车队、餐厅联系及时办理有关退房、退餐、退车等一切相关事宜。

③与当地接待社导游协商，立即调整活动日程，保证在精华景点游览的前提下压缩活动时间，尽量保证不减少计划内的游览项目。

（2）旅游团（者）提前离开造成的游览时间缩短。

①仔细分析因提前离开带来的困难和问题，并及时向组团社报告，以便尽快采取补救措施。

②立即与当地接待社导游协商，尽可能采取补救措施。立即调整活动时间，抓紧时间将计划内游览项目完成；若有困难，无法完成计划内所有游览项目，建议导游员选择最有代表性、最具特色的重点旅游景点，以求旅游者对游

览景点有基本的了解。

③做好旅游者的工作。不要急于把旅游团将提前离开的消息告诉旅游者，以免引起旅游者异动。待与组团社、地接社以及导游员商定出新的游览方案后，找准时机向旅游团中有影响的旅游者实事求是地说明困难并道歉，以求得谅解，将变更后的安排向他们解释清楚，争取旅游者的认可和支持；最后分头做旅游者的工作，争取全体旅游者的谅解与支持。

④给予旅游者适当的补偿。必要时经组团社领导同意可采取加菜、赠送小纪念品等物质补偿的办法。如果旅游团的活动受到较大的影响，旅游者损失较大而引起强烈不满时，可请当地接待社领导出面表示歉意，并提出补偿办法。

⑤若旅游团（者）提前离开，领队应立即报告组团社，并通知安排下一站接待社。

2. 延长在某地的游览时间

旅游者提前抵达或推迟离开都会造成延长在某地的游览时间而变更游览行程。如出现这种情况，领队应该采取如下措施：

（1）落实有关事宜：与当地接待社有关部门或有关人员联系，重新落实旅游团（者）的用房、用餐、用车的情况，并及时落实离开的机、车、船票。

（2）迅速调整活动日程：与导游员商量适当地延长在主要景点的游览时间。经组团社同意后，在不产生费用的情况下，酌情增加游览景点，努力充实活动内容。

（3）提醒有关接待人员通知下一站该团的日程变化。

（4）在设计变更旅游计划时，领队要征求导游员的意见与要求，共同商量，取得他们的支持和帮助。调整旅游计划后，领队应与导游员商量好如何向团内旅游者解释说明，取得他们的谅解与支持。

3. 逗留时间不变，但被迫改变部分旅游计划

因洪水毁路、大雪封山等自然灾害原因；因道路或设施维修改造等工程原因等都会造成旅游计划的被迫改变。此时，领队人员应采取如下措施：

（1）实事求是地将情况向旅游者说清楚，求得旅游者的谅解。

（2）提出替代的方案与旅游者协商，比如前往另一景点参观等。

（3）以更细致热情的领队服务和更精彩的导游讲解吸引旅游者的注意力。

（4）按照旅行社的有关规定给旅游者相应的补偿。必要时，由当地旅行社领导出面，诚恳地向旅游者表示歉意，尽量让旅游者满意。

（三）旅游者物品丢失的预防与处理

旅游期间，旅游者丢失证件、财物、行李的现象时有发生，不仅给旅游者造成财物上的损失和情绪上的影响，也给领队工作带来了不便和困难。领队人员应采取各种措施预防此类问题的发生。

1. 证件、财物、行李遗失的预防

（1）多做提醒工作。参观游览时，领队人员要多次提醒旅游者带好随身物品和提包；在热闹、拥挤的场所或购物时，领队人员要提醒旅游者保管好自己的钱包、提包和贵重物品；离开饭店时，领队人员要提醒旅游者带好随身行李物品，检查是否带齐了旅行证件；下车时提醒旅游者不要将贵重物品留在车上。

（2）不代为旅游者保管证件。领队人员在工作中需要旅游者的证件时，要亲自收取，用毕立即如数归还，不要代为保管；还要提醒旅游者保管好自己的证件。

（3）切实做好每次行李的清点、交接工作。

（4）每次旅游者下车后，领队人员都要提醒司机清车、关窗并锁好车门。

安全提示　　　　　　　　　　　　提醒旅游者

领队人员要提醒旅游者，旅游证件要放在最重要的位置，并与常用物品分开存放，以免给旅行带来不必要的麻烦。提醒旅游者：如果发生丢失护照事件，回国后可以持旅行证和当地警察局开具的报案证明原件申领新护照。

2. 证件、财物、行李遗失的处理

（1）遗失证件的处理。

①请失主冷静地回忆，详细了解证件丢失情况，找出线索，尽量协助寻找。

②如确已丢失，要在第一时间与带团导游联系，索要当地警察局的报警电话，并报警寻求帮助。报案时，可以出示旅行前备份的重要证件信息，当地警察局会开具一份报案证明——"报警纸"，以作证件丢失的证明。报警的时候可以直接到警署报案，也可以拨打当地的报警电话。诸多境外旅游地均设有专门处理此类状况的旅游警察，需要去指定的旅游警察局报案。但不同地方的报警电话号码相去甚远，不要以为全世界的报警电话都是110。所以，在前往旅游目的地之前，领队人员应该先查清楚报警电话、急救电话等重要公共信息。如美国的紧急救援电话是911，英国、马来西亚和新加坡的报警电话是999，法国是17，瑞士是117，澳洲是000，埃及是22，日韩和泰国为熟悉的110。这些信息领队人员都应该熟记在心，以备不时之需。

安全提示　　　　　　　　　　　"报警纸"

> 只有在拿到警察局提供的报案证明——"报警纸"后，才能够去中国驻当地使馆提出申办新的旅行证件。因此，无论在使馆重新办理旅行证件还是向保险公司索赔，都需要出示报案证明的原件，如果只能开一份报案证明，多复印几份，在上交时尽量给复印件，同时出示一下原件以供核实。

③办理临时旅行证件。持当地警察机构的报案证明——"报警纸"和有关材料到我国驻该国使、领馆挂失护照，领取一个效力相当于护照的临时旅行证件——《中华人民共和国旅行证》。证件从新申办所需时间各国不一，大部分等待时间都是花费在中国使馆向申请者户籍所在地进行核审上，如已事先准备好护照及签证页的复印件，且当地使馆可以制作证件，那么最快2天内就可以拿到《中华人民共和国旅行证》（通常旅行证的有效期为2年）。大部分中国公民在出境游时都会购买境外旅游保险，遇到这种状况时，也可以致电保险公司寻求帮助，通常会缩短等待时间。向组团社求助也可以缩短证件补办时间。一般出境旅行社都专门为此类情况开设了紧急通道。

④办理离境证明。拿到旅行证之后，要赶在旅游团回国前去当地移民局办

理离境特别通行证才可以顺利离境回国。虽然可以顺利回国，但是领队人员要提醒旅游者，回国后，可凭《中华人民共和国旅行证》和境外警方的报失证明申请补发新护照。

⑤领队人员要积极协助失主办理有关手续，但所需费用由失主自理。

安全提示   **持临时证件的旅游者不能从香港入境**

在使领馆核实资料的过程中，旅游者可以手持临时证件返国。但有一个问题值得特别注意，由于香港和内地之间还有一层海关，所以持临时证件的旅游者不能从香港入境，只可以选择从报失国直飞北京、上海、杭州等城市，在香港的途中不能入境，所以原来机票不是如此安排的旅游者，可能需要尽早更改机票。

（2）遗失银行信用卡的处理。

①如果是在境外丢失银行信用卡，除立即向发卡金融机构挂失外，如需紧急补办还可以根据信用卡的种类，致电其24小时海外紧急支援中心，便可以立即进行补卡，时间需要1~3个工作日。不过，所补办的卡是临时卡，正式的信用卡需回国后重新申请补卡。

安全提示   **遗失信用卡挂失时，首先要查询信用卡是否被盗用**

需要注意的是，无论在境外还是境内遗失信用卡，打电话进行挂失时，首先要查询信用卡是否被盗用，如被盗用就需要向失卡地或被盗用地的警察局报案，获取报案证明。这时可向提供"失卡保障服务"的金融机构索取或自行下载"失卡保障受理表"，填写完整后，连同相关资料寄到银行指定地址即可。

②另外，目前国内部分银行提供了"失卡保障服务"，即及时向银行报失并履行一定手续之后，对于信用卡丢失后在挂失前48小时内发生的被盗用损失，客户可向银行申请补偿，在完整提供报案证明等相关资料并经审核属实后，将可获得赔偿。

安全提示　　　　　　　　　　**失物招领处**

不要忽略世界各地的失物招领处（Lost and Found），几乎每一个公共场所区域，如博物馆、游乐园、旅游景区、停车场、机场、车站都设有失物招领处，标志明显。

最好能让旅游者回想起最后一次看到丢失物品的地点或推测有可能丢失的地点，因为物品一旦被人捡到，一般都会被送到最近的失物招领处。

（3）遗失钱物的处理。

①要稳定失主的情绪，详细了解钱物丢失的经过，钱物的数量、物品的形状、特征、价值；仔细分析钱物丢失的原因、时间、地点，并迅速判断丢失的性质是不慎丢失还是被盗。

②立即向公安局或保安部门以及保险公司报案。

③及时向组团社有关领导或部门汇报，听取领导指示。

④由接待社出具遗失证明。

⑤若丢失的是贵重物品，失主需持证明、本人护照或有效身份证件到当地警察局报案并开具相关证明，列出遗失物品清单。

⑥若失主遗失的是入境时向海关申报的物品，要出示《海关行李申报单》。

⑦若将《海关行李申报单》遗失，要申请办理《海关行李申报单报失证明》。

⑧发生证件、财物，特别是贵重物品被盗是治安事件，领队人员应立即向当地警署机关及有关部门报案，并积极配合有关部门早日破案；若不能破案，领队人员要尽力安慰失主，按上述步骤办理。

（4）遗失行李的处理。旅游者在旅游期间丢失行李，一般是在三个环节上出了差错，即交通运输部门、饭店行李部门和旅行社的行李员。领队人员必须认识到，不论是在哪个环节出现问题，都是我方的责任，应积极设法负责查找。

①在机场丢失行李。

A：带失主到机场失物登记处办理行李丢失和认领手续。失主须出示机票及行李牌，详细说明始发站、转运站，说清楚行李件数及丢失行李的大小、形状、颜色、标记、特征等，并一一填入失物登记表；将失主将下榻饭店的名称、房间号和电话号码（如果已经知道的话）告诉登记处并记下登记处的电话和联系人，记下有关航空公司办事处的地址、电话，以便联系。

B：旅游者在当地游览期间，领队人员要多次打电话询问寻找行李的情况，一时找不回行李，要协助失主购置必要的生活用品。

C：如离开本地前行李还没有找到，领队人员应帮助失主将当地接待旅行社的名称、全程旅游线路以及各地可能下榻的饭店名称转告有关航空公司，以便行李找到后及时运往相宜地点交还失主。

D：如行李确系丢失，可协助失主向有关航空公司索赔或按国际惯例赔偿。

②在饭店丢失行李。

A：如果抵达饭店后，旅游者告知没有拿到行李，则可能有4个方面的原因。其一，本团旅游者误拿；其二，饭店行李部投递出错；其三，旅行社行李员与饭店行李员交接时有误；其四，在往返运送行李途中丢失。

B：出现这种情况，领队应立即依次采取以下措施：首先，与导游员一起在本团内找寻；其次，如果不是以上原因，应立即与饭店行李部取得联系，请其设法查找；最后，如果仍找不到行李，应马上让导游员向接待社了解旅行社行李员有关情况，设法查找。

C：主动关心失主，对因丢失行李给失主带来的诸多不便表示歉意，并积极帮助其解决因行李丢失而带来的生活方面的困难。

D：随时与有关方面联系，询问查找进展情况。

E：若行李找回，及时将找回的行李归还失主。若确定行李已丢失，由责任方负责人出面向失主说明情况，并表示歉意。

F：帮助失主根据有关规定或惯例向有关部门索赔。

G：事后写出书面报告（事故的全过程：行李丢失的原因、经过、查找过程、赔偿情况及失主和其他团员的反映）。

（四）旅游者走失的预防与处理

1. 造成旅游者走失的原因

（1）导游和领队人员没有向旅游者讲清停车位置或景点的游览线路。

（2）旅游者对某种现象和事物产生兴趣，或在某处滞留时间较长而脱离团队自己走失。

（3）导游员的讲解不精彩，讲解内容不够丰富，不能吸引本团旅游者的注意力，导致旅游者脱离自己的团队而跟其他团队游览，造成走失。

（4）在自由活动、外出购物时旅游者没有记清楚返回的地址和线路而走失。

2. 游览途中旅游者走失的预防措施

旅游者走失虽然不一定是导游、领队人员的责任，但与导游、领队人员责任心不强，工作不细致有很大关系。为防止旅游者在参观游览时走失，领队人员必须做好以下工作：

（1）在导游员提醒之后再次做好提醒工作。提醒旅游者记住当地接待社的名称，旅游车的车号、颜色和标志、下榻饭店的名称和电话号码，带上饭店的名片、店徽等。

（2）做好预报工作。在出发前或旅游车离开饭店后，领队人员和导游员要向旅游者报告一天的行程，上午、下午的游览点和用午餐、晚餐的餐厅名称和地址。到达游览点后，在景点示意图前，要向旅游者介绍游览线路，告知旅游车的停车地点，强调集合时间和地点，再次提醒旅游车的特征和车号。

（3）经常和导游互动沟通，随时清点人数。参观游览时，导游应高举导游旗走在队伍的最前面，引导旅游者欣赏美景，并以高超的导游技巧和丰富的讲解内容吸引旅游者，领队则应殿后，注意旅游者动向，随时提醒旅游者跟上队伍，注意安全，防止走失。团队参观游览途中以及每次向下一景点转移之前，领队都要注意清点人数，如果发现人数不够，要及时寻找。

3. 游览中旅游者走失的处理

（1）了解情况，迅速寻找。领队人员应立即向其他旅游者、景点工作人员了解情况并迅速寻找。为了不影响游览的顺利进行，要与导游员密切配合，一般情况下是领队去找，导游员带领其他旅游者放慢速度，继续游览。

（2）寻求帮助。在经过认真寻找后仍然找不到走失者，应协助导游员立即向游览地的公安和管理部门求助，特别是在面积大、范围广、进出口多的游览点，因寻找工作难度较大，争取当地有关部门的帮助尤为必要。

（3）与饭店联系。在寻找过程中，领队人员可与饭店前台、楼层服务台联系，请他们注意旅游者是否已经自行回到饭店。

（4）向旅行社报告。如果采取了以上措施仍找不到走失的旅游者，领队人员应向旅行社及时报告并请求帮助。必要时向公安部门报案。

（5）做好善后工作。找到走失的旅游者后，领队人员要做好善后工作，分析走失的原因。如果属导游、领队人员的责任，导游、领队人员应向旅游者赔礼道歉；如果责任在走失者，也不应指责或训斥对方，而应对其进行安慰，提醒以后注意。

（6）写出事故报告。若发生严重的走失事故，领队人员要写出书面报告，详细记述旅游者走失的经过、走失的原因、善后处理情况及旅游者的反映等。

（五）漏接的预防和处理

漏接是指旅游团已抵达目的地但无导游员接待的现象，分为责任性漏接和非责任性漏接两种情况。

1.漏接的原因

（1）责任性漏接的原因。

①导游员未按服务程序要求提前到达接站地点。

②导游员工作疏忽，搞错了接站地点。

③导游员乘坐的交通工具发生了堵塞延误。

（2）非责任性漏接的原因。

①原定车次或班次变更使旅游团提前到达本站，但接待社没有接到上站旅行社的通知。

案例 被忽视的"便条"

某日上午 8:00，某旅行社 OP 人员接到变更电话，原定于第二日 19:50 到达的出境旅游团，因航空公司原因改为第二日上午 11:40 提前到达，需提前接站。OP 人员因有急事，在未能和接站人员联系上的情况下，在计调人员的办公桌上留下便条让同事帮助告知此事后离去。同事没有注意到办公桌上的便条，直到第二日上午 12:00，领队从机场打来电话才知此事，因而使原本顺利的旅程多了些许的不愉快。

②本站接待社有关部门没有及时更新团队班次或车次的到达时间，或者没有将相关信息通知导游人员，使其仍按照原计划接团。

2. 处理办法

（1）发现没有当地导游的迎接，领队人员应尽快寻找当地导游人员，联系地接旅行社，询问实际情况。

（2）如果确认是导游人员未到，但短时间内即可到达的话，要向旅游者说明情况，请求谅解；如果时间很长的话，可向组团社汇报请示是否可以临时租车前往酒店。

（3）不论什么原因造成的漏接，都是旅行社的责任，因此，要及时处理解决，要向旅游者赔礼道歉，要督促导游人员提供更高质量的服务，尽快消除旅游者因漏接造成的不愉快，甚至赔偿必要的损失。

（六）误机（车、船）事故的预防和处理

误机（车、船）是指由于某些原因或旅行社有关人员工作失误，旅游团（者）没有按原定航班（车次、船次）离开本站而导致暂时滞留。误机（车、船）属重大事故，不仅会给旅行社造成巨大的经济损失，还会使旅游者因滞留而蒙受经济或其他方面的损失，严重影响旅行社的声誉和形象。

1. 误机（车、船）事故的预防

误机（车、船）带来的后果严重。要杜绝此类事故的发生，关键在预防，领队人员应做到：

（1）与导游人员认真核实机（车、船）票的班次（日期、时间）及具体的乘坐地点。

（2）如果票据未落实，接团期间应随时与组团社、接待社有关人员保持联系。

（3）要提醒导游人员离开当天不要安排旅游团到地域复杂、偏远的景点参观游览，不要安排自由活动。

（4）要督促导游人员留下充足的时间去机场、车站、码头，要考虑到退税所需时间，以及交通堵塞或突发事件等因素。

2. 误机（车、船）事故的处理

一旦发生误机（车、船）事故，领队人员应按照下列步骤进行处理：

（1）领队人员应立即向组团社领导及有关部门报告并请求协助。

（2）尽快与机场（车站、码头）联系，争取让旅游者乘最近班次的交通工具离开本站。

（3）协助当地旅行社和导游人员稳定旅游团（者）的情绪，安排好在当地滞留期间的食宿、游览等事宜。

（4）及时通知下一站，对日程作相应的调整。

（5）向旅游团（者）赔礼道歉。

（6）写出事故报告，查清事故的原因和责任。

二、常见突发事件的预防和处理

旅游活动中的常见突发事件主要包括交通事故、火灾、意外伤害等事故灾难，刑事治安问题等社会安全事件，食物中毒等公共卫生事件和自然灾害等事件类型。

（一）常见突发事件的一般性应急预案

（1）当突发事件影响到旅游团队的人身和财产安全时，领队人员应立即与当地导游、接待社和有关部门取得联系，请求协调救援，同时开展和做好现场救援工作。

（2）领队和导游人员应分别向本旅行社报告情况，充分利用当地旅行社的相关资源进行应急处理。

（3）旅行社接报后应立即召集相关负责人，组成应急领导小组，启动应急预案。必要时，旅行社主要负责人应赶赴事发现场，协调应急资源进行现场处理（图3-1）。

（4）旅行社接报后要同时启动向当地旅游行政管理部门报告的程序。组团旅行社应立即向本社所在地的旅游行政管理部门报告。发生导致旅游者多

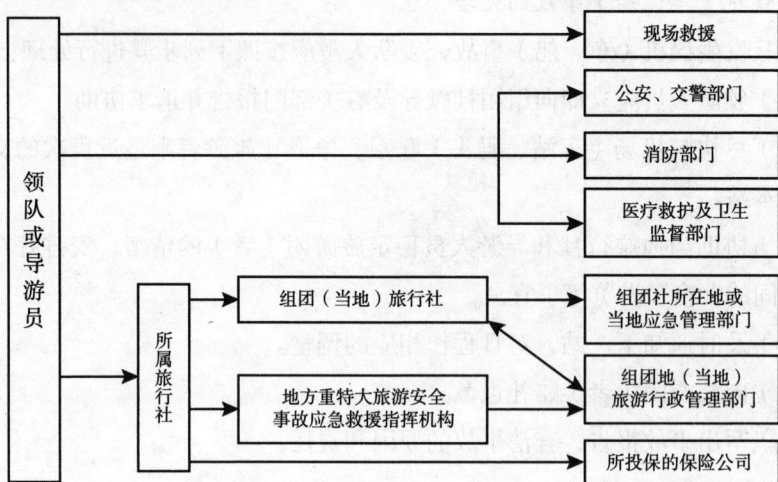

图 3-1　旅行社常见安全事故一般性应急救援流程图

人伤亡（财产重大损失或集体境外滞留、失踪）等突发事件时，应按程序及时向行政主管部门、交通管理部门、公安边防、外事部门、国家旅游局等部门报告请示。

（5）旅行社应根据不同情况，分别向责任险或意外险承保保险公司及时报险，协调处理。

（6）应急处理结束后，领队和导游员以及旅行社领导应对旅游者进行安抚，并协调相关部门妥善处置后续事宜。

（二）交通事故的预防与处理

交通事故在旅游活动中经常发生，不是领队和导游人员能够预料和控制的。遇到交通事故，只要领队人员没有负重伤，神志还清楚就应该立即采取措施，冷静、果断地处理问题，做好善后工作。交通事故的类型不同，处理方法也不一样。但一般情况下领队人员应该采取一些必要的基本措施来处理事故。

1. 交通事故的预防

（1）领队人员在接待工作中要具有安全意识，协助司机做好安全行车工作。

（2）行车前应提醒司机做好车辆的检查工作，发现隐患要及时提出更换车辆的建议。

（3）在安排活动日程的时间上要留有余地，不要催促司机以避免违章行为。遇到不良天气要提醒司机注意安全，要着重防范疲劳驾驶行为的发生。

（4）用餐时要提醒司机不要饮酒，司机饮酒后要告知旅行社更换司机。

（5）领队人员要提醒旅游者在车辆行驶过程中系好安全带。

案例 赴美国旅游团不系安全带7人死亡

美国亚利桑那州当地时间2009年1月30日16时06分，一辆载有15名中国旅游者和1名导游的旅游大巴在93号公路上，在距著名的胡佛水坝以南大约40公里处发生倾覆后侧翻在路面上，造成7位旅游者被甩出，6人当场死亡。7位旅游者被甩出的原因是旅游者在旅游乘车时喜欢上车就睡觉、不系安全带。

目前我国旅游者对旅游价格、景点内容、行程安排问题十分关注，但忽视安全问题。在旅游过程中，出游安全意识也很淡薄。比如，乘坐旅游大巴，旅游者往往因为路途疲劳，习惯于上车就睡觉，也不善于采取一些安全保护措施。而在欧洲的一些国家，无论乘坐大巴还是面包车、小轿车，同车的人都会善意地提醒别忘系好安全带；在旅游大巴上，旅游者还会对司机超车或与人聊天、长途驾驶等行为进行提醒和劝阻。调查表明，在欧盟成员国，安全带的使用使车祸死亡率降低了至少30%。系安全带的自觉性也好，纪律性也好，自我维权也好，其实都与对生命的敬畏有着密不可分的关系。旅游者自身提高安全意识，正是对自己生命的尊重。

另外，2010年10月17日，一中国旅游团在从美国拉斯维加斯到大峡谷途中发生车祸，造成2人死亡，9人受伤，其中3人重伤。

业内人士分析认为，中国赴美旅游团交通事故频发，主要原因是旅游行程安排过紧，旅游大巴司机疲劳驾驶。

——资料来源：新华网 http://news.xinhuanet.com/mrdx/2009-02/08/content_10781814.htm

安全提示　　　　不系安全带事故死亡率提升 37.7 倍

多数游客不知道坐大客车也要系安全带。2006 年 6 月 1 日施行的《浙江省实施〈道路交通安全法〉办法》中明确规定，机动车在高速公路上行驶，驾驶人、乘车人在装有安全带的座位就座时，应当使用安全带。不按规定使用安全带的，将被处以 50 元罚款。

部分大客车车辆重心偏高、侧倾角较小，容易发生侧翻。而且，车辆没有全承载式的钢架结构，碰撞后容易变形甚至散架，所以，为了安全起见，乘客乘坐大客车也必须系安全带。

根据数据，乘坐汽车未系安全带的事故死亡率约为系安全带的 37.7 倍。在高速公路上，若汽车以每小时 100 公里的速度行驶，因意外情况突然刹车，在不系安全带的情况下，人会以每秒 28 米的速度飞出，遇障碍后足以致命。若飞出车外，撞击固定物或被行驶的车辆剐擦，生还的可能性微乎其微。

因此，乘客必须树立坐车要系安全带的意识，无论大车还是小车；领队在车辆行驶前必须提醒乘客系上安全带。

2. 交通事故的处置程序

（1）如发生交通事故应立即拨打当地急救电话，并致电组团社负责人以及驻外使、领馆相关人员，请求组织救援活动。

（2）旅行社接报后应立即协调相关人员与机构组织救援，进行事故处置，并应及时通知投保的保险公司或者保险经纪公司。

（3）领队人员求救后应立即组织现场救援、组织旅游者互救、抢救受伤人员。如自己受伤，应委托相关人员组织求救和自救。

（4）如果车上人员均被困车内，领队人员应及时安抚旅游者，避免慌乱。

（5）在组织救援时应避免二次灾难导致的伤害情况出现，及时将旅游者转移出险境。

（6）对转移出的受伤旅游者进行必要的包扎和急救。如果对急救程序不太熟悉，可在急救中心的指导下对受伤旅游者进行应急处理。

（7）领队人员在现场情况不太危急时，可利用手中的拍摄工具摄录下现场第一手图片资料，提醒并协助司机保护现场。

（8）救援人员抵达后应协助救援人员展开急救工作，妥善安排受伤旅游者就医。尽量安抚旅游者及其家属，做好善后工作。

（9）及时提醒旅行社进行签证分离手续及机、车票的改签，减少间接损失。

（10）保留各种单据证明（包括交通费、诊疗的初期费用）。填写领队日志，对事故进行书面描述（包括对事故的处理情况等），并请当事人签字证明。

案例 中国客游美遇车祸敲警钟，出境游须强化安全意识

中新网2011年8月4日电 据美国《世界日报》报道，中国大陆旅游者冯先生日前刚抵达洛杉矶，午夜出门被车撞成重伤，肇事者逃逸。最近另有旅游者住在旅馆被入室抢劫，一系列事件让旅游者的安全敲响警钟。

来自中国宁波的冯先生为庆祝儿子考上好大学，一家三口报名参加15天美国游。不料7月26日到美国第一晚就飞来横祸。冯太太说，当日晚入住安那罕酒店后，冯先生想出去买个打火机，随后一个人出门。几分钟后，就听到警车声。儿子和她下楼去看，听说是一个中国人被车撞了。当他们去查看受伤者时，伤者的五官已被撞肿，很难辨认相貌，从穿着上才认出是冯先生。他最初还有意识能清楚回答警方的问题，送往医院后则昏迷不醒。

冯太太说，冯先生两腿多处骨折，左腿情况最严重，小腿和大腿肌肉萎缩，皮肤坏死。眼部也因充血过多动了手术，脑部因受冲撞也有瘀血。8月5日还要再做一个手术，根据复原情况才能决定什么时候出院。她说，自己和儿子在美国人生地不熟，语言不通，在医院也没有住的地方。后来在网络上发求救电邮，才有住在安那罕的一位华人家庭不仅每日送饭菜过来，还招待她和儿子轮流住他家。冯先生躺在病床上已一周，每日做不同的治疗，他还不知道自己伤势的严重情况，还想着早点出院，带儿子去拉斯维加斯玩。

冯先生说，过马路时，人行横道旁边有树将自己挡住，估计司机没有看清他。且他不清楚美国的交通行驶方向，以为和中国相反，所以过马路前一直往反方向看。冯太太说，希望能早点找到肇事者，不管事情责任在谁，毕竟行人是弱者，应该受到保护。导游也有责任，没有事先告诉他们美国车速快，路上行人少。

负责此案的安那罕警局警官杜恩（Bob Dunn）说，案发时间是7月27日凌晨1时57分，地点在Harbor西路2125号，目击者说，肇事车辆是银色丰田Tacoma小货车。目前还没有找到肇事者，警方已发出通告寻找肇事车辆。

负责地接的齐小姐对冯先生一家的遭遇表示同情，事发后曾和上海旅行社的工作人员一起去医院探望。中国旅行社同意退还冯先生一家的团费，返程机票延期则要和国内联系。至于保险赔偿，旅行社只负责出车管吃住，旅游险的额度要和中国旅行社联络才知道。她说，出国前旅行社都会开安全说明会，如果旅游者遵守出国安全守则和旅游目的地国家的法律，不会有安全问题。中国马路人多车多，横穿马路是家常便饭，但在西方不

行，美国行人少，车速快，中国旅游者在美国应遵守美国的交通规则。

美中旅游协会副会长杜明说，旅游者安全问题日益重要，导游安全意识要加强，每次上旅游巴士前，都要求导游和团员一遍遍重复安全注意事项。比如放钱放护照的包一定不能离身，之前有华人旅游者住的西柯汶纳地区的旅馆房间被盗，所幸箱子里没有特别贵重的物品，不然损失惨重。

——资料来源：中新网 http://www.chinanews.com/hr/2011/08-04/3234016.shtml

案例　　　中国游客在吉隆坡遇交通事故死亡

- -

2012年，杨先生报名参加北京新华国旅的旅行团，该团出发时间是2012年11月17日，行程由北京至香港、曼谷、吉隆坡，共10天9夜。家属说，2012年11月24日晚6时许，旅行团领队带领旅游者在吉隆坡外出逛街，因领队未尽到义务，致杨先生走失。当晚，领队也未及时寻人，直到次日上午才报警。2012年11月26日，当地警方经过调查确认，杨先生在吉隆坡市已因交通事故死亡。事后，因与新华国旅就赔偿及责任问题协商未果，杨先生的家属起诉要求新华国旅返还旅游费4020元，并赔偿死亡赔偿金、丧葬费、精神损失费等共计46万余元。

——资料来源：《法制晚报》2013-4-3.

（三）火灾事故的预防与处置

1. 火灾事故的预防

（1）做好提醒警示工作。提醒旅游者不要携带易燃、易爆物品；不乱扔烟头和火种，不要躺在床上吸烟；向旅游者说明，行李托运应按运输部门的安全规定处置，不能托运非法物品。

（2）领队人员应熟悉下榻饭店和消费场所的安全出口和逃生线路，熟悉安全设施的设置方位。并提醒旅游者熟悉安全出口和逃生线路。

（3）领队人员一定要掌握并牢记全体旅游者的房间号码及通信方式。一旦火灾发生，能及时通知旅游者。

2. 火灾事故的处置方法

（1）发现火灾后应立即通知场所经营者，拨打报警电话（各国报警电话不一样，要事先了解和掌握），并迅速通知全团旅游者。

（2）配合工作人员，听从统一指挥；迅速通过安全出口和逃生通道疏散旅游者。

（3）领队人员要镇定地判断情况引导大家自救（根据应急常识）。如果情况紧急，切勿搭乘电梯或跳楼逃生。

（4）旅游者进行电话求救时，应该尽可能地请专业人士进行指导和救助。

（5）逃离火场后，领队人员应立即组织抢救受伤者，若有重伤者要迅速送往医院救治。

（6）通知旅行社负责人和投保的保险公司，协调相关应急资源。

（7）妥善处理善后事宜，并写出书面报告。

3. 常见火灾的应急自救措施

（1）发现着火后要迅速拨打火警电话，并讲清着火地点。

（2）一旦火情已从阴燃发展到火苗阶段，要迅速用毛毯、被子等物罩住火焰再浇水扑打。较轻、较小的物品着火，要将其尽快搬到室外灭火。

（3）室内救火时门窗要慢开，以防风助火势。

（4）发生火灾自行扑灭的也要向公安消防部门报告，以便查明原因，吸取教训。

（5）火灾时不能钻到阁楼、床底、大橱柜内。

（6）火势不大时，若撤离火场应披上浸湿的衣服。在浓烟中避难逃生要压低身体，最好用湿毛巾捂住口鼻，以避免烟雾中毒。若身上已着火不可乱跑，要就地打滚使火熄灭。

（7）生命受威胁时，楼上的旅游者不要盲目跳楼，可用绳或将床单撕成条状连接起来，并紧拴在门窗框上滑下。

（8）若逃生之路被火封锁，在无奈的情况下可退回室内，并最好待在卫生间关闭门窗，同时不断向门窗浇水。充分利用阳台、天窗等进行自救。

（9）住在高层建筑中的旅游者被火围困时，要赶快向室外抛沙发垫、枕头等小物品，夜间可打手电发出求救信号。

（四）刑事治安事件的预防与处理

1. 刑事治安事故的预防

（1）旅游活动开始前，领队和导游员应将旅游地的风俗禁忌和旅游者法律须知做简要说明，避免旅游者触犯禁忌或法律。

（2）入住饭店时领队人员应建议、提醒旅游者将贵重物品存入饭店保险柜。不要随身携带大量现金或将大量现金放在客房内。

（3）领队人员提醒旅游者不要将自己的房号随便告诉陌生人，不要让陌生人或自称饭店维修人员的人随便进入自己的房间。提醒旅游者夜间绝不可贸然开门，以防意外，出入房间一定要锁好门。

（4）提醒旅游者不要与私人兑换外币，并说明外汇管理的相关规定。

（5）汽车行驶途中，不得停车让非本车人员上车、搭车。若遇不明身份者拦车，领队人员应提醒司机不要停车。

（6）离开游览车时，领队人员要提醒旅游者不要将证件或贵重物品遗留在车内。旅游者下车后，要提醒司机锁好车门、关好车窗，尽量不要走远。

（7）提醒旅游者避免在商场、餐馆等公共场所高声喧哗和高调消费，避免引起不法分子的关注。

（8）在游览场所，领队人员要始终和旅游者在一起，随时注意观察周围的环境，发现可疑人员或在人多拥挤的地方，应提醒旅游者看管好自己的财物，并随时清点人数。

（9）尽量使旅游者避免个人行动，无法避免时应保持密切的沟通联系，直至旅游者安全归队。

案例 30人的旅游团在约翰内斯堡布鲁玛地区被歹徒打劫

南非时间2011年11月3日晚7时左右，一浙江旅行团在南非旅行时遭遇一伙劫匪袭击，虽然没有人员伤亡，但被劫财物总计超过了20万元，其中2人受伤。令人欣慰的是，关键时刻，有人挺身而出，最大限度地减少了损失，她就是随团的领队、24岁的杭州姑娘小陈。

据小陈回忆：11月3日晚7时左右（北京时间11月4日凌晨1点多），我们在约翰内斯堡坐上了去机场的大巴，不知道什么时候车后出现了一辆警车，拉着警笛，跟了一两分钟后，警车拦在了大巴前面。先上来两个黑人，手里拿着警棍，其中一个用英语先跟司机对话。他问司机去哪里，司机回答说去机场并反问干什么，黑人自称警察例行检查。司机要求他出示证件，他就掏出了一张工作证模样的东西，司机一看，一边拿起电话准备核对身份。见状，那个黑人大声喊道"NO！NO！"这时，又上来一个黑人，跟在两个拿警棍的黑人后面。我当时就坐在第一排，一个黑人突然抓住我身边的包，声称要检查，我要他出示证件，但他不理，拼命地扯包，我紧紧护着不放。他急了，一拳打在我的右眼眶，当时头一昏就感觉脸部火辣辣的。几乎就在同时，另一个黑人用英语喊道："这是打劫！"我意识到麻烦了，来不及多想，马上接过话，"请保证我们安全，东西都给你们，他们不会说英语，让我来跟他们说！"说完，我马上意识到这些黑人听不懂中文，于是立刻用中文跟大家说"把贵重物品收好，尽量把装随身衣服、零食的包包给他们"。说完这些，一回头我才发现，第三个上来的黑人袖口里，黑洞洞的枪口正对着我们，现在想想真是后怕。大约5分钟后，歹徒们就带着东西匆匆下车了。直到这时，全车人才松了一口气。我叫司机马上开车并关上车内灯直奔机场。与此同时，我开始在车上统计损失，同时电话报告国内公司，司机则负责报警，导游帮助联系中国大使馆。十几分钟后，我们赶到了机场，因为来不及隐藏，前排包括我在内三人的护照被一起抢走，另外27名旅游者当晚就登机回国了。和我一同留下的是两位女性旅游者，通过联系当地旅行社，他们派车把我们接到了宾馆休息，第二天早上8点，我们来到警局录口供，然后又去了使馆，4小时后，回国手续补办齐全。北京时间11月4日晚上9点多，我们终于坐在了回祖国的飞机上。

——资料来源：浙江在线 http://zjnews.zjol.com.cn/05zjnews/system/2011/11/09/017983416.shtml

2. 刑事治安事故的处置

（1）全力保护旅游者。若歹徒向旅游者行凶，在场的领队人员应尽量挺身保护旅游者，并立即设法将旅游者疏散到安全地点。

（2）立即报警。通过各种渠道和方式报警，请求出警帮助。

（3）抢救受伤人员。如果有旅游者受伤，应立即组织抢救，或送伤者去医院。

（4）协助破案。公安人员抵达后，领队人员要积极协助公安人员破案，把案件发生的时间、地点、经过、作案人员特征，以及受害人的姓名、性别、国籍、伤势及损失物品的名称、数量、型号、特征等向公安部门报告清楚。

（5）及时向旅行社领导和有关人员报告。

（6）妥善处理善后工作。领队人员要采取必要措施稳定旅游者情绪，尽力使旅游活动继续进行下去。同时准备好必要的证明、资料，处理好受害者的补偿、索赔等各项善后事宜。

（7）写出事后报告。事情结束后，领队人员要按照有关要求写出详细、准确的书面报告。

（五）食物中毒事件的预防与处理

1.食物中毒事件的预防

食物中毒一般可以分为细菌性（如大肠杆菌）、化学性（如农药）、动植物性（如河豚、扁豆）和真菌性（如毒蘑菇）食物中毒。食物中毒既有个人中毒，也有群体中毒。其症状以恶心、呕吐、腹痛、腹泻为主，往往伴有发烧。吐泻严重的还会出现脱水、酸中毒，甚至休克、昏迷等症状。

（1）严格执行在旅游定点餐厅就餐的规定。

（2）提醒旅游者不要在小摊上购买食物。

（3）就餐前领队人员应检查餐厅及食品卫生状况。

（4）用餐时，若发现食物、饮料不卫生，或有异味、变质的情况，领队人员应立即要求更换，避免中毒事件的发生。

2.食物中毒事件的处置

（1）一旦发现旅游者有上吐、下泻、腹痛等食物中毒症状，领队人员应立即要求旅游者停止食用可疑食物。

（2）应设法催吐，让食物中毒者多喝水以加速排泄，缓解毒性。

（3）对食品进行留样，并立即将患者送医院抢救，请医生开具诊断证明。

（4）报告组团社并追究地接社和供餐单位的责任。

（5）协助旅游者向供餐单位进行索赔，有保险保障的，应提请保险公司进行相关赔付。

（六）患病与死亡的预防和处理

由于旅途劳累、气候变化、水土不服、起居习惯改变等原因，旅游者在旅途中容易突发疾病，有时甚至会引起死亡事件。在高原等极端环境下，旅游者突发死亡的案例较为多见。

1.旅游者突发疾病的预防

（1）明确参团的身体要求。组团时应对参团旅游者的身体条件提出明确要求，并对可能导致的健康风险进行明确的警示，避免不符合身体条件的旅游者随团旅游。

（2）了解旅游团成员的健康状况。接团前，领队人员应根据旅游团的信息材料，了解旅游团成员的年龄、身体状况，做到心中有数；接团后，领队人员应察言观色、处处留意，了解有无需要照顾的患病旅游者，对举止、表情异常的旅游者要多关心，防止突发疾病。

（3）周密安排游览活动。安排活动日程要留有余地，做到劳逸结合。同日参观游览的项目不能太多，体力消耗大的项目不要集中安排，晚间活动的时间不宜过长。

（4）提醒旅游者注意饮食卫生。领队人员要随时提醒旅游者不要购买小商贩的食品，不吃不洁食物，不喝生水等。

（5）做好天气预报工作。提醒旅游者根据天气变化及时增减衣服、携带雨具等；气候干燥的季节，提醒旅游者多喝水、多吃水果等。

2. 旅游者患一般性疾病的处置

（1）劝其及早就医，注意休息。旅游者患一般性疾病时，领队人员要劝其尽早去医院看病，并留在饭店休息。如有必要，领队人员应陪同患者到医院就医。

（2）为旅游者的治疗提供方便。若旅游者需住院治疗，领队人员应尽可能提供协助，领队人员应委婉地向旅游者说明看病费用自理。

（3）关心患者的病情。如果患病的旅游者留在饭店休息，领队人员要前去询问身体情况并安排好用餐，需要时应通知餐厅为其提供送餐服务。

（4）严禁领队人员擅自给患者提供药品。

3. 旅游者突患重病的处置

（1）旅行途中旅游者突然患病，领队人员应采取措施就地抢救，请求机组人员、列车员或船员在飞机、火车、轮船上寻找医生，并通知下一站急救中心和旅行社准备抢救。

（2）若乘旅游车前往景点途中或参观景点过程中旅游者患重病，必须立即将其送往就近的医院，必要时暂时中止旅行，让旅游车先开往医院，或拦车将其送往医院；同时还应及早通知旅行社，请求指示。

（3）旅游者在饭店患重病时，先由饭店医务人员抢救，然后送医院。

（4）旅游者病危时，领队人员应立即协同导游和患者亲属送病人去急救中心或医院抢救，或请医生前来抢救。患者如系国际急救组织的投保人，领队人员还应及时与该组织的代理机构联系。

（5）在抢救过程中，领队人员应要求导游或患者家属在场，并详细记录患者患病前后的症状及治疗情况。需要签字时，导游人员应请患者的亲属或导游签字。导游人员还应随时向组团社反映情况。

（6）若旅游者病危而亲属不在身边，领队人员应及时通知组团社告知患者亲属。患者亲属到来后，领队人员应协助其解决生活方面的问题；若找不到亲属或亲属未到前，一切按使、领馆的书面意见处理。

（7）领队人员应安排好旅游团其他旅游者的旅游活动。

（8）患者转危为安，但仍需住院治疗不能随团离境时，领队人员要不时去医院探望，帮助患者办理分离签证、延期签证以及出院、回国手续和交通票据等善后事宜。

（9）患者住院及医疗费用自理，离团住院时未享受的综合服务费由旅行社之间结算，按规定退还本人；患者亲属在境外期间的一切费用自理。

（七）旅游者死亡的处理

（1）拨打电话求救。联系当地警方、急救中心；电话通知组团社计调及外联人员向投保保险公司或者保险经纪人报案；并及时通知驻外使、领馆。

（2）维护现场秩序。旅行社领队、导游等人要维护现场秩序，可以利用相机摄录事发现场情况。

（3）安抚其他旅游者，等待支援。

（4）协助亲属进行善后处理。若死者亲属不在身边，应立即通知组团社告知其亲属前来处理后事。

（5）会同旅游者代表将事件阐述清楚，协助旅游者亲属至相关部门开具死亡证明（由参加抢救的医师向死者的亲属、领队及好友详细报告抢救经过，并出示"抢救工作报告"、"死亡诊断证明书"，由主治医生签字后盖章，复印后分别交给死者的亲属、领队或旅行社）。

（6）死者的遗物由其亲属或领队、死者生前好友代表或所在国使、领馆有关官员共同清点造册，列出清单，清点人要在清单上一一签字，一式多份，签字人员分别保存。遗物要交死者亲属或使、领馆的有关人员。接收遗物者应在收据上签字，收据上应注明接收时间、地点、在场人员等。

（7）填写陪同日志，对事故进行书面描述（包括对事故的处理情况等）并请旅游者代表签字。

（8）提醒旅行社进行签证分离及机票改签。

安全提示　　　　　　　　　**处理死亡事故应注意的问题**

第一，必须有死者的亲属，领队，使、领馆人员及旅行社有关领导在场，领队人员切忌单独行事。

第二，在有些环节还需公安局、旅游局、保险公司的有关人员在场。每个重要环节应经得起事后查证并有文字根据。

第三，口头协议或承诺均属无效。事故处理后，将全部报告、证明文件、清单及有关材料存档备案。

（八）其他意外伤害的预防与处理

除了交通、治安等意外事故外，在旅游过程中，还会遇到其他一些意外伤害事故，如被毒蛇咬伤、被狗咬伤、溺水、触电等，也要求领队人员掌握一些基本的处理措施，尽最大可能为游客减轻痛苦，顺利完成旅游活动。

第四节　出境旅游领队接待安全管理

一、境外餐饮服务的安全管理

旅行社的境外餐饮安全管理既包括对餐饮服务购买的安全控制，也包括对餐饮服务提供过程的安全审核，同时还包括饮食事故后的旅游者救助和事故处置。

　　旅行社组织旅游者用餐，所选餐馆应保证环境整洁安全，提供的食品、饮料应符合有关安全、卫生法律法规的要求。

（一）旅行社控制境外餐饮安全的措施

（1）旅行社委托境外地接社选定或旅游团在出境旅游过程中自行选择用餐场所时，不得安排团队到无营业执照、卫生条件差的饭店就餐。所选餐饮场所应消防安全设施和营业证照齐全，环境整洁，符合有关标准要求，领队人员要索取就餐有效凭证。

（2）领队人员如发现餐厅和楼道滑腻、地毯卷起、台阶破损等情况，除提醒客人注意外，要通知餐厅服务员立即清除或修复。

（3）领队人员应加强食品卫生知识培训，掌握旅游者身体状况，并对菜单进行审查，原则上不吃或少吃凉拌菜、小海货及冰啤、扎啤等易引起食物中毒或胃肠道疾病的食品、饮品。提醒旅游者不吃景区或街头摊点供应的食品。

（4）领队人员应关心旅游者饮食卫生，就餐中及时询问旅游者饭菜质量。发现饭菜、饮料或水果不洁、变质、发霉时，应立即与餐厅主管以上责任人交涉。要求其按标准重新提供并向客人道歉。

（5）若发现旅游者就餐时出现了头疼、头晕、恶心、呕吐等不适症状，领队人员要呼吁旅游者立即停止进食，迅速将不适症状者送往医院，并报告检疫部门检查、化验，如确属食物中毒，按事故处理程序处理，领队人员应立即向公司报告，并责成有关部门处理。

（6）旅行社应促进提倡境外餐饮接待单位实行分餐制，可请服务员分餐或提供公筷、公勺的方式分餐。

（7）就餐前领队人员要提醒旅游者，注意保管好随身携带的物品。

（8）团队外出需订购携带食品或盒饭时，应严格索证制度，严禁订购、食用无配送卫生许可证单位配送的食品。

（二）领队人员应向旅游者说明的安全事项

（1）在旅游地购买食物须注意商品质量；发现食物不卫生或有异味变质的情况，切勿食用。

（2）出门旅游，应随身带上矿泉水及干粮等食品，以备不时之需。注意切勿喝生水和不洁净之水。

（3）就餐前要提醒旅游者，注意走道防湿防滑，保管好随身携带物品，防盗防骗。用餐或在餐厅走动时，注意别撞到餐厅过往服务人员，以免被热饮、热食烫伤。

（4）不要随便接受和食用陌生人赠送的香烟、食物和饮品，防止他人暗算。

（5）旅游期间要合理饮食，不要暴饮暴食或贪食杂食。

（6）为防止在旅途中水土不服，应提醒旅游者自备一些常用药品，以备不时之需。切勿随意服用他人所提供的药品。

案例 中国游客在印度被迷昏

中国驻印度大使馆近日在官网发布消息称，近期一些来印度旅游的中国公民因食用陌生人提供的食品或饮料昏迷，醒来后随身财物被洗劫一空。为避免发生类似案件，使馆提醒中国公民，切勿食用陌生人提供的任何食物、饮料、香烟等，不与陌生人交谈，乘坐公交、在外行走或住宿时要提高警惕。

这并不是专门针对中国游客的案件。新德里警方近期抓捕了一名采用类似方法作案的嫌疑人。他假扮旅游景点摄影师帮游客拍照，并向游客提供掺有某种特殊物质的食品和饮料。游客在食用后感到昏昏欲睡。而案犯则趁机盗取客人的随身财物。警方表示，这类嫌疑人专门在旅游景点作案，以摄影师或导游身份作掩护行窃外国游客，特别是来自中国、日本和韩国的游客。

除了不要接受陌生人的食品、饮料外，使馆还提醒女性游客注意安全，尽量避免单独外出，谨防不法分子搭讪；避开不安全场所，如人群密集地区或有争议的地区和寺庙；夜间不要到偏僻地点。在食宿方面，选择口碑好、可信度高的酒店和餐厅。尽可能饮用瓶装水，不要随便吃路边摊。

——资料来源：《新民晚报》2014-01-05.

（7）提醒喜欢喝酒的旅游者在旅途中应控制自己的酒量，饮酒要适度。酗酒闹事、扰乱社会秩序、侵犯他人所造成的一切损失将由肇事者本人承担。

二、境外住宿服务的安全管理

境外住宿安全的管理包括旅行社自身应做到的对住宿中安全问题的预防和控制，还应提高旅游者的安全意识，提醒旅游者注意可能发生的安全问题。

旅行社安排的境外旅游住宿应首选星级饭店，与旅游者签订的合同应明确饭店星级水平，不得使用"相当于×星级"、"准×星"、"待评×星"、"按×星级装修"等模糊的语言。非星级饭店要符合旅游经营资质标准，具有完善的安全保卫措施，切实保障旅游者的人身、财产安全。

（一）旅行社控制住宿安全的措施

（1）旅行社委托境外地接社选定的境外住宿场所，应符合有关质量标准，具有完善的消防安全设施和安全保卫措施，能切实保障旅游者的人身、财产安全。

（2）旅行社自行选择旅游团队住宿饭店，应审查资格，明确责任，索取有效的卫生许可证、营业执照备案，并与饭店签订团队住宿协议。

（3）领队人员应清楚饭店的逃生通道和主要的安全设施。领队人员应告知旅游者注意查看饭店消防通道和安全出口的线路，提醒其保管好随身携带的证件和物品。贵重物品存入饭店前台保管，友情提醒旅游者外出注意安全。

（4）领队人员和旅游者都要掌握对方所住的房间号的位置。发生异常情况，领队人员应立即到达现场，为旅游者排忧解难。

（5）领队人员必须同旅游者住在同一家饭店；如有事离开，必须通知导游员或团长。

（6）旅游者发生异常情况，领队人员应立即到达现场，为其排忧解难。突遇紧急事件时，应立即报警，并及时向组团社报告，按预案处理。

（7）如旅游者发生意外伤亡，领队和导游员应立即同饭店保卫部门及值班经理取得联系，保护好现场，并立即将危重病人送往医院。

案例　　　　　　日本酒店不评星　出境游住宿"缩水"

在厦门某国际旅行社组织的日本旅行团中，旅行社原来承诺的星级酒店，其简陋的接待设施条件还不如小县城招待所。而这竟然被称是"中国的豪华旅游团"在日本下榻的"四、五星级酒店"，对此该团客人集体提出投诉。

出发前旅行社和游客就住宿酒店标准达成的条件是"确保全程酒店四、五星级"。然而旅游途中游客发现，大部分住宿的酒店无法达到约定标准，部分所谓"星级酒店"，地板残破污秽，座椅渍迹斑斑，床垫塌陷破损，被褥陈旧不洁，"衣橱"用破布遮挡，电吹风没有插座，毛巾无处可挂，客房仅容一人通行……

对于游客的投诉，旅行社辩称："日本的酒店是不挂星级的，但日本地接方面对酒店都有一个统一的参考标准，方便旅行社报价，该团是按照四星级标准来报价的。旅行社在出团前，已经把酒店的具体名称以及酒店的官方网站提供给客人，方便客人查询。"厦门市旅游质监所近日发布调查意见表示，投诉双方在签订《中国公民出境旅游合同》时，对住宿酒店的标准未作明确说明或约定，仅对酒店位置作了具体约定。由于旅行社无法举证该团客人实际住宿符合合同约定标准，因此构成合同违约。

据了解，目前日本并未实行酒店星级评定制度，日本境内住宿酒店可以分为都市酒店、商务酒店、度假酒店、温泉旅馆、普通旅馆、民宿、公寓式酒店等不同形态。作为旅游专业服务机构，旅行社应事先了解旅游目的地接待设施的具体标准，并按照当地实际情况进行宣传招徕，以避免误导游客，并造成合同违约。

提示：各国酒店标准不一。现在出境出国游客越来越多了，然而很多游客并不知道各地的酒店标准。又因为酒店星级标准有区域性，每个国家的标准都不一样，旅行社不能直接用国内的标准去套。

各国国情不一样，就像韩国用"花"划分酒店标准，但韩国的"四花"也不同于中国国内的四星级。非星级饭店不得用星级攀附性文字进行虚假宣传，包括"相当于星级"、"准星"、"待评星"、"按星级装修"等模糊、攀附的语言。

旅行社应该明示酒店标准。对于习惯于网络订房的游客，也可以登录各地旅游管理部门官方网站查询当地星级酒店的情况。

——资料来源：新浪网 http://fj.sina.com.cn/xm/life/eye/2011-02-22/09446371.html

（二）领队人员应向旅游者说明的安全事项

（1）旅游者入住饭店后，应了解饭店安全须知，熟悉饭店的安全门、安全出路、安全楼梯的位置和安全转移的线路。

（2）提醒旅游者洗浴时做好防滑措施，防止意外滑倒、碰伤；提醒外出注意安全及夜间关好门窗。

（3）注意检查客房所配备的用品是否齐全，有无破损，如有不全或破损，请立即向饭店服务员或领队人员报告。

（4）贵重物品应存放于饭店服务前台保险柜，不要随身携带或放于房间内。

（5）勿将自己住宿的饭店、房号随便告诉陌生人；勿让陌生人或自称饭店维修工的人员随便进入房间；出入房间要锁好房门，睡觉前要注意门窗是否关好，保险锁是否锁上；物品最好放于身边，不要放在靠窗的位置。

（6）旅游者入住饭店后需要外出时，应告知随团领队或导游，在饭店前台领取一张饭店名片卡，卡片上有饭店的地址、电话；旅游者迷路时，可以按卡片上的地址询问或搭乘出租车，安全顺利返回饭店。

（7）遇紧急情况，如发生火警时不要搭乘电梯或随意跳楼，镇定地判断火情，主动地实行自救。若身上着火，可就地打滚或用重衣物盖压火苗；必须穿过有浓烟的走廊、通道时，应用浸湿的衣物披裹身体，捂住门鼻、贴地顺墙爬走；大火封门无法逃出时，可采用浸湿的衣物披裹身体，用被褥堵住门缝或泼水降温的办法等待救援，或摇动色彩鲜艳的衣物呼唤救援人员。

案例　　　　游客滑倒受伤　责任该谁负

2013年4月18日，62岁的马女士参加一家旅行社组织的出境旅游团出游。途中在旅行社指定的饭店用餐时，因地上太滑，马女士不幸倒地受伤，在医院住院治疗共花去了医药费3403元。马女士认为，旅行社与她已形成服务合同关系，她在履行过程中受伤，旅行社应承担赔偿责任。旅行社认为，当时导游和领队人员已向包括马女士在内的所有游客做过提醒，所以旅行社已尽到提示义务；此后双方为赔偿问题走上了法院。

案例评析：旅行社未能妥善履行服务义务，应向原告承担违约责任，并赔偿原告的损失，但旅行社未能妥善履行义务的原因，是因第三人服务瑕疵造成的，在向原告承担违约责任后，旅行社也可以向该饭店进行追偿。

预防措施：以上案例不是由于旅行社造成的，但由于是旅行社与游客签订的旅游合同，旅行社应对其承担违约责任。旅行社无法直接生产出旅游产品来满足游客需要，必须与各旅游企业进行联络，建立一个完善的旅游服务供给网络。这样的判处是要求旅行社不仅负有设计旅游产品的义务，还应监督提供旅游服务的各生产商的服务质量。避免此类事故，要求旅行社严格规范旅游各环节，和旅游生产商签订合同协议，明确责任，监督服务。

三、境外交通服务的安全管理

旅行社应加强对境外交通设施的选用、审核，加强与交通服务人员的沟通，同时应增强旅游者的交通安全常识，提高旅游者应对交通安全问题的处置能力。

（一）旅行社控制境外交通安全的措施

（1）委托境外地接社选定的车辆必须经当地主管部门检验合格，营运证件齐全，车况良好，足额办理了车上人员责任险、第三者责任险等保险手续，各种性能和要求符合中华人民共和国旅游行业标准《旅游汽车服务质量》（LB/002—1995）的要求。

（2）旅行社组织旅游者乘坐飞机、火车、游船时，领队人员应向旅游者告知航空、铁路、游船有关安全管理规定、安全须知，提醒其妥善保管好携带的行李、物品。

（3）旅行社应协助办理旅游者航空出（境）入（境）空港有关安检、行李托运等手续。

（4）领队人员应向旅游者告知乘坐飞机、火车、游船的安全常识，提醒旅游者如何采取安全措施。

（5）旅行社要密切关注旅游目的地的天气、地质及可能出现的各种灾害情况，建立预警机制，并将该地的安全系数预先告之旅游者，且在合同中加以说明。

（6）领队人员要对使用中的车辆实行日常安全管理跟踪制度，及时了解、掌握车辆的运行情况和驾驶员状况，发现问题及时处置，确保车辆行驶安全。

（7）旅行过程中旅游车辆的安全预防和控制应从以下几个方面努力：

①领队人员必须于每日在团队出发前至少提前10分钟抵达现场。每天第一次见面，领队人员要向导游、司机讲明当日的详细活动日程，并协商最佳行车路线。

②司机在接团出发前必须做好一切准备工作，车辆停稳后，领队人员协助导游在车下照顾旅游者上车，然后清点人数，旅游者到齐坐稳后再示意司机开车。

③领队人员应引导旅游者将大件行李放进行李箱并依次上下车；提醒旅游者上车后将随身行李物品放置稳妥，以免途中滑落砸伤旅游者；行车途中要求旅游者系好安全带并在座位上坐好，以防发生意外；不要随便站立走动，以免在车辆急刹车时发生意外；照顾好小孩和老人。

④监督司机和导游员，汽车在行驶途中不得停车让无关人员乘车，遇有不明身份人员拦阻车辆时不得停车。

⑤领队人员有权阻止非本旅游车驾驶人员开车。当感到车速过快时，领队人员要提醒司机注意，并有权加以制止，尤其是窄路、坡路、雨雪雾天等路况不佳时更应提醒司机注意。

⑥当行车线路较长时，领队人员应提醒导游员定时与司机交谈，提醒司机以免打盹造成安全事故。严禁汽车司机在行驶中抢时间、赶日程，严禁酒后开车或疲劳驾驶等。

⑦在汽车停稳之后，领队人员应照顾旅游者下车，并检查有无遗漏物品。

⑧当发生车祸时，领队人员和导游、司机要尽全力立即将旅游者从车内救出，迅速拦截过往车辆，将危重病人送往医院。如临时无过往车辆，应以最快速度用电话报告旅行社和当地急救中心、医院请求火速救援。

⑨当发现其他车辆发生车祸时，在条件允许时要立即停车全力相救（在条件不允许时，要事后报告、讲明情况）。

（8）领队人员应当提醒旅游者执行国家有关行李托运的相关规定，协助旅游者查验、托运、寄取行李，发现行李破损、丢失等问题时要及时核实情况、协助寻找，查明原因，交涉处理。完备行李交接手续，明确责任，防止旅游者行李损坏或丢失。办理行李托运，应提醒旅游者锁好行李，贵重物品随身携带，不要随便委托他人或帮助他人看管行李物品，以免丢失。

案例　　　　　　　强行超车导致安全事故

据新西兰媒体报道，2012 年 10 月 9 日，一名来自中国的 34 岁男子因违反 Give way 交通规则强行超车与另一辆汽车相撞，所幸无人员伤亡。而仅仅一周之前，一名 30 岁左右的中国游客租车自驾在南岛旅游时，同样因强行超车发生车祸，导致车内一名 9 岁的中国男孩受伤。当地警方提请海外游客注意遵循新西兰的交通法规，避免交通事故的发生。

——资料来源：《华西都市报》2012-10-29.

安全提示　　　　　　　国外自驾先懂规矩

在国外开车时，看到前面小路有车准备开出，如果按国内的做法刹车减速，肯定是不行的。不是像国内老司机理解的那样"一看二慢三通过"，关键是正当行使自己的权利，不要影响别人的权利。所以建议在国外开车的人下载一份当地的交通规则说明。

规矩一，不要和主道车辆抢道。目前，国内很多路口都没有设置红绿灯。只要没有交警在现场指挥，都是看谁开车的技术好，大家见缝插针地卡位。甚至有一些车辆在完全无视主干道是否有车辆的情况下，就直接超车到主车道。但在欧洲一些国家，大家都遵循主干道优先的原则：如果你是从辅路并入主车道，一定要先停车，然后查看主干道上是否有车，只要目光范围内有车辆行驶，一定要等待它们先通过。千万不要以国内的驾驶经验来判断！国外的主干道一般是双向四车道，不宽，但车速普遍在每小时 120 公里以上，且通常不会为辅路车辆减速让行。所以，一旦辅路车辆与主干道车辆发生碰撞，辅路车辆将负全责。

规矩二，让转盘内侧车辆先走。在路口是转盘的情况下，交通规则也与国内不一样。国外有很多国家都是乡村道路连接转盘的，尤其是在欧洲国家，多条道路之间的转换一般都是通过转盘。这时，如果发现转盘内侧有车辆在转弯，即使偌大一个转盘只有一辆车行驶，你从直道驶入时也必须等它出去以后才能进入。注意，千万不要见缝插针，否则会引来许多咆哮声和喇叭声，甚至警察对你进行调查。

规矩三，遇特殊车辆靠边停让。在国内，遇到警车、救护车、消防车等特殊车辆时，无论它们的鸣笛有多响，其他社会车辆总是各行其是，甚少有车辆靠边停让的习惯。但在国外，这样做的后果将可能是吊销驾照。国外许多国家的交通规则中，对特殊车辆的"优先通行"均有相当明确的规定。在国外驾车的过程中，看到或听到警车、消防车、救护车的灯光或声响时，一定要靠边停让。即使前方是绿灯也必须停车让特殊车辆优先通过。还有在经过学校时必须减速。尤其是当前方有黄色校车靠边停车时也必须停车，等所有小孩过完马路后才能继续前行。如不按这样的交通规则行驶，在下个路口就会有警察找你谈话，情节严重者可以直接吊销驾照。

欧美许多道路都是快速路，相当于国内的高速公路。一旦驶上了这些道路，非但不能停车，还要以不低于当地道路的最低限速行驶。如果你在行驶过程中发生了意外，比如因为道路不熟而走错了路、拐错了弯，需要查看地图才能继续行驶时，国内的经验往往是把车停在路边或靠右慢行或者停在应急车道上。但这种情况在国外是禁止的。因为这些道路上的车辆行驶非常快，一辆车突然停下来是非常危险的，后面车辆可能不会发现前车是停止的，从而引发连环车祸。所以，在国外不能随便停车。就算发生了走错路的情况，也只有选择就近的路口下去，重新规划你的行驶线路。

规矩四，先看标志后停车。国内有的人觉得道路边只要没有电子眼也没有警察，就可以随意停车，想当然地认为"反正办事时间很短，办完事马上就走"。还有人觉得，停车场比较远，停车不方便，又不是停很长时间，贪图方便就停到道路旁边，反正这个地方又不是主干道不妨碍交通。在国外，每个城市的停车规则会有所不同，即使是同一个城市，不同地区的不同时段，都会有所不同。

在停车前，最好先看清楚这个地方是否允许停车，等办完事回来后车不见了，那就只有到当地警察局去认领了。如果看不懂交通标识，最简易的办法就是，看看附近有没有其他的车辆停放，可以停在别人的车后面。

（二）领队应向旅游者说明的安全事项

（1）旅游者在车辆（机、船）停稳后方可下车（机、船）。按先后次序上、下车（机、船），讲究文明礼貌，优先照顾老人、儿童、妇女，切勿拥挤，以免发生意外。

（2）旅游者在乘车旅途中，不要与司机交谈和催促司机开快车、违章超速和超车行驶，不要将头、手、脚伸出窗外，以防发生意外。

（3）旅游者下车游览、就餐、购物时，请注意关好旅游车窗，拿齐自己随身携带的贵重物品。

（4）旅游者乘坐飞机时，应注意遵守民航乘机安全管理规定，特别是不要在飞机上使用手机等无线电通信工具或玩电子游戏等。乘坐火车饮用热食时不宜盛得太满，以免烫伤。

（5）不要向车窗外扔废杂物品（特别是硬质物品），以免伤害他人。

（6）旅游者乘坐的车（机、船）在行驶的过程中，遇有交通事故发生时，应听从导游和领队人员的安排及指挥，不要慌张，发生人员伤害的应尽力施救或自救，同时注意保护现场，避免损失扩大。

（7）听从导游和领队人员的安排，记住集合时间和地点，记清自己所乘坐的车型、车牌号及车身颜色，不要迟到。

（8）注意妥善保存好护照等有关证件。

四、境外游览服务的安全管理

境外游览过程是旅游活动的主要过程，也是旅游安全管理的重要阶段。旅行社要重点做好游览秩序维持、防范意外事故发生的安全管理工作。

（一）旅行社控制境外游览安全的措施

（1）领队人员应熟悉游览行程，了解出境旅游目的地的天气变化情况。行前说明会提醒旅游者做好游览行装、自备药品的准备。

（2）在接待旅游者过程中，领队人员应当向旅游者宣传出境旅游安全知识、注意事项和防范措施。对境外旅游目的地可能引起旅游者误解或产生冲突的法律规定、风俗习惯、宗教信仰等，应当事先给旅游者以明确的说明和告知。应告知旅游者旅游须知，尊重当地的风俗习惯。

（3）在旅游者抵达景点之前，领队人员要提醒旅游者在景点附近摊点购物时，要严守日程和时间，避免掉队、影响参观。

（4）领队人员应向旅游者进行安全警示。在引导旅游者旅行、游览的过程中，应当就可能发生危及旅游者人身、财物安全的情况，向旅游者作出真实说明和明确警示；并按照旅行社的要求，采取必要的安全防范措施。

（5）在参观游览过程中，领队和导游员要始终与旅游者一起活动，要维持好参观秩序，防止不法分子伤害旅游者，要前后呼应，经常清点人数，避免旅游者走失。

（6）领队和导游员要注意观察旅游景点或通向旅游景点的通道是否安全。如不安全，除必须阻止旅游者参观外，事后一定要向公司书面反映，以便公司对下一次的旅游做出新的更加安全的安排。领队人员应熟悉游览行程，掌握天气变化情况，出发前提醒旅游者做好游览安全、行装、自备药品的准备。因天气原因如下雨、下雪、刮风等确实给旅游者参观游览带来危险时，可劝阻旅游者停止或改期参观。

（7）接待重点、大型旅游团队应有专项预案，要有旅行社负责人带队，并有专（兼）职安全保卫人员随团保障，落实安全工作。

（8）旅游者参加潜水、探险、狩猎、滑雪、漂流、跳伞、蹦极、登山、骑马等高危特种旅游项目时，应当按制定的安全防范措施和应急预案进行，并向旅游者明示。领队人员应提醒旅游者听从现场工作人员的指挥，做好充分的安全准备，落实安全措施。

（9）组织未成年学生、老年人等特殊群体旅游时，应该配备具有针对性的专业人员、设施和物品，提高安全保障能力。

（10）严禁诱导和组织旅游者参与吸毒、色情、迷信及赌博活动。

案例　　　　　　　　　　对老年游客未尽到必要关照责任

　　罗某参加了某旅行社组织的老年团赴某地五日游。在旅游团返程途中，因事先联系的车辆损坏，导游就安排游客步行到离码头约200米外的地点搭乘当地运营的中巴车。为抢到好的位置，游客争先恐后地跑了起来，罗某走在队伍的最后面，在离搭车地点约100米时突然晕倒死亡。经诊断，致罗某死亡的原因是呼吸循环衰竭而猝死。

　　事后，旅行社派人将抚慰金交给了罗某家属，并向其已投保的保险公司索赔。保险公司经调查认为，罗某的死因是由于其自身疾病造成，不在旅行社责任保险的赔付范围之内，故不予理赔。

　　法院审理后认为，旅行社在组织老年团旅游的过程中，对安全等相关事宜未尽告知义务；在组织游客乘车时，没有尽到注意安全的义务，对罗某的死亡存在过错，应承担相应的民事责任。但是，由于造成罗某死亡的原因是自身的疾病，且罗某在旅游前已患有严重疾病，因此在责任分担上，旅行社只应承担较小的民事责任。

（11）旅游者在旅途中突发重病，领队人员应及时设法将其送往就近医院救治；不得随意给患者用药；在患者没有家属陪同时，领队人员应陪护在身边，并及时向旅行社领导报告情况，并保存医院的医治诊断资料。

（二）领队人员应向旅游者说明的安全事项

领队人员在服务过程中应当提醒旅游者注意以下事项：

（1）领队人员在服务过程中应当提醒旅游者遵守国家机密，维护国家安全和民族尊严。

（2）提醒旅游者听取当地导游人员有关安全的提示和忠告，主要应预防意外事故和突发性疾病的发生。

（3）经过危险地段（如陡峭、狭窄的山路，湿滑的道路等）不可拥挤；前往险峻处观光时应充分考虑自身的条件是否允许，不要强求和存侥幸心理。

（4）登山或参与活动中应注意适当休息，避免过度剧烈运动；同时做好防护工作。

（5）在水上（包括江河、湖海、水库）游览或活动时，注意乘船安全，要穿戴救生衣；不要单独前往深水区域或危险河道。

（6）乘坐缆车或其他载人观光运载工具时，应服从景区工作人员的安排；遇超载、超员或其他异常时，千万不要乘坐，以防发生危险。

（7）游览期间，旅游者应三两成群，不要独行。如果迷失方向，原则上应原地等候领队和导游人员的到来或打电话求救、求助。

（8）自由活动时旅游者不要走得太远。带小孩的旅游者应照管好自己的小孩，不能让小孩单独活动，并注意安全。

（9）游览活动中，为了防止火灾事故的发生，旅游者不要携带易燃、易爆物品，不要乱扔烟头和火种，遵守有关安全管理规定及各种法律、法规。

（10）游览过程中领队人员应始终与旅游者在一起，不得擅离职守。防止旅游者走失和发生意外，经常提醒旅游者步行注意遵守交通规则，避让机动车和非机动车。

（11）旅游者参加高危特种旅游项目时，领队人员应提醒旅游者听从现场

案例　　　　　　旅游途中游客不慎扭伤

林先生参加某旅行社的境外旅游团，在正常行程中不慎滑倒扭伤了脚，无法继续行程，只好打道回府。

评析：组团社根据有关规定，一是退回林先生尚未消费的团费；二是协助其向保险公司索赔医疗费用。但林先生认为旅行社除应退回其未消费的团费和保险公司理赔金外，还应赔偿其医疗期间的误工费、营养费等。

根据国家旅游局的有关规定，旅行社在组织团队旅游时，必须为旅游者办理旅游意外保险。旅游意外保险的赔偿范围包括旅游者在旅游期间发生意外事故而引起的赔偿，如人身伤亡、急性病死亡、受伤和急性治疗支出的医疗费等。林先生扭伤脚是意外事故，并非旅行社的责任所造成，故其治疗支出的医药费用应按旅游意外保险赔偿规定赔偿，旅行社则对本事故不负赔偿责任。

预防措施：旅行社领队人员应时刻提醒游客注意安全。对于游客自身原因造成的伤害，应对其进行积极抢救和救治。对受伤游客给予热情的慰问与关怀。无论旅行社是否应对游客受伤事件承担责任，旅行社都应给予其帮助，并积极联系保险公司帮助其索赔。

工作人员指挥做好充分安全准备，落实安全措施，防止麻痹大意。如是旅游者自愿参加的高危特种旅游项目须由旅游者签字，并对自己的行为承担责任。

（12）对旅游地可能引起旅游者误解或产生冲突的法律规定、风俗习惯、宗教信仰等，应当事先给旅游者以明确的说明和忠告，告知旅游者旅游须知，尊重当地风俗习惯。

（13）旅游者在旅游活动中，如有晕车、晕船、腹泻等身体不适，可以通过服药调理，必要时送医院医治。

五、境外购物服务的安全管理

（一）旅行社控制境外购物安全的措施

（1）旅游者在境外自由旅游购物时，应尽量告知旅游者选择营业证照齐全的商店，以免发生不必要的纠纷。

（2）领队人员应当告知旅游者乘车、船、飞机及出入海关携带物品的有关规定，避免旅游者的物品无法携带出入。

（3）领队人员应提醒旅游者，购物时注意索要发票和商品保修等有关单据，以免上当受骗。

（4）旅游者如参与特殊的消费活动，领队人员应当先向旅游者明示消费实情，让旅游者自愿选择。

（5）领队人员要引导旅游者文明购物，提醒旅游者不购买违禁物品、来路不明的商品。

案例　　　　　　　游客购买珠宝有假

游客纪女士反映其一家三口参加某旅行社组织的新马泰港澳旅游，在旅行社的安排下分别在新加坡和马来西亚购买了天然绿宝石及钻戒一枚。回沪后杨某将所购首饰送至上海珠宝鉴定中心进行鉴定后发现绿宝石为人工培育，而非店家所称天然。在与旅行社协商解决未果的情况下，游客向上海市旅游质量监督所提出投诉要求旅行社赔偿。

评析：法律顾问表示，如果是在旅行社合同规定的指定商店买回伪劣商品，旅行社应该承担相应责任。游客是在跟随旅行社前往泰国并在合同指定的商店购物，而且当地导游也向她宣传并承诺商品价低品质高，该导游是旅行社所指定的，视为代表旅行社作出的承诺。因此，纪女士购买了以次充好的珠宝，旅行社要负连带担保责任。

根据新版《旅行社服务质量赔偿标准》第十条规定，旅游者在合同约定的购物场所所购物品系假冒伪劣商品的，旅行社应负责挽回或赔偿旅游者的直接经济损失。境外旅行社违约，使旅游者权益受到损害的，组织出境旅游的境内旅行社应当先承担赔偿责任，然后向境外旅行社追偿。

在该起纠纷中，旅行社有义务协助纪女士退货，如果纪女士在退货过程中产生损失，可要求旅行社承担赔偿相应的损失。

预防措施：在出境旅游中，相当一部分游客带有购物目的。游客在境外购物，完全是自愿的个人消费行为，发生质量纠纷后应由游客自己与境外商场联系，考虑到游客的实际情况，旅行社有义务协助游客与境外商场协商解决。而且在当地导游的宣传促销下，游客容易冲动消费，买到质次价高的商品。领队人员还应提醒游客在出境旅游购物时要保持头脑冷静，从需要出发，不能轻易相信别人的鼓动和介绍，做到"货比三家，三思而后行"。

（二）领队人员应向旅游者说明的安全事项

（1）不要轻信流动推销人员的商品推荐。无意购买时，不要向商家问价或还价。

（2）不要随商品推销人员到偏僻地方购物或取物。

（3）要细心鉴别商品真伪，不要急于付款购物，购物时应向商家索取正式发票。

（4）在热闹拥挤的场所购物时，注意保管好自己的钱包、提包、贵重的物品及证件，防止诈骗、盗窃和抢劫事故的发生。

六、境外娱乐服务的安全管理

（一）旅行社控制境外娱乐安全的措施

（1）如果是计划内项目，领队人员应向旅游者告知活动地点、安全事项、汽车位置、车号、驾驶员姓名及联系方式，并陪旅游者一起观赏文艺节目。要留意一旦发生意外，如何带旅游者从演出场地迅速撤出。

（2）如果是自由活动或计划外项目，要提醒旅游者遵纪守法，遵守公共场所规定，不参与违反治安管理条例的活动，遇突发事件要注意自我保护，紧急危难时刻报警求救。

（3）在运动性娱乐活动中，应该注意旅游者运动的限度，适时地提出合乎身份的指导，使旅游者不至于因运动过于剧烈而造成意外的伤害。

（4）对娱乐服务的内容应该进行严格的控制和管理，杜绝黄、赌、毒，保证旅游者有一个健康的服务体验。

案例　　游客出国旅游溺水身亡　旅行社被判赔偿14万元

北京游客吴女士在参加×国际旅行社（以下简称×国旅）组织的马尔代夫"自由行"旅游时，因潜水溺水身亡，其父母和丈夫将×国旅告上法庭。北京市第一中级人民法院以未全面履行安全保障义务为由，终审判令×国旅赔偿吴女士家属死亡赔偿金等各项损失共计14万元。

行程前，×国旅没有召开行前会，也没有做任何安全方面的提示。2007年3月20日，吴女士夫妇乘飞机抵达马尔代夫，由×国旅安排入住满月岛水上屋酒店，×国旅未提供领队、导游服务。3月22日上午9时左右吴女士到酒店附近水域浮潜，上午11时30分左右，吴女士因溺水导致死亡，发现时吴女士身处深水区。

吴女士的家属向北京市海淀区人民法院提起诉讼，请求法院判令×国旅赔偿死亡赔偿金等共计100余万元。法院以吴女士未能注意自身安全，对出现溺水身亡的法律后果应承担主要责任，×国旅在旅行安全风险性提醒义务方面存在缺陷，亦应承担一定的民事责任为由，判决×国旅支付吴女士家属死亡赔偿金等共计14万元。

预防措施：在旅行中，旅行社人员对游客的人身安全起监督作用，应时刻提醒游客注意。尤其是像游泳这样具有潜在危险的项目，应该将实际情况客观、细致地告知游客。旅行社应建立详细的旅行团队档案，以便日后总结和检查。旅行线路途经旅游点的各种服务的物质设施必须得到保障，如交通、住宿、餐饮、紧急救护等，这是旅行社提供旅游服务的物质保证，缺少这种保证的旅游点一般不应列入旅行社产品的开发计划之中。

——资料来源：《中国青年报》2007-05-26.

（二）领队人员应向旅游者说明的安全事项

（1）提醒旅游者听取当地导游人员或工作人员有关安全的提示和忠告，要预防娱乐过程中的意外事故和因运动引发的突发性疾病。

（2）参与特种娱乐活动时，旅游者应充分考虑自身的条件是否可行，不要强求和存侥幸心理。

（3）娱乐过程中不可拥挤，应时刻保持良好秩序。在娱乐活动中应注意适当休息，避免过度剧烈运动；同时做好防护工作。

（4）娱乐活动中，为了防止火灾事故的发生，旅游者不要携带易燃、易爆物品，不乱扔烟头和火种，遵守有关安全管理规定及各种法律、法规。

案例　　旅行社未履行安全提示义务　赔偿损失10万余元

姚某等8人与某旅行社签订了到泰国曼谷、中国台湾和中国香港等地11日游的旅游合同。合同中约定了旅游者需支付的费用，旅行社承诺保证游客在参加旅行社组织活动时的人身安全。然而在由旅行社组织的集体乘快艇从珊瑚岛去金沙岛途中，由于所乘快艇缺乏基本安全保障措施，加上同行领队未履行安全提示义务，结果快艇在高速行驶和剧烈颠簸中致使两名旅游者受伤，其中姚某腰部受伤严重。

受伤后的姚某被迅速送往当地医院检查，由于旅行社领队并未一同前往，因此语言文字不通，稀里糊涂的姚某自己都不清楚诊断结果，只是感到腰部疼痛难忍无法进食也无法排泄。虽然姚某要求去曼谷确诊治疗或单独安排提前回国治疗，但对姚某的要求旅行社未予答复。

回国后姚某到体育医院检查，诊断结果为腰椎骨折并建议其转院。姚某急忙转入四川大学华西医院复诊，诊断同样为腰椎骨折并伴有不全性瘫痪，医院要求必须入院手术治疗。后经四川华西法医鉴定中心鉴定为八级伤残。

事故发生后，双方曾就治疗费用和赔偿有关事宜多次协商但均无结果。对此，姚某认为，此事是旅行社未履行安全提示义务造成，于是请求法院判令旅行社支付医疗费、误工费和精神抚慰金等各项损失共计10万余元。

法院经审理后认为，姚某等8人与旅行社签订的合同是当事人真实意思的表示，且内容符合法律规定，属合法有效合同。姚某按约向旅行社缴纳了旅游费，但旅行社未按约向姚某履行安全提示义务而造成姚某受伤，因此旅行社理应赔偿姚某损失；另一方面，旅行社可以向快艇的经营单位追偿。

启示：任何企业的经营活动都是风险和利益并存的。旅行社在组织旅游者参加旅游活动的过程中发生交通、卫生或其他出境旅游安全事故后，首先要做的就是积极配合旅游者的治疗或善后的处理、安抚旅游者及家属、进行赔偿等，取得事故处理的主动，及时消除事故的不利影响。而后再根据事故的鉴定结果，向相关单位进行追偿，弥补自己的损失。

七、境外旅游人身财产与证件的安全管理

（一）人身安全管理

（1）要远离毒品，不接受陌生人搭讪，防止人身侵害。

（2）要尊重所在国，特别是有特殊宗教习俗国家的风俗习惯，避免因言行举止不当引发纠纷。

案例　　　中国女游客在马来西亚遭绑架

北京时间2014年4月2日22点30分许，马来西亚仙本那singamata酒店（注：一个四面环海的岛屿酒店）遭遇一伙武装人员袭击，1名中国上海籍女游客和1名菲律宾籍酒店女员工被劫持。华西都市报记者现场目击了事发全过程。一伙持枪武装人员突然袭击了马来西亚仙本那singamata酒店。当时，酒店现场有60名中国游客，其中包括老人、小孩，现场一片混乱，酒店员工称有武装人员靠近，所有人立马趴在地上，情况很紧张。

（3）遇到地震等自然灾害或政治动乱、战乱、突发恐怖事件或意外伤害时，要冷静处理并尽快撤离危险地区，然后及时报告我国驻所在国使、领馆或与国内有关部门联系，寻求营救保护。

（二）财产安全管理

（1）出境期间不要携带大量现金和贵重物品。

（2）不要把现金和贵重物品放在托运行李中或外衣口袋中或易被割破的手提包中。

（3）不要把现金和贵重物品放在宾馆房间或旅游车中。

（4）不要让也不要帮不相识的人看管或托运行李。

比较安全的做法是：

（1）尽可能少携带现金，以信用卡或旅行支票为主。

（2）贵重物品可存放在宾馆前台和房间的保险箱中（须保管好凭据、钥匙并记住保险箱密码）。

（3）如发现钱物丢失或者被偷，要立即报告领队，如在机场丢失，要迅速到航空公司机场失物招领部门登记或者索取丢失证明以备索赔。如在宾馆或旅游车上丢失，要和领队一起与相关方面交涉，并可酌情报警处理。

（三）证件安全管理

护照、签证、身份证、信用卡、机票车票及文件等是出国旅游的身份证明和凭据，必须随身携带，妥善保管。

（1）要把原件放在贴身的内衣口袋中，要在出发前各复印一份随行李携带。

（2）证件除出入境接受检查时使用外，最好交给领队统一保管。

（3）遇到有人检查证件时，不要轻易应允，而应报告领队处理，如领队不在现场，要请对方出示身份证或工作证件，否则应予拒绝。如对方是警察，可在检查中记录下对方的证件号码、胸牌号码和车牌号，以防万一。

（4）证件一旦遗失或被偷抢，要立即报告给领队并向警方报案，同时请警方出具书面遗失证明，必要时向所在国出境签证并向我国驻所在国使、领馆提出补办申请。

第五节　如何做好出境旅游领队安全工作

领队是出境旅游一线接待人员，其整体素质的好坏、服务质量的高低，严重影响出境旅游企业的社会声誉，也直接关系到一个国家或城市的形象。

一、领队人员如何做好旅游安全

做好领队工作需要旅游行政管理部门、旅游院校、游客和旅行社企业等各方面进行综合监管、教育培训和协调配合，尤其需要领队本人时刻以游客需求为中心，下大力气提升自身综合素质。人格魅力是感染游客的法宝，领队要带好团队，必须有一定的威信作基础。威信是由领队的个人道德品质和人格魅力铸成的，而人格魅力是感染游客的法宝。

（一）领队要有感染游客的人格魅力

（1）把握价值取向，具有向心力。领队人员对旅游团队的食、住、行、游、购、娱等活动全面负责，必须当好游客的主心骨，始终站在游客立场上，明辨是非曲直、认准价值取向，不随波逐流。

（2）牢记岗位责任，具有免疫力。能不能过好金钱关是检验原则性强弱的试金石，是掂量其人格魅力的秤盘星。关键在于慎独，时刻告诫自己事事出于公心。

（3）强化职业素质，具有自控力。个别领队知错犯错的根源在于经不起种种诱惑，缺乏内在的定力。要加强道德修养和世界观改造，牢守游客原则防线、思想道德防线和法律法规防线，不伸手、不越轨，处处体现职业道德高境界，时时显示服务技能真水平，才能真正赢得游客的信赖。

（4）待客公正平等，具有亲和力。领队要为游客进行长时间面对面的服务工作，摆正心态和和谐处理各种关系十分重要，要学会尊重、体贴和关心每一位游客，要做到服务全面性和针对性的有机结合。对部分旅游者出现的思想波动不横加指责，对少数游客存在的缺点不讽刺挖苦，对个别客人遇到的困难不袖手旁观。

（二）领队的青春活力是激发游兴的根本

提高游客满意度的关键在于激发旅游者的游兴，要想使游客在整个旅游活动过程中始终保持旺盛的精力、高昂的兴致，领队自己必须做到青春洋溢、活力四射，具有出色的鼓动能力和诱导作用。

（1）要细致服务。要充分考虑游客人身财产安全、旅游心理和个体细致生活要求。

（2）要详细了解旅游全过程的各种情况，掌握及时与旅游团队进行有效沟通的方法。成功地带领、组织和引导团队，需要领队工作团队（领队、地陪、讲解员等）、司机和旅游者的互相支持，要详细了解旅游过程中的情况，掌握如何将了解到的情况告诉导游、司机、团长和旅游者的渠道和方法，多采取鼓舞、激励等积极的办法引导大家顺利完成旅游活动。

（3）要经常关心游客生活。要与游客打成一片，以自己的实际行动激发游客的旅游热情。要有自知之明，努力克服个人的缺点，充分发挥优点，把全体游客集体利益和圆满完成带团任务放在首位。做到时刻鼓动游客不畏困难艰险，能在气馁时刻使游客面带微笑，能在困难中获得必要的外援，能提高团队的士气并使游客始终对自己充满信心。要善于提高凝聚力和士气，加强游客的团结与协作精神，赢得游客的支持和帮助。

（三）观察能力是领队出色服务的基础

敏锐的观察能力是新形势下对领队的基本要求，有利于领队选择对客服务的适当时机和对旅游活动情况做出预测，通过及时服务和正确判断能够确保领队提供出色的接待服务。领队应在三个方面进行积累：

（1）注意总结。领队要多了解、学习和交流自己和他人的带团日志和工作总结，并使之成为经常性行为和良好的工作习惯。日志和总结是产生经验的源

157

泉，可以帮助领队通过借鉴过去带团的成功范例来解决与预测问题，也可以增强工作的自信心。

（2）实际带团。带团技能可以为确定带团旅游需求提供依据，研究带团艺术可以确定哪些事情可能办到，了解游客的旅游动机有助于完成既定的任务。掌握实际带团观察力，可使领队制定出协调运用旅游团队各种力量以取得预期带团效果的游览方案。

（3）组织有序。组织观察力可使领队关心游客，使游客积极主动地配合司陪人员和旅游接待相关部门的工作，有序实施旅游计划，顺利进行旅游活动。要保持组织观察力，领队必须亲自参加各项活动，为团队和游客服务，关心游客的游兴、动机和偏好。

（四）永葆朝气是领队工作创新的保证

领队如果没有朝气，必然漫不经心、萎靡不振，工作也死气沉沉、枯燥无味。领队有朝气，就能够做到开拓进取、锐意创新，以新观念、新办法、新技能努力开创工作新境界。领队要做到永葆朝气，必须做到"三不"：

（1）正视困难不气馁。领队在带团旅游过程中，常常会因为沟通不够、信任不足发生一些"背黑锅"的事、受气的事和不被人理解的事。要经得起这些委屈和误会，做到做人、做事态度积极而不消极。

（2）负重奋进不低头。领队工作任务十分繁重，新情况、新问题、新任务、新工作层出不穷，压力非常大。必须做到负重奋进，在压力面前绝不低头，以充沛的精力、体力和智力进行综合考虑和协调配合，努力推动旅游工作的顺利开展。

（3）勇于开拓不后退。领队不能局限于原有的老套路、过去的旧办法，不能被旅游行业的条条框框束缚住自己的视野和思路，要乐于从各行各业汲取新观念、不断从游客的现实需要中接受新事物，工作中要体现出一种敢于突破常规、敢于突破经验、敢为天下先的创新能力和创新精神。要经常思索旅游者是否更加满意，要时刻考虑旅游线路能不能继续更新，要随时揣摩领队方法可不可以持续改进，要反复琢磨接待服务会不会更加切合实际。

（五）提升才气是领队成就事业的关键

才气是知识、经验、能力和工作水平的综合体现。领队要得到旅游者的广泛欢迎，就必须力争工作出特色、服务上水平；要符合旅游行业的现实需要，就必须具有高尚的职业道德和超强的服务意识，并时刻保持旺盛的精力和清醒的头脑；要顺应旅游产业的发展趋势，就必须不断掌握现代科技知识，还能与时俱进、具有国际视野和战略思维。领队的综合素质是这一切的首要保证，只有不断提升才气，领队才能成就一番事业。要提升自己的才气，领队必须在两个方面下苦功夫：

（1）千方百计丰富知识功底。领队是游人之师，应该熟知出境旅游目的地的天文地理、古今历史、风土人情等各方面的知识。领队要真正胜任岗位工作，就必须勤于学习史地知识、游记文学，广泛涉猎中外民俗、异域风情，不断拓展工作视野和知识领域，争当学者型领队人才，努力成为领队界的行家里手。

（2）想方设法综合利用已有的知识和技能。怎样针对不同旅游者心理特点和现实需要运用相关知识，怎样综合利用已有的史地知识、诗歌文学知识、艺术美学知识、科学管理知识服务于旅游活动和旅游团队，怎样区别对待不同职业、不同年龄的旅游者，充分发挥自己已经掌握的服务技术和领队技能来提高工作水平和游客满意度，是领队始终需要处理的困难和面临的挑战。

（六）铸造名气是领队自我实现的核心

名气不是自封的，而是行业的认同和广大游客的"口碑"。领队的思想和行为，能力与水平，旅游者看得最透彻，最有发言权。名气传颂会对领队工作产生极大的激励和促进作用，会为旅游业和领队本身带来较好的经济效益，有助于领队个人价值的社会化和最大化。名气的铸造，需要从夯实自身综合素质的点点滴滴做起，要有过硬的职业道德素质和渊博的旅游文化知识，要有较高的领队服务技能与强健的个人身体素质。

二、出游安全事项及准备

（一）春游安全注意事项

（1）春季是花开万家、绿树成荫的季节，空气中常含大量的花粉粒，有花粉过敏症的游客应有备而来：既不要过分接近或接触花草，又应注意出游前口服扑尔敏、苯海拉明等抗过敏药物。

（2）乘车春游，注意要休息好。早、中餐宜吃得少，吃得好，少吃油腻食物，切不可空腹乘车。晕车的游客注意事先（乘车前1到0.5小时）口服晕车药，乘车时尽量少望窗外，少说话。

（3）春季是细菌衍生的季节，应防止"病从口入"，游客旅途中切忌喝生水，包括泉水在内，最好携带凉开水、冰茶水或矿泉水、蒸馏纯净水，以免引起腹痛、腹泻等。

（4）注意饮食卫生，随身带的食品瓜果要注意质量和卫生。春游时，人们游兴非常高，往往走动多，体力消耗大，比较吃力，心跳加快，这时不要边走边吃食物，这对健康不利。应与平时习惯一样，在身心放松的情况下进食，且不宜食得过多。

（5）注意携带常用必备药品，如感冒灵、三九胃泰以及防扭伤、防刺伤等其他药品。必备药品更要带足，以防旅途中不易买到。

（二）冬游注意事项

（1）冬游服装穿着选择很重要，一般宜厚不宜薄，宜暖不宜寒。长裤是牛仔裤或运动裤加羊毛袜，裤长宜覆盖过足踝部。袜要厚，鞋要大（通常大一号），且最好采用高腰防滑运动鞋。此外切莫忘了手套，带一厚一薄两副手套，厚的戴着行走，薄的便于行事（如取东西、照相等）。

（2）注意防寒时的皮肤保健。在室外活动时宜在面部、手上或其他裸露的皮肤处涂抹防寒护肤霜。在嘴唇上涂润唇膏，以防冻裂。另外，除带防寒药品和一些个人常备药品外，因为寒冷和干燥，常常口渴，饮水过多既不卫生也不方便，建议随身携带润喉片。

（3）北国冬游时，室内外温差大，室外活动时戴帽子、系围巾、穿外套，活动时也易出汗，但不能解开外套或摘下帽子让风吹，"凉快"之余通常会伤风感冒，宜在室内擦干。

（4）冬游在冰雪之中进行，要防止跌倒滑倒受伤，特别是冰上活动时，宜小步滑行，切勿拾脚过高，双手不要插入衣袋，以便掌握平衡和跌倒时保护自己。严重滑倒时，就势让其自由滑行，不必用力支撑，应让惯性和冰雪摩擦帮你停止滑动。重新站立时，将动作放慢些。

（5）游玩时携带的东西尽量少些，一是行走方便，二是跌倒滑倒时不易摔坏或弄伤自己。

（三）老年人旅游注意事项

（1）选择出游季节和时间时，宜暖不宜寒，宜温不宜热，一般是选择春游和秋游。夏天炎热，易中暑，易患肠胃病，更易诱发心血管病和其他老年人常见疾病；冬天天寒地冻，是关节炎、哮喘等的发病高峰期；夏冬两季，老年人通常食欲不好，饮食难咽，夜难成眠，无论身体还是精神状态皆不佳，不宜出游。

（2）老年人由于年龄大了，关节僵硬，旅游线路宜平不宜陡，旅游路程宜近不宜远。一般以居住地为中心，进行短途步行或乘车郊游，尽量不去远的地方、陡的地方，尽量多乘车少走路，旅游时间不宜过长，游览地要平坦易达，风景迷人，尤其是空气环境质量要好，以新兴的森林公园旅游为佳。

（3）旅游活动项目宜少不宜多，宜简不宜繁。老年人大多经历丰富，对他们而言，心情上的放松和体验是第一位的。旅游内容安排少一些，随意一些，不要行色匆匆，奔波四野，要让老年人体验美好的大自然，享受美好的环境气氛，回忆美好的生活经历，让旅游行程在老人眼中不知不觉地过去。

（4）老年人旅游要着重保护自己的身体，一方面寒暖衣物、鞋袜要一应俱全；另一方面要注意旅游日程时间安排，要以晚出早归为根本原则，且在游程中感到疲惫和身体不适时，宜就地休息，闭目养神。

（5）老年人旅游饮食宜软不宜硬，宜素不宜荤。要保证老年人旅游活动的质量，就要结合老年人自身的身体状况特点，选择松软可口的饮食，少吃坚硬、生冷的食物，还要多注意饮食卫生。

（四）旅游行装安全

旅游行装安全是出游物质准备中必备的环节。无论在旅行社组团中还是在自助式旅游中，旅游行装选择得好，装备得齐全，都会给游客以方便、舒心、安全的心理感受。相反，旅游行装选择不佳，物品不齐全，无疑将大降游兴，甚至可能不安全，完全破坏了游客本来可能获得的美好旅游体验。

旅游行装的安全包括旅游服装的选择、旅游鞋的选择、旅游箱包的选择、旅游物品的装箱及其他旅游必备物品的携带等。

1. 旅游服装的安全选择

旅游服装的选择首先要考虑到将参加或参与的旅游种类和旅游项目。一般的观光旅游，选购运动服最为简便。上装最好以夹克、T恤、牛仔装、小马甲为宜，力求舒适、轻便、实用。特殊专题的旅游，要选择相应合适的旅游服装，如探险旅游要选择安全耐用的探险服，潜水旅游购买合身的潜水服等。还有一些如商务旅游、休闲度假旅游等。其次，旅游服装选择要考虑到旅游和旅游地特殊气候因素的需要。夏日观光旅游要选择轻、薄、透气吸汗性良好又速干的服装。冬游切莫遗忘了要带上一件保温性能良好的羽绒服或棉衣。在一些特殊的旅游地，由于山势地貌海拔植被等综合因素的影响，形成了与当地季节不相适应的各种具体小气候环境，游客出游时务必了解到这点，以免旅游行装选择失误而毁了整个游程。

旅游服装选购或携带时要尽量选择明度高的衣服，如米黄色、橙色，可使游人显得明朗，有精神。此外，粉红、粉绿的便装可以调节旅行的情调。图案应大方、活泼，如印有几行幽默风趣的话或醒目的几何图案，既显示出一种轻松愉快，又能增添几分情趣。但必须强调的是，旅游服装颜色和图案的选择切忌不要冲犯旅游目的地少数民族的禁忌，特别是出国旅行千万别冒犯他国人们的习俗禁忌，以免有口难辩。例如日本人认为绿色是不吉祥的；叙利亚忌用黄色，认为它代表死亡之意；巴基斯坦也忌用黄色，因为那是僧侣的专用服色；法国、比利时忌用墨绿色，因为那是纳粹军服色；蓝色则被埃及和比利时人看作恶魔等。大象在英国是蠢笨的象征；蝙蝠在美国是凶神恶魔的代名词；法国人对仙鹤图案很反感；日本人对狐狸和獾的图案深恶痛绝等。此外，在国外旅游时，在正式场合以及类似信仰宗教的民族开展的庄严肃穆的宗教仪式上，绝对不允许出现男人穿背心、女人穿短裙的情况。以上这些都是游客选择旅游服装时必须牢记在心的。

此外，在选择出游内衣方面，由于旅游活动量大，贴身衣裤最好选择针棉织品，这类衣服具有吸汗、柔软、吸湿、透气性能好等优点。

在市场上选择旅游服装时，游客们也许注意到了一些旅游服装口袋特别多，这主要是考虑到游客在旅游时一些常用必备物品要放在一些伸手可及的地方，服装的口袋为游客提供了这个方便。例如，游客服装要有装零用钱、常用票据和证件、常用必备药品等的口袋。对年轻的女游客，她们还希望有一个专门装小零食的口袋。对一些其他有特殊兴趣爱好的游客，如喜欢摄影的游客，还要有装配件、各类镜头的口袋等。

旅游服装面料方面，纯棉或 80% 以上棉织品较适合，麻、丝容易皱，旅途中易损坏，不易保持美观的效果，影响旅游情趣。

2. 旅游鞋的安全选择

旅游鞋的选择要内软外硬、"适合环境"，即要有适合不同野外活动的区别。如旅游途中行走的硬质路面较多，凹凸路面较多，就要适当加强鞋底的硬度；如果旅游中湿润泥泞的路面较多，显然选择时就要偏重旅游鞋的防水性能和防滑效果。还要注意选择鞋帮皮质好、防水好、鞋底波纹大、防摔滑的旅游鞋。

3. 旅游箱包的安全选择

旅行箱是团队出游时最常见的个人携带物品，虽然它体积稍大，但在旅行中旅行社有专门人员进行旅行箱的托运、接送、保管和清点等各项手续，游客很方便，一般只在住宿处由游客本人保管并使用。但是，要真正选择一个价廉物美、实用牢靠的旅行箱也不容易。简单地说，要注意以下几个细节：

（1）箱体表面应平滑，颜色鲜艳，光泽度较好，没有明显的凹凸不平感，没有大的箱体变形，若箱体材料为皮质，要分清皮质的优劣。

（2）上方的软拉手，用力拉时，应强度高，韧性好，无松动和其他不牢固的质量问题。

（3）选购箱子时，应先触压箱体几下，质量好的箱子硬中稍带点软冲力。质量差的箱子压上去硬邦邦，手感极差。

（4）箱底部应具备角轮、橡胶轮，并且要耐用，具有一定弹性和硬度。

（5）把密码锁和边锁反复多次开关，好的锁打开时，声音清脆，开合便利，劣质锁声音沉闷，且不易开合。

选择旅行背包时，必须注意以下几个事项：

（1）根据装载物品行李量选择背包的大小。如"量体裁衣"一样，来"量物选包"。如果出行时间短，且不准备在户外宿营，宜选择较小规格的背包，容积25×35升足矣。若出行时间长或要带物品较多，则需要一个大包，一般选50×60升的；如果要去郊野摄影猎奇，那背包不能小于60升；如装载物品非常多，可选用90×120升的超大背包，为了便于携带物品，宜选外挂较多的背包。

（2）根据用途选择背包的类别。根据用途的不同，旅行背包一般可以分为登山背包、长途旅游背包、自行车包、背架包4类。

登山背包也叫野营背包，包体瘦长，分上下双层，包内有支撑包体的铝架。登山背包的背带多呈S形，宽而厚，背起来十分舒适，并配有分担背包重量的腰带，腰带长短可以调节，适合用于登山、探险、林地穿越等活动。

长途旅游一般很大，长方形，结构较为复杂，有人称其为多用包、子母包，这种包立体结构类似于登山包，可双肩背，上下分层；又类似于旅行箱，开口大揭盖，可横提、竖提、单肩背，且多为大小包连体，可分可合，使用方便，很受旅游者的喜爱。

自行车包是专门为骑车旅游者设计的，分为挂包式和背包式两种，挂包式一般设计分别挂在车前把和后架上；如果途中一直不离开自行车或包体装载物品较少较轻，也可选用背包式。

背架包是由轻质铝合金制成，特别适合存放大型物品，如帐篷、摄影箱等。

由于各类旅行包都有其独特的功能，建议购买选择旅行包时最好是专包专用。

（3）根据身材选用背包的尺码。背包的背负系统都有其适应范围，可调式背包尽管适用范围很大，但也不是无极限的，选择背包背部尺码非常重要。一般来说，背包的支点应在尾骨上方，肩带的支点应大体与肩平或略低于肩部，这样肩带方便于受力，各调整点才便于调整，背起来才舒服。背部尺码过大会产生下坠感，反之则会有上纵感，使腰部受力点不到位，易产生酸痛和疲劳感。

（4）不可忽视材料质量。许多人在选择旅行包时往往只注意颜色和外形，其实背包能否结实耐用关键在于材料。背包的材料多种多样，主要有 420D 牛津尼龙，1000D 尼龙等材料。1000D 尼龙材料很耐磨，很适合在野外使用。一般中高档背包其耐磨度、防水度、拉力强度都较高。而且新近出现一种防撕面料，用该材料制成的背包，一旦被刺破后，破口不会撕开扩大，很适合野外旅游活动。

（5）注重品牌的同时不要忽略了良好的设计。背包品牌众多，但一些品牌背包性能一般，所以不要过分注重背包的品牌。旅行背包的实用性是应首要考虑的选择因素之一。德国出产的 BIG PACK 背包颇受旅游者的好评，这种背包根据人体结构以及使用者的不同用途进行设计，背着它旅行舒服和实用。

4. 旅游物品的安全装箱

旅游物品的装箱主要是衣物及其他常用和必备物品的打包装箱。旅游中除衣物外的一些常用和必备物品的打包装箱要依循以下几个原则：

（1）有固定的存放位置。一些常用或必备的物品，将其在固定位置放置，一旦需要，能立即取出急用。

（2）以伸手可及为原则，特别是对于一些常备药品，必须放置在伸手可及的位置，千万不要乱放于旅行箱的底部，否则出现情况时再找就可能误了大事。

（3）要有随身携带的小包。旅游中，常用的必备物品，如零钱、晕车药物等，必须随身携带以备使用，不要临时大箱小包地找。一些携带量比较大的物品，即使不能全部放在随身携带的提包里，也必须携带一部分以备常用。对于团体而言，大的旅行箱不可能时时带在身旁，一些常用和必备物品及自己不放心的昂贵物品随身携带就显得更为重要。

（4）如有可能，以专包专用为原则。携带物品有轻重、贵贱之分，能实现专包专用是再好不过了。一方面物品间不会混淆、易于取放；另一方面，专包专用物品间出现相互损坏的可能性小，一些贵重物品的专包专用也有利于旅游者自己更好地关注和保护，可加强安全性。

（5）物品携带以轻便为原则，专包专用并不意味着要大包小包地挂上几个，那样就失去了旅游要在轻松愉快中进行的根本意义。选择大袋带小袋、大背包带有小背包或多外挂的形式，既可分装，又可统一管理和携带，安全、方便又省心。

出门旅行，另一门主要的学问要算服装的打包装箱。它不同于其他零星的常用和必备物品，一是体积大，数量多；二是旅行衣物装箱不能出现褶皱不整现象。否则，旅行着装"衣冠不整"可就太懊恼了。旅游服装装箱不褶皱的主要秘诀在于：在每一层装箱衣物之间平铺一些软绵弹性大的东西，一般选用棉纸，或可以利用家里随手可得的塑料袋代替，塑料袋使衣物平整地层层相隔，而不至于相互挤压起皱。

装箱步骤：应先打包裤子，将西裤置于行李箱底层，将两条裤脚管分别垂放在行李箱两侧之外，然后放个干净的塑料袋。接着放牛仔裤、裙子和针织衣物，每两层衣物间放一个干净塑料袋。再接着放衬衫，纽扣朝上，衬衫折叠处位于腰线以下，以确保上部无皱痕，别忘了再放上个塑料袋。然后放西服外套和夹克一类的衣物，外套应翻出内里并左右对半叠起，领带应卷起放入外套口袋。再放一个塑料袋，最后把裤脚管包在这堆衣物的外层，再将汗衫、内衣和袜子平放在最上端。若有鞋子之类的其他物品，可以放在空隙处。

在进行这些步骤时应注意以下三个原则："重在下，轻在上"；"少折叠，保持衣物原有风格"，"旅行箱刚满不挤"。相信处理好这些，您的旅程中可以到处都衣着光洁。

5. 其他必备物品的安全准备

旅游中除了重要的旅游服装、旅游鞋、旅游箱包的选择以外，还有其他一些旅游常用和必备物品的携带，主要如下：

（1）饮料。旅游行程中，有可能出现"前不着村，后不着店"、取水困难的现象。为了防止口渴，应自己携带适量的饮料。如矿泉水、纯净水、蒸馏水等。但千万不要携带酒精含量过高的饮品，有的不习惯喝淡味的饮料，可以选用果汁类、冰茶类饮品代替。

（2）茶叶。旅游行程中喝一盅浓茶，既可解渴，又可提神醒脑，消除暂时的疲劳感，提高游兴。即使将干茶叶放在口中嚼嚼，同样可以在一定程度上起到生津解渴、提神醒脑的作用。而且，在旅游中食用了油腻过多的肉食品后，常易反胃，喝一杯茶或咀咽几片茶叶，可以帮助肠胃消化。

（3）雨具和遮阳帽（旅游帽）。游客旅游时要注意旅游地的天气变化和气候特征，一般最好做两手准备：晴天的遮阳帽和阴雨天的雨具要一并带全。雨具通常使用小的折叠伞，轻便易带，一般说来，雨具与旅游鞋一样，不要使用刚买未用的，因为一般新的物品使用都有一个磨合期，在磨合期间，其可能出现故障的概率远远大于平时的惯用品，所以最好携带曾经用过一段时间的雨伞。

（4）旅游化妆品。通常是皮肤保健化妆品，如在烈日炎炎环境下旅游时使用的防晒霜，在暴露于阳光照射的皮肤上涂抹，可以防止灼伤和晒黑。又如在寒风瑟瑟、冰天雪地中必须使用的防冻霜、润唇膏等，旅游化妆品选择要对症下药，需要什么功效，需要多大功效都应事先考虑好。

（5）旅游常用和必备药品。旅游时间长、空间变化大，体质不良和不适应各地气候、时差、饮食风格者难免会得上一些小病。在旅游时切忌忽略常用和必备药品的携带。一般来说，旅途中常用的药品有：感冒伤寒药，如感冒灵、三九感冒灵、白加黑等；肠胃疾病药，如三九胃泰、氪呢酸、小檗碱、泻痢停等；晕车、晕机药，如晕车宁等。此外，一些平时身患疾病（如患皮肤病、皮肤过敏症、心血管疾病、脑血管疾病、呼吸道发炎等）的游客，旅游时要根据自身情况，依照自己以往的经验或者按照医生的嘱咐关照，携带好个人常用的必备药品，并且药量一定得携带充足。

除了以上需携带的一些常用和必备物品外，还要依照旅游中自身的需要，考虑携带一些旅游生活中的其他方面常用和必备物品。例如，一些娱乐性的读物；电蚊香；指南针；手电、塑料袋、纸巾、轻便的喝水工具、牙刷、毛巾等。总之，携带旅游有关物品的两个原则：一是"全"，应该带的东西都要带，不能偷懒；二是"少"，不该带的东西决不带，不能求奢。

三、部分旅游国家和地区入出境安全注意事项

以下是部分国家和地区的入出境规定以及注意事项。具体的海关条例和法规规定，请参阅各国政府之最新公布。

（一）新加坡入出境规定及注意事项

1. 凡持有中华人民共和国因公护照者，在新加坡可享有48小时免签停留；持因私护照者须办理签证。新加坡政府禁止逾期或非法滞留，如发现将被遣返

2. 海关规定

（1）货币：新加坡海关对于携带入境的外币没有最高金额的限制。

（2）纳税品：酒类饮料（包括葡萄酒、啤酒、麦酒与黑啤酒）、烟草（包括香烟与雪茄）、服装及服饰、皮包与钱包、人造珠宝、巧克力及糖果、糕点、饼干和蛋糕。

（3）免税品、电器及电子产品、化妆品、相机、钟表、首饰、珍贵珠宝、鞋类、艺术品及手工艺品、玩具等。

（4）每位进入新加坡国境的旅游者，携带不超过价值相当于50新币的个人用品及食品（巧克力、饼干、蛋糕等）不需要缴税。16岁以上且来自除马来西亚以外国家的旅游者，可享受以下免税待遇：烈酒1升；葡萄酒1升；啤酒、黑啤酒、麦酒或钵酒1升。以上的免税品只供个人饮用，若转售或赠人，则被认为是违法行为。

（5）转机过境的旅游者若携带超出规定量的物品，其超出免税范围的部分

须存放于海关，并自付保管费。

（6）凡标有"Singapore Duty Not Paid"（未交纳新加坡关税）字样的出口酒类、烟草、香烟及有"E"标示的香烟均不得带入新加坡境内。

（7）违禁品：受管制的毒品、鞭炮、枪形打火机、玩具钱币、盗版刊物和音像制品、濒临绝种的珍稀野生动物及其制品、猥亵的文章、危险与叛国物品等。

3. 出境

（1）带出新加坡的物品不需缴纳出口税，但携带枪械、弹药、炸药、动物、黄金、白金、宝石及珠宝首饰（个人佩戴的首饰除外）、毒药及药品，则一律须持有出口准许证，否则，将视为违法。

（2）任何物品的数量若超过个人一般合理使用量，则必须在出境时申报，并且在必要时填写出口报关单。

（3）离境时要缴付机场税，缴税单可预先在酒店、旅行社及航空公司办事处购买，附在机票上。前往马来西亚和文莱方向的机场税为5新币，前往其他国家的机场税则为12新币。

4. 其他注意事项

（1）旅游者在新加坡必须随时注意保持环境卫生，随地吐痰、弃物要被罚款1000新币。

（2）新加坡主张禁烟，在公共汽车、剧场、影院、餐馆和装有空调的商店、政府机关办公室等禁烟区吸烟，要被罚款500新币。

（3）在新加坡，行人须走人行道和人行横道，翻越栏杆罚款50新币，如果50米内无人行横道，要从交通指示灯下横越马路。

（4）使用公厕后主动抽水冲洗，否则被认为是违法，一旦罪名成立将被罚款。首次违犯者，罚款可高达150新币；如再次违犯，最高罚款额将达500新币，以后每次违犯则加罚1000新币。

（5）赌博禁令：根据新加坡政府有关规定，除慈善机构的摸彩、TOTO、新加坡SWEEP彩券和通过武吉湾俱乐部经手的赛马赌注外，其他任何形式的赌博活动都是被禁止的。

（6）如在新加坡贩卖、制造、进出境携带超过15克海洛因、30克吗啡、30克可卡因、500克大麻、200克大麻脂或1200克鸦片者，一旦罪名成立，将会被判处死刑。

（二）马来西亚入出境规定及注意事项

赴马来西亚的旅游者，必须持有所在国护照或其他获得国际承认的旅行证件以及马来西亚的旅游签证。入境时护照有效期不得少于6个月。马来西亚海关规定可以携带入境的免税商品为：纸烟200支（烟丝225克）、酒类1瓶（950毫升左右）以及价值在200马元以内的化妆品、土特产品、胶卷（限量5卷）或电影胶片（限量2卷）。旅游者如携带地毯、服饰、珠宝、巧克力、手包以及超过规定量的烈性酒、含有酒精的饮料、香烟和烟草入境时，需要交纳关税，但也可以在入境时暂寄存在海关，离境时取走。根据马来西亚法律，走私或携带毒品者可判处死刑。

（三）泰国入出境规定及注意事项

（1）旅游者赴泰国作短期观光旅游，须持有泰国在使馆颁发的签证，其中非移民签证有效期为90天，旅游签证有效期为60天。在泰国观光旅游期间，随时要接受移民局的检查，如超过签证期限，每多停留一天则会被罚款100铢。如旅游者申请延期签证，可到大使馆办理，手续费为500铢。

（2）所有旅客在抵达曼谷国际机场之前，都须填写海关申报单，申报携带入境的外汇数额，违法者可能会被逮捕、控诉或没收超额部分的金钱。

（3）盗版著作物品不准携带入境，即使是合法著作如图书、录音带、电脑软件、美术品等，每一著作品每人以携带1份入境为限。

（4）所有宗教性和国家文化物品一律禁止进行贸易。旅客携带古董和佛像出境必须事先向泰国国家艺术厅申请批准证。任何商人在泰国逗留期间所赚取的收入必须缴付所得税。所有色情物品、毒品和武器一律禁止进出口，违法者会受到严厉处罚。

（5）在泰国博物馆组、野生动物保护组、海关署、泰国政府旅游局以及泰国大使馆、领事馆或海外代表办事处，都可取得关于外汇管制及管制项目规定的手册，并告知购买哪些物品，在离境前，需向泰国相关的政府机构申请核准。

（6）根据泰国有关规定，允许携带入境免税品数量为：1000 克的甜酒和烈酒、50 支雪茄、250 克烟丝或 200 支香烟，以及 5 卷胶卷或 3 卷电影胶片，同时海关还规定动植物不准携带入境。旅客可从免税商店购买 1 瓶酒（1 升）、1 条烟（200 支），以及其他私人用品（例如 1 个照相机、1 个摄影机和个人佩戴的珠宝装饰品等）出境。

（7）泰国曼谷机场内行李转盘附近装有蓝色免费电话，遇有突发事件可利用电话与外界联络。

（四）菲律宾入出境规定及注意事项

（1）入出菲律宾国境时，需填写入出境登记卡和海关申报单。

（2）旅游者需申报其携带物品的总价值，包括收受的礼品、商品的样品等。如实填写海关申报单，如有虚假申报或未申报者，一经查出，将按违反菲律宾海关条例予以处罚。在旅游期间的个人自用物品，可不申报。

（3）根据菲律宾法律，严禁携带武器、爆炸品出入境，也不得携带接收器、光盘、立体声收录机等常用物品入境。

（4）麻醉品、化学物品、未附处方的药品等属于管制物品，无论携带数量多少，一经查出将视为非法。

（5）菲律宾实行动植物检疫，限制农作物、野生动植物及其制品入境；如有携带必须申报，否则，将予以没收并受到处罚。

（6）根据菲律宾法律，走私或携带毒品将会被判处死刑。

（五）日本入出境规定及注意事项

1. 出入境时请注意以下事项

（1）中国居民出境时允许携带现金，每人限带人民币现金不超过 2 万元，外币方面，每人不超过 8000 港币，或每人不超过 5000 美元。中成药价值 300 元人民币、工艺品价值 1000 元人民币以下，免税烟 1 条，酒 1 瓶。摄像机、高级照相机则必须在海关申报，以免返程时过关要上税。

（2）带入日本国内的物品需要口头或用申告书向海关申报；携带物品超过免税范围者，请提交"携带物品托运物品"申告书。

2. 禁止携带入境的物品

（1）毒品、大麻鸦片、吸毒用具。

（2）枪支弹药及其零部件。

（3）硬币、纸币以及证券的伪造制品。

（4）带有色情内容的杂志、录像带、光盘等。

（5）假冒、伪造名牌产品。

3. 出入境其他注意事项

（1）将动物（包括火腿、香肠等肉制食品）和植物（包括水果、种子、蔬菜等）带入日本时，（在海关检查前）在动物、植物检疫服务台要出示所规定的证明书并进行检查。有的物品属于禁止进口或者需要许可证。

（2）携带猎枪、日本刀或剑类物品，需出示公安部门证书。

（3）根据《华盛顿条约》，禁止携带某些保护动物制品、加工品、动物、植物出入境。

（4）非个人使用的某些医药品、保健品、化妆品，超出一定限量，则需办理日本卫生部进口手续。一定限量例：医药品（2个月用量）、医生指定药品（1个月用量）化妆品、美容保健品每种24个。

（5）逃避申报，会受到海关处罚。

4. 成人每人的免税范围

如果你所携带的物品超出以下免税限量范围，则要交纳一定的税金（关税）。

品　名	数　量	备　注
酒类	3瓶	1瓶760CC
香烟、雪茄	100支 纸烟 400支	两种以上香烟的总数在500克以内时，可免税
香水	2盎司	1盎司约28CC
其他	20万日元	

上述以外物品以海外市价总额不超过 20 万日元，可免税。超过 20 万日元则需纳税。但 1 万日元以下不予计算。

5. 其他注意事项

（1）日本的电压是 110 伏特，大部分酒店没有变压器借用，且插座为两脚扁插。

（2）日本的车辆全部靠左行驶，出行要特别注意。

（3）日本的自来水在国内任何地方都是可以直接饮用的。

（4）国内的手提电话在日本无法使用，可在日本购买电话卡拨打国内电话。

（六）韩国入出境规定及注意事项

报关是以书面申报为原则，但旅客所携带的随身行李，口头申报即可。

通过首尔金浦机场的旅客，可自由选择一般有课税或免课税的海关柜台，若旅客所带的物品价值不超过 30 万元韩币；行李的重量不超过 20 公斤；所持外币不超过 1 万美元者，皆可由免课税的简便柜台办理手续。枪械、火药、毒品、动植物、妨碍公共安全物品、伪造的货币或证券、仿冒品、无线电发报机及用品等属于违禁品。为了防止有人利用简便柜台走私，违反者将加重处罚。

下列物品可以免税：

（1）随身携带的自用衣服、首饰、化妆品及日用品。

（2）香烟 200 支。

（3）酒类 1 瓶（1000 毫升）。

（4）香水 2 英两。

（5）相当于 30 万元韩币以下的礼品。

韩国的古董与重要文物必须获得文化财鉴定官室之核准才可出境。

（七）新西兰入出境规定及注意事项

除个人用品外，到新西兰的旅游者（17 岁以上）购买下列物品可享受免税优惠：香烟、雪茄、烟草——200 支香烟、250 克雪茄或 50 支雪茄，或三者混合不超过 250 克；含酒精烈酒 4.5 升的果酒及 1 瓶 1125 毫升装的烈酒和甜酒。

新西兰有严格的动植物检疫制度，任何动植物，包括土壤和种子类的中药等必须经过严格检查，通常不让带入。

食物（包括干货、水果、零食等）都必须向海关申报清楚，否则可能被罚款，严重者可能会判入狱。

新西兰与澳大利亚一样是个农业国家，当飞机降落机场之前，机舱通常会喷射杀虫剂，以确保不会意外地将外地害虫带入境。

（八）澳大利亚入出境规定及注意事项

（1）旅客所携带的各种大小行李，必须接受海关及机场开包检查。转乘国内航线或国际航线旅客的手提行李，也要接受保安人员的检查。

（2）旅客携带个人用品入境不需课税，年逾18岁者携带250支烟草产品及1升以下酒类产品（葡萄酒、啤酒或烈酒）不需课税，成年人若携带的应课税物品（免税物品除外）、价值在400澳元以下者不需课税。澳大利亚法律严禁毒品、武器、枪械、中药材及若干检疫物品入境。

（3）澳大利亚的自然环境自成一体，四周有大海为天然屏障，政府为保护本地的动植物不受外来疾病与害虫的影响，除非经特殊批准，否则严禁新鲜的或包装的食品、水果、蔬菜、各种植物的种子、动植物及动植物产品等进口。另外，属于国际公约组织保护的动植物、象牙、皮草以及濒临绝种的动植物及其相关产品，也在禁止进口的范围内。

（九）欧洲各国入出境规定及注意事项

1. 海关条例（仅供参考，具体海关条例，请参阅各国政府之最新公布）

赴欧洲旅行，旅游者可免税携带200支烟及洋酒1支。部分国家香烟的携带量为400支，如瑞士、奥地利、意大利和荷兰等；在欧洲，旅游者出入境携带外币大部分国家无金额限制，但个别国家例外。如法国，出入境旅游者携带外币总额超过500法郎均需向海关申报；英国出境时旅游者携带的外币不可超过入境时的数额；瑞士手表出口受限制；长焦距照相机和摄影机过海关时须申报，避免返回时重复缴税。

2. 申根协定

根据我国与欧洲方面达成的协议，申根协定国驻华使领馆为中国旅游团签发的签证为个人申根签证，标注有"ADS"字样。中国公民持标注"ADS"字样的个人申根签证前往申根协议国地区（包括奥地利、比利时、丹麦、芬兰、法国、德国、希腊、冰岛、意大利、卢森堡、荷兰、挪威、葡萄牙、西班牙和瑞典）旅游，必须参加旅游团，并以团队形式入出目的地国。

安全提示　　　　　　　　　旅游小知识

随着欧洲经济，政治一体化的进程加快，德国、法国、荷兰、比利时和卢森堡5国于1985年在卢森堡的申根（SCHENGEN）签署了协调欧共体国家安全及难民事务的协议——申根协定。此后加入该协议的国家不断增加。西班牙、葡萄牙、意大利以及后来加入欧共体的奥地利也先后在该协定上签字。这样欧共体就有10个国家成为申根协议国，简称申根国家。申根协议是协调各国安全及难民事务的重要依据之一。根据申根协议的规定，申根国家取消了其国家间的边境检查，但加强与非申根国家间的边境检查，同时加强了各申根国家警察机关的全面合作。对于各申根国家给予非欧共体成员国公民的有效签证，则给予承认及通行之便利。

3. 在欧共体购物后，如何退增值税

在欧洲购买物品，金额中包含增值税。根据欧共体条例，在欧洲旅游，所购物品只要不超过3个月，并且，不在欧洲境内使用，您就有权在您离开欧共体时退回所付物品增值税，程序如下：

（1）在欧洲免税购物商店购买物品后，请向服务员索取"免税发票"，并在免税发票上准确地填写您的地址（城市、街道、门牌号）和您的护照号码以及所购的每件物品。

（2）除了免税发票，请向服务员索取一个现款支付款的免税信封。

（3）直接离开欧共体国家时，必须在出境前把所购物与免税发票一起提交给欧共体边境海关，海关将加盖出境印章在免税支票上，作为您已出境的证明。

（4）在欧共体最后一站的机场，向海关出示所购物品，在获得出境印章后，

到指定柜台办理退税的手续；某些国家的免税商店，也可以现场办理退税。

4. 其他注意事项

（1）赴欧洲旅行，欧元是最好的流通货币，人民币及港币在欧洲均不能通用及兑换；为方便使用，请尽量多准备一些小额欧元（如1元、2元、5元、10元、20元等）。

（2）由于在欧洲的药房买药必须凭医生处方，且医疗费用昂贵，故应带上常用药品，以备不时之需。

（3）旅游车内任何时候均禁止吸烟，也不可吃带壳食物，不允许吃冰激凌；司机停车时因为环保的原因，不允许开空调，否则要罚款；酒店内洗浴时千万不要把水弄到地板上，否则酒店可据此罚款500美元。

（4）欧共体国家之间一般不检查护照，国家之间几乎感觉不到边境存在，但进入和离开欧洲时都需要检查护照及登机牌。

（5）欧洲地区使用电压220V，但使用插座与国内型号不一样，因此须自备一欧洲式万能转换插座（双头圆插座）。

（6）欧洲自来水达到饮用标准，可以生饮，因此酒店内不提供开水，也不提供烧开水的用具；如习惯饮用热水，须自备烧热水之用品。此外，如需使用电吹风或其他电器用品，亦需自行携带；酒店房间内酒水都非常昂贵，如不饮用请不要移动，以免酒店电脑自动记账。房间内打电话很贵，可选择用磁卡。

（十）美国入出境规定及注意事项

1. 个人财产

个人穿戴使用的衣物、珠宝、化妆品、打猎或钓鱼用具、照相机、便携式收音机以及其他类似个人物品如系于个人使用目的，可免于征税。上述物品跟随着你入出境。

如果你是移民到美国，属个人使用的免于征税的价值300美元或以上的珠宝等个人饰品，如未缴关税，3年以内不得售卖。尚未缴税即出售的上述物品会被查封没收。

2. 酒精饮料

年满 21 岁的非美国居民（Non-resident）可免税携带入境 1 升啤酒、葡萄酒、白酒等酒精饮料，但仅限个人使用。超过上述数量的酒精饮料将被征收海关税和国内税。

另外，除了联邦法律，您还必须遵守可能比联邦法律更加严格的有关酒精饮料的州法律。

3. 烟草产品

旅客可以免税带入 1 条香烟（200 支），或 50 支雪茄烟，或 2 升（4.4 磅）烟草，或按比例混合的上述各类物品。

产于古巴的雪茄无论自用还是送礼都禁止进入美国。

4. 家用物品

可免税进口家具、餐具、书籍、艺术品等家用物品。

5. 免税礼品

非居民（Non-resident）可免税带进价值不超过 100 美元的礼品。要使上述礼品免税，您必须在美国停留至少超过 72 小时，其间上述礼品必须伴随着您。为方便海关官员检查，您的礼品不要进行礼物包装。

6. 婚礼礼品

对非居民携带的婚礼礼品没有明确的免税规定。对于美国居民，如美国居民去另一国家，与另一国家的人结婚后，该夫妇回美时，该另一国家的人将被视为美国居民。

7. 邮寄的礼品

从另一国家或加勒比受惠国邮寄来的礼品零售价值不超过 100 美元，免于征税。如该礼品寄自美属维尔京群岛、美属萨摩亚或关岛，礼品的免税额可允许不超过 200 美元。超过上述价值的礼品将被征税。

注意，酒精饮料、烟草产品以及含酒精的香水不在上述规定的范围之内。

8. 在免税店购买的物品

在免税店、飞机或船舶上购买的物品，如超过个人可携带的免税物品的数量或金额限制，将被海关征税。

非美国居民在美国转机过境时，如个人携带的物品，包括不超过 4 升的酒精饮料，将被带往美国海关征税范围以外的地方，且上述物品的价值不超过200 美元，可免于征税。

9. 应予征税的物品

超出上述免税范围的物品将被征税。其征收方法是：减去应予免税的物品价值后，1000 美元价值的部分将被征收统一税率为 3% 的关税，超过 1000 美元价值的部分将按适用于该商品的税率征税。

按统一税率征税的物品必须跟随您本人，并且只供您个人使用或当作礼品。

10. 美属岛屿

在美属维尔京群岛、美属萨摩亚和关岛得到的物品，无论该物品跟随您本人还是寄往美国本土，对上述物品征收关税的统一税率为 5%。

11. 向美国运入家用物品

按规定可免税入境的家用物品不必随同本人入境，您可以采取邮寄托运的方法。

四、出境领队安全工作案例解析

（一）修养篇

什么样的领队就能带出什么样的旅游团队。在出境旅游活动中，领队既是协调组织团队的服务者，也是游客的一分子，具有双重身份。因此，领队的工作除了照顾游客的吃、住、行外，同时有责任和义务引导和规范团内游客的行为，督促游客遵守当地的法律法规，尊重目的地国家或地区人民的风俗习惯和宗教信仰，并时刻提醒游客注意自身的举止修养。

出境游客在旅游活动中会接触到不同国籍、肤色、种族、宗教和文化等人群。一般直接接触的人群主要来自三个方面：一是旅游目的地的人群，二是旅游团内的成员，三是旅游从业服务人员。通过对领队人员的调查了解，游客在出境旅游过程中，由于其行为举止不当、素质不高而引发摩擦或纠纷的典型案例有很多。

案例　　出境游领队在自助餐厅受到主管的"忠告"

　　某旅行团一行22人赴澳大利亚、新西兰旅游，在悉尼的最后一晚，被安排在悉尼Back Town火车站的一个大型自助餐厅用餐。在去餐厅的路上，领队又反复告知大家一些注意事项：要排队、不要插队取食、吃多少拿多少等。一进餐厅，环境幽雅、明亮，很多外国人就餐时谈话声音很低，在取餐处，他们都很有礼貌地排队，不发出声音地用餐具挑选自己喜欢的食物。但是，这22人一进门就"哗"的一声开始热闹起来，拿起盘子不排队就到处乱走，一边旁若无人地大声聊天，一边"跳跃"式地在食品箱里用夹菜的钳子翻来翻去。餐厅里用餐的外国人开始用惊讶的眼光看着他们，表示不理解，渐渐表露出讨厌甚至是愤怒的目光。片刻，一位主管人员找到该团领队用恳求的语气对他说："您能不能暂时停止用餐，去告诉您的客人们，讲话声音轻一些，拿到盘子后请务必排队，不要乱走，否则，其他客人会投诉，而且不会再来用餐。谢谢！"

　　分析：

　　第一，国人习惯了圆桌用餐。吃自助餐时，有种恐慌感，唯恐某一道自认为可口的餐食被别人拿光了就吃不到。而实际上，大型的自助餐厅会根据用餐者的需求不断地添加食品托箱里的餐食，不会断档，大可不必产生某种恐慌感。

　　第二，自助餐，尤其是团队自助餐，一般比较随意，礼仪亦不是很严格。特别是接待中国旅游团的东南亚等国的自助餐厅，他们对中国游客用餐时的欠文明行为已经"习以为常"。

　　第三，国外的大型自助餐厅一般都秩序井然，在整个用餐过程中可以根据自己的食量随时添加，但要尽量吃掉自己拿取的食品以防浪费。

　　第四，用餐过程中，如果再取食品，起身后应先将餐巾搭在椅背上，表示客人还在用餐中，服务人员不会来清理，否则，如随便将餐巾放在桌上，会被误认为用餐完毕，服务人员会上来清理。

　　第五，用餐礼貌是一件极普通的事情，并无高深理论。一是养成习惯，时时顾及别人；二是用餐时，作为学习旅游目的地国家的"餐文化"，可以随时随地观察，就不会犯忌。

　　为避免出现上述情况，领队事先应反复提醒，进餐厅后自己先慢用餐，先引导客人，告知他们一些不熟悉的事情，如怎样取饮料，有些饮料容器怎样开关，有些食品该用什么作料搭配等。如果领队能够仔细负责，对许多第一次出国的人来说是大有帮助的。

案例 他为什么在机场被警察带走

某旅行团赴新马泰三国十日游，回程时乘坐国泰航空公司的航班，由新加坡经由香港转机回内地某城市。在香港转机过安检时，经 X 光查出，旅行团中的一位 B 先生随身携带的旅行包中有两件飞机上的救生衣。安检官员问他："你的旅行包里有什么东西？" B 先生摇摇头说："没什么东西，是自己穿的衣服。"安检官员责令他将旅行包打开，将身上的物件全部拿出来。检查的结果是，旅行包里除了有两件鲜艳的救生衣外，还有一些飞机上用的非一次性餐具、刀子、叉子以及乘客喝热饮料用的玻璃杯。安检官员立刻将 B 先生扣留并报警。两分钟不到，来了两名警察将他带走。当该团领队询问安检官员，这位 B 先生是否还能随团上机时，得到的回答是："这位乘客违反了法律，先拘留再经相关法院审判后才有结果。"

分析：

第一，B 先生的行为违反了国际民航运输的有关法律规定。民航飞机上的救生衣是保障每一位乘客安全的设施，任何个人和单位都不得占有和损坏。B 先生的行为不仅仅是擅自占有了救生衣，更严重的是使其他乘客的生命受到了威胁，理应受到法律制裁。

第二，B 先生擅自将飞机上非一次性餐具据为己有，实质上是一种侵权行为，损害了航空公司的合法权益，应当退还这些非一次性餐具。如果 B 先生仅仅携带了一次性餐具，则另当别论。

第三，组团旅行社和领队应尽事先提醒义务。组团旅行社和领队在召开行前说明会时，其中最为重要的任务之一，就是提醒游客在旅途中的注意事项，包括如何安全出行、如何文明出行、如何遵守法律法规等。上述案例中出现的情况，如果行前会没有提醒，旅行社和领队应当为此承担一定的责任；如果行前会已经明确告知游客，B 先生应为其违法行为承担全部责任。

第四，文明旅游任重而道远。中华民族具有悠久的历史和灿烂的文化，游客的行为往往成为中华民族文明礼貌的象征和缩影。目前，国家旅游局和全国文明办正在大力提倡文明出游活动。要想该活动真正落实到每一位游客的行动中，在依赖全体游客文明素质提高的同时，有关管理部门、旅游企业及从业人员应责无旁贷地担当起文明旅游的宣传者和实践者的重任，共同努力推进文明旅游活动。

案例 他在美联航班上险些被逮捕

从旧金山飞往上海的航班普通舱中有三四个中国旅游团，一位资深的领队在十几小时的飞行中，目睹了美国的空中服务人员对中国乘客的态度所发生的变化，令人尴尬。午餐过后，机上的广播员开始用中、日、英三种语言向乘客推荐飞机上的免税商品，几分钟后，装着各种免税商品的车子推进机舱的过道，几位空姐面带微笑，将询问的眼神投

向乘客们，机舱前部的外国乘客只是用欣赏的眼光看了一下化妆品和各种饰品，几乎无人购买。当车子推到机舱后部的中国乘客面前时，大家都争着购买。顿时，几位空姐兴奋异常，殷勤地帮助中国乘客选购，真是不厌其烦，嘴上不停地说"Thank you"、"Thank you"。下午3点左右，一名40岁左右的中国男子从洗手间走出来，随着飘出一股淡淡的香烟味。几乎是同时，一位高个子的美国机上服务人员，看样子像是主管，大声地向正往前走的那位中国男士喊："Stop！Stop！"并用手抓住他的肩迫使他停下来，同时又大声地问周围的人："对不起，在座的中国乘客们，有人会讲英语吗？"一位领队马上回答："我会讲英语，我是领队，需要帮助吗？"高个子美国服务人员说："请您问这位先生刚才是不是在洗手间里抽烟？如果是他，待航班抵达目的地时，他将被逮捕！"这位资深的领队很平静地问那位看样子已经很紧张的中年男士："你在洗手间里抽过烟吗？如果你没有抽烟，你进去的时候是否闻到了烟味？如果你闻到过，那就应该不是你抽的烟，否则，你就要惹大麻烦了。"领队又将这几句话重复了一遍，那位惊讶的男士显然已领会到领队是想帮助他摆脱尴尬的处境，就顺着他的意思说："我没抽烟，我进去的时候就闻到了烟味。"那位美国机上服务人员听完领队的翻译之后，极不情愿地走了。此时，周围绷紧了神经的那些中国游客终于放下心来。

分析：

第一，全球绝大部分的航空公司都有禁止乘客在机上吸烟的规定，违反者重罚。

第二，依据中国法律法规的规定，游客在出境旅游活动中应当遵守旅游目的地国家（地区）的法律，尊重当地的民族风俗习惯，不得有损害两国友好关系的行为；应当自尊、自重、自爱，维护祖国和中国公民的尊严和形象，不得有损害国格、人格的行为。该游客显然违反了上述两项。

第三，法律法规意识淡薄，有法不守，有规不执行是中国游客出国旅游遭遇麻烦的重要原因之一。

第四，自告奋勇担任翻译的那位领队，处理此种突发事件沉着、冷静、机智，不露声色地使当事人躲过了重罚；同时，为中国游客挽回了面子。

案例　　　　　**塞班的警察为什么要上旅游车抓人**

某旅游团赴塞班旅游，团内有一位李姓男士带着一名9岁的男孩。该团抵达塞班后，在入境大厅排队等待办理过关手续。时间稍长，男孩不耐烦了，自己离队跑来跑去地玩。他的父亲大声地冲着男孩喊："你回来，不听话我就不管你啦！"边喊边用力地把男孩拉了回来。过了一会儿，男孩又要挣脱父亲，这时，他的父亲大声、严厉地训斥孩子："再不听话我就把你扔下。"同时，用手指狠狠地拍了一下男孩的额头。旅游团过关后，上了旅游巴士。司机刚要开车，突然上来两名警察，其中一名低声但很严肃地问："刚才是谁对自己的孩子如此粗暴？请跟我们到警察局去！"地陪 M 小姐见势马上很有礼貌地说："我可以把情况说明一下吗？"警察点头示意允许。她说："这个旅游团来自中国，中国的家庭都是独生子女，这位父亲很爱他的儿子，他告诉自己的孩子到国外要遵守规定，大厅里不能跑来跑去打扰别人，否则他的父亲会丢面子。"警察听了之后又说了一句："请告诉这位先生，他应该向自己的孩子道歉！"说完，二人下了旅游车。刚刚抵达旅游目的地，此事引发了全团一场虚惊。事后，李先生不太高兴地对领队说："你未尽到领队的责任，刚才的事真是给中国人丢脸：出发前关于塞班的情况你讲得很少，我记得你只说了塞班是太平洋的一个小岛、旅游胜地，有自费项目，你有责任告诉我们一些注意事项。"领队 H 小姐愧疚地向李先生以及全团道歉："我当了好几年的领队，今天这件事我第一次碰到，做领队这行要学习的东西太多了，我承认自己失职，出发前没有很好地学习塞班的有关文化、历史和习俗。"

分析：

首先，该案例再次凸显行前说明会和领队履行告知义务的重要性。由于文化背景的不同，随之而来的是不同的法律制度和风俗习俗，在中国认为是天经地义的事情，在国外也许会被认为是违法或者不可接受的。正如案例中游客训斥儿子一事，在国内通常情况下为大多数成人所接受，绝对不会引起司法部门的重视，而在一些非常重视人权的国家，这种情况为法律所禁止，父母的行为会受到法律的惩罚。因此，组团旅行社和领队的职责之一，就是将国外的这些不同之处提前告知游客，促使游客的行为合乎国外的规定，避免游客在国外受到惩罚。案例中的领队恰好没有掌握这方面的安全知识，没有及时提醒游客，领队对上述不愉快情形的发生负有不可推卸的责任。

其次，只有不断学习和更新知识才能真正成为一名出色的领队。不论是新老领队，都必须活到老，学到老。取得导游证和领队证，仅仅说明在考试时掌握了导游和领队的基本知识和技能，而这种知识和技能很大程度上仅仅停留在理论和书本上，这些知识和技能是否能够取得实际效果，需要由带团实践来验证。即使是较有经验的领队，仍然有必要进行知识更新和拓展，满足不同层次游客的需要，适应不同旅游目的地带团的需要。

案例　　餐厅主管为什么冲着中国游客发火

一个赴欧洲六国游的旅游团，乘奥地利航空公司的航班飞往第一站——奥地利首都维也纳。此团大多数为男士，均为某县城的企业家，此次是第一次赴欧洲。为了带好此团，领队亲自去该县城开行前说明会。除了给每位游客分发有关资料和讲解行程外，领队还详细讲解了欧洲各国的宗教习俗、礼仪和有关法律及规定。但在即将参团出游的 28 名游客中，W 先生等 6 人自称生意忙没来参加。团队出发去机场的路上，领队试图给 W 先生等几位客人补补课，但他们却不愿意听，甚至产生了反感，说："中国人到外国去，要挺直腰板，不要低三下四。"但是，到达维也纳的第二天用早餐时就被餐厅主管"发难"。此团按费用标准，早餐在酒店用英式自助早餐。食品丰富，各种点心、奶酪、果酱、新鲜水果应有尽有。果酱、奶酪都用漂亮的不同水果颜色图案包装，客人根据自己的喜好来辨认和挑选。W先生不加选择地拿了一大盘，用餐时挨个打开，闻一闻便放在餐桌上。用餐过程中，他的餐桌上放了10多盒已经打开而没吃过的各种果酱和奶酪。这时出来一位满头银发，看样子有五六十岁的餐厅负责人。他用很生硬的英语大声问："谁是这个旅游团的领队？"领队举手示意自己是领队。这位负责人毫不客气地对他说："告诉你的客人，你们中国过去很穷，许多中国人都吃不饱饿死。我读过许多第二次世界大战时期关于中国的书。现在中国强大了，中国人富起来了，你们就可以如此浪费吗！很可耻！走吧！走吧！早餐的时间结束了！"

分析：

第一，行前说明会必须切实得到落实。根据《旅行社出境旅游服务质量》的要求，出境游组团旅行社有召开行前说明会的义务。行前说明会的主要目的是为游客提供旅游目的地的各种信息，特别是与我国不同的法律规定、风俗习惯和生活理念，确保游客在旅游目的地行程安全顺利、心情舒畅，避免发生误会和纠纷。案例中W先生等6人自称生意忙，没有参加行前说明会，为日后被外国人蔑视埋下了隐患。组团社对没参加说明会的游客应当采取补救措施，如为游客提供相关书面材料，为游客补上说明会的课，而不能以游客不参加说明会为由为自己开脱；因为若游客在旅途中受辱或出现不安全因素，游客肯定会将郁闷情绪向领队发泄，影响领队的工作，回国后再向旅行社投诉。

第二，领队应在旅途中不断强化说明会的相关内容。事实上，只要在旅游行程中，特别是抵达旅游目的地后，领队根据带团经验，不断将相关信息传达给游客，特别强调安全和相关注意事项，比如在公共场所不要大声喧哗、吃自助餐时有序就餐、量力而行等，案例中不愉快的场面也许就可以避免。

第三，领队的提醒应当注意技巧。领队对游客的提醒与批评应当委婉，最好不要直接批评，而应当以其他旅游团为案例，旁敲侧击，借古喻今，教育游客讲文明礼貌，树立中国公民在国外的良好形象。

（二）诚信篇

言而无信，不知其可也。此语道出了诚信的重要性。旅游诚信，既包括旅游从业人员的诚信，也包括游客的诚信。在现实出境旅游活动中，产生旅游服务纠纷的重要原因之一，就是旅游从业人员缺乏诚信，或游客在接受服务过程中缺乏诚信。旅游从业人员在旅游服务的各个环节必须以诚相待，确保游客能够明明白白消费；游客应当诚实地向有关部门和旅行社提供真实的个人资料。善意履行自己的合同义务，确保不损害旅行社的合法权益。

案例   旅行社领队欺诈的法律后果

一位旅行社的领队在销售过程中向游客承诺，将为游客提供较为理想的住宿，之后旅行社和来先生等游客签订了出国旅游合同，对住宿饭店进行了明确的约定：在旅游期间，一晚住四星级饭店，其余三晚住三星级饭店。在合同履行过程中，一晚住的饭店没有星级，一晚住二星级，另两晚住三星级。游客返程后，以旅行社欺诈为由向旅游管理部门投诉，要求旅行社双倍返还全额团款。旅游管理部门接到投诉后，立即进行了调查核实。经查，该地区最高的层级饭店是三星级，没有四星级饭店。旅行社也承认，事先就知道该地没有四星级饭店，最后只能住没有星级的饭店；另外，还有一晚住二星级饭店，原因在于地接社违约，结果改为二星级。旅行社表示工作失误，愿意按照违约承担责任，除了向游客赔礼道歉外，再给游客适当的经济赔偿。来先生则坚持，出境旅行社必须按照欺诈的规定，承担两个晚上的赔偿责任。经过旅游管理部门的认定和协调，一个晚上的住宿按照违约处理，另外一个晚上的住宿按照欺诈处理。

分析：

在这起旅游合同纠纷中，旅行社（领队）究竟是违约还是欺诈，直接关系到对纠纷性质的认定以及由此而来的违约责任的承担。

第一，所谓违约，就是指旅游合同当事人不履行合同义务或者履行合同但不符合约定的行为。根据《合同法》规定，违约方出现违约后，"应当承担继续履行、采取补救措施或者赔偿损失等违约责任"。而所谓欺诈，是指一方当事人故意实施某种欺诈他人的行为，并使他人陷入错误而订立合同。在实践中表现为隐瞒真相或虚构事实并使他人陷入错误的行为，按照《消费者权益保护法》的规定，欺诈方应给予被欺诈方双倍的赔偿。

第二，要判断旅行社（领队）是否有欺诈行为，必须从4个方面加以认定：（1）旅行社（领队）具有欺诈的故意。即通常所说的虚构事实，隐瞒真相。（2）旅行社（领队）实施了欺诈行为。（3）游客因欺诈而陷入错误。（4）游客因错误而做出了意思表示。由于旅行社事先就知道该地区没有四星级饭店，却承诺将提供四星级饭店住宿，旅行社有隐瞒真相的主观故意，并且游客在不知情的情况下在该饭店住宿。对照欺诈的构成要件，应当认定旅行社在为来先生等游客提供所谓四星级饭店住宿时存在欺诈行为。至于另一晚住的是二星级饭店一事，应被认定为违约，而不是欺诈。

第三，在该纠纷中，首先，旅行社有欺诈行为，因此必须将房费双倍赔偿给游客，其次，旅行社有违约行为，因此应退还三星级与二星级饭店的房价差，并赔偿同倍违约金。

案例 领队在带团中要履行告知义务

某出境旅行团领队带团回来后，经常向他的朋友吐苦水，说自己带出去的团常常遭到旅游目的地国家饭店的拒绝接待。理由很简单，这些饭店以往在接待中国游客团队后，发现有的中国游客在吃自助餐时，一哄而上，拿取的食物很多，且不能全部吃掉，浪费现象严重；且中国游客在公开场合大声喧哗，吵得其他游客纷纷抗议；一些中国游客甚至喝醉了酒随地乱吐秽物；这使得饭店服务人员很恼火，不欢迎中国游客入住，领队也觉得没有面子。有一次还出现了中国游客把自助餐厅食物往外带，被餐厅服务人员当场发现的情况。当时那名游客恼羞成怒，把食物摔在餐厅的地上，扬长而去，引起饭店的强烈抗议。经过领队、地陪的努力协调，问题总算得到了妥善的解决，但给该饭店留下了极坏的印象。

分析：

适应旅游目的地国家或地区的行为需求，是摆在我国出境游客面前，更是摆在旅行社和领队面前的重要问题。由于文化背景的不同，游客与旅游目的地之间的误会时常发生，这直接影响到游客对服务满意度的评价。面对如此现状，领队必须履行相关告知义务，并采取有关措施，改善和提高我国游客的文明程度。

首先，2006年，国家文明办和国家旅游局共同发布了《中国公民出国（境）旅游文明行为指南》（以下简称《指南》）和《中国公民国内旅游文明行为公约》，以期提升我国游客出境旅游时的整体形象。《指南》倡导："中国公民，出境旅游，注重礼仪，保持尊严。讲究卫生，爱护环境；衣着得体，请勿喧哗。尊老爱幼，助人为乐；女士优先，礼貌谦让。出行办事，遵守时间；排队有序，不越黄线。文明住宿，不损用品；安静用餐，请勿浪费。健康娱乐，有益身心；赌博色情，坚决拒绝。参观游览，遵守规定；习俗禁忌，切勿冒犯。遇有疑难，咨询领馆；文明出行，一路平安。"该《指南》所倡导的内容，正是我国部分游客较为缺乏的行为准则，领队在召开行前会及在旅游途中，有义务提醒告知游客，以游客的实际行动改变境外某些人的偏见。

其次，领队必须以身作则，为游客做好表率。领队在教育游客的同时，更应当对照上述要求，以自己的文明行为引导游客、感染游客，在点点滴滴的行为中体现和践行《指南》精神，为游客树立榜样。事实上，有少数领队首先是自己的行为不文明，才遭到游客的投诉。

案例 领队向游客做出承诺不兑现遭投诉

胡先生参加了某出境旅行社组织的出国旅游，在旅游期间，胡先生在某国闹市区被人盗窃价值5000元的财物，尽管他和领队及时报警，但情绪受到了极大的影响，胡先生一路闷闷不乐。在另一个国家旅游时，由于飞机机械故障，航班被迫延误3小时，由于时间紧张，有一个景点被取消。胡先生对此大为不满，鼓动全团游客共同要求领队承担赔偿责任，否则就不登机回国。尽管领队耐心协调，胡先生等游客仍然表示拒绝。领队将旅游团的情况及时向出境旅行社报告，该公司的一位主管告诉领队，先答应游客再说。领队声称没有现金，胡先生要求作出书面承诺，每人赔偿人民币 600 元。回国后，胡先生等游客的要求遭到了领队和旅行社负责人的拒绝，领队的理由是当时处于被迫，负责人的理由是，领队答应赔偿是个人行为，而且赔偿费用过高，旅行社概不负责。于是胡先生向旅游管理部门投诉，要求旅行社兑现承诺，向他们做出赔偿。

分析：

领队在销售或者服务中，向游客做出承诺，而事后领队无法兑现承诺、旅行社不愿意兑现承诺的现象时有发生，领队和旅行社的理由似乎都很充分，而事实上并非如此，领队和旅行社的辩解都缺乏法律依据。

第一，领队的承诺是职务行为。领队之所以带团出国旅游，是因为接受了旅行社的委派，在为游客提供服务的过程中，只要领队在处理与旅游合同履行相关的各项事务，领队的任何行为均代表旅行社法人。换言之，领队的行为属于职务行为范畴，而不是领队的个人行为。当然，假如因领队的个人行为导致和游客发生债权债务关系（如领队向游客借钱购买香水，事后领队拒绝向游客归还），领队这样的行为属于个人行为，和领队的职务没有关系。但假如领队向游客借钱，是为了支付旅游团的房费，则该行为属于职务行为。

第二，出境旅行社有义务兑现承诺。旅行社负责人拒绝赔偿的理由是领队承诺向胡先生赔偿是个人行为。这样的观点站不住脚。不论是否得到旅行社的授权，领队对于游客的承诺，旅行社都有义务承担。至于说领队确定的赔偿数额是否合理，则是另一个侧面的法律关系，和是否赔偿没有因果关系。更何况领队曾经向主管征求过意见，主管也要求领队先答应游客的要求，从某种意义上说，领队得到了事先的授权。

第三，组团旅行社可以向领队追偿。旅行社承担了赔偿责任后，可以向领队进行追偿。因为旅行社承担的高额赔偿是和领队的轻率行为有关，领队应当为其草率的行为付出代价。

（三）素质篇

出境旅游不同于境内旅游，通常是飞越长空或者漂洋过海的远程旅行。对于绝大部分游客来说，所到之处几乎是完全陌生的国家或地区，文化不同、语言不通、社会制度和法律制度不同。出境旅游是世界各民族之间开展文化交流的一个很好的渠道，每一位游客都可以说是一位"民间大使"，通过旅游活动增进相互了解。同样，旅游目的地国家的人民也通过接触众多的各国游客了解异国的文化，彼此建立友谊。作为出境旅游团的领队，带领团队在境外游览、访问，少则五六天，多则十几天，能否让每一位游客乘兴而来、满意而归，是对领队综合素质的严峻考验。

案例 领队带团通过安检为什么受阻

在某黄金周期间，领队带一个"澳洲七日游"旅游团一行32人，乘澳航从上海飞悉尼，在上海通过安全检查时受阻：领队新买的一大支牙膏和一瓶头发定型水被安检没收，一位患风湿病的老人拿了7瓶医院熬制的液体中药，也不能随身携带上机。领队的牙膏、定型水被没收无话可说，而老人急得要哭了："我不想出门旅游，花钱太多，我女儿一定要让我去澳大利亚，说那里风景好、人少、气候好，对我身体有好处；我有痛风病，临出发前，特地去医院看病，让医生开了7瓶中药，每天服1瓶，一日三次，这样走路时膝关节就不会痛。"安检人员请老人出示医生处方或病历以及医院证明，老人均拿不出上述证明，无论怎么说情都无效。老人家出于着急，情绪失控哭喊着说花了1万多元一定要上机。最后，安检人员找到领队，让他帮助老人让机场包装行李服务处将其中6瓶中药用坚硬的材料包装好，再与办理托运行李柜台的工作人员商量，将托运的行李找出来，把包装好的药放在行李里，重新托运。老人随身携带1瓶中药上机。

分析：

第一，这件麻烦事的发生，主要责任在领队。

第二，依据民航总局［2007］1号《公告》，全国民用机场于2007年5月1日起遵照公告内容实施新的液态物品检查规定。此次新规定针对国际、地区航班旅客的携带物品提出了更为严格的限制，为避免旅客，特别是乘坐国际航班出行的旅客，在通过安全检查的过程中遇到不必要的麻烦，管理部门特提前发给各旅行社，希望在组团的过程中提前做好团队成员的宣传工作，以确保旅客出行顺畅，减少因不符合规定携带液体而造成的不必要损失。《公告》规定："乘坐国际、地区航班的旅客要将随身携带的液体物品（包括液体、凝胶、气溶胶、膏状物）盛放在容积不超过100毫升的容器内。对于容积超过100毫升的容器，即便该容器未装满液体，也不允许随身携带，应办理交运。"领队的一大支牙膏无疑超过了100毫升，老人的7瓶中药更不用说了。

第三，据了解，行前说明会上虽然领队也顺便讲了一些有关规定，但领队对国家的"法令"的讲解轻描淡写，未强调遵守法令的重要性。

第四，这是相关部门执法不严的后果，使人们明知故犯，养成习惯，总觉得通过说情可蒙混过关，问题不大。因此出门游客在出入境时所带香烟、酒类超过限量的情况时有发生。

第五，领队不仅自己应当做守法的榜样，而且要告知甚至强制游客遵守海关、安检的各项规定。因为这不是个人的事，它关系到国家、人民的安全，否则就是领队失职。

案例 从游客托运行李的丢失事件看领队的业务能力

某领队带团前往欧洲，第一站抵达奥地利首都维也纳时，发现一位客人的行李丢失。在机场工作人员指引下，该领队带领客人找到 "LOST AND FOUND"（行李遗失服务处），由于相关业务不熟悉，不知道如何与工作人员联系（正确的方法应按指定的电话号码致电报失，然后进入行李遗失服务处与工作人员联系并办理手续），浪费了很长时间。在与工作人员取得联系后，又因为语言障碍造成双方沟通困难，将应当当场填写的行李报失表格带回了酒店。因为欧洲行程安排紧凑，待他10天后返回维也纳机场出境时再与机场交涉为时已晚。由于领队工作的失误，造成客人在旅途中极大的不便，此事在回国后经过数月交涉才得以解决，因而对组团社的诚信造成很大损失。

分析：

游客托运的行李在出境游的过程中丢失事件时有发生，因此，每位领队在出发前必须弄清行李丢失后的报失程序。

第一，在第一时间找到机场的行李遗失服务处。

第二，事先弄清行李遗失服务处的联络方式。因为在欧美等国有些机场的行李遗失服务处随时有人值班，而有些行李遗失服务处的工作人员不出现在服务台，领队要拨通指定的电话号码，再稍等片刻才有工作人员开窗服务。

第三，领队向工作人员出示失主的登机牌、护照、托运行李的收据（通常称行李牌）并详细填写报失表格。提供尽量多的信息：如当地入住酒店名称、地接社的地址、联系电话和联系人。如果领队开通了国际漫游，最好留下自己的手机号码。

第四，根据工作人员提供的画有各种不同款式、尺寸、颜色的行李的图表（chart），让客人在图表中确认哪一个与自己遗失的行李一样或相似。

第五，一般情况下，丢失的行李（根据电脑查询）当晚或次日上午就可以拿到，如果当日拿不到，领队有责任向行李遗失服务处要求，为失主提供当日换洗的内衣和洗漱用品费用（一般是50欧元、50澳元、50美元），只要领队表达的理由真实，语言清楚，客人是能拿到这笔费用的。

第六，如果确实遗失，领队（在地接社的协助下）有义务向所乘航班的航空公司索取赔偿，一般情况下，不把问题带回国内。

案例 领队不可随意处理游客的财产

陆先生夫妇参加了某出境旅行社组织的出境旅游，在进入某旅游目的地海关时，陆先生排在该旅游团的最后。一位没有佩戴任何标志的海关工作人员要求陆先生接受检查。由于语言障碍等因素，检查过程花费了较长时间。陆先生妻子不见陆先生出关，返回询问，陆先生要妻子去找领队。领队赶到现场后，急匆匆要陆先生把钱给该工作人员，并将陆先生箱内的手表送给工作人员。让陆先生难以接受的是，事后领队再也不提这件事，既不采取弥补措施，也不给陆先生安慰。行程结束后，陆先生到旅行社要说法，领队的解释是，根据他担任领队的经验，该海关工作人员把陆先生当成了领队，检查速度很慢，就是为了向他索要物品，当时事件过于突然，只能急于应付了事。旅行社和他本人不负责任。

分析：

姑且不论领队的解释是否真实，也不论该国海关工作人员的工作作风，领队在服务过程中存在问题是不可否认的事实。

第一，《民法通则》规定："公民、法人的合法民事权益受法律保护，任何组织和个人不得侵犯。""财产所有权是指所有人依法对自己的财产享有占有、使用、收益和处分的权利。"陆先生的所有财产包括手表在内都是受法律保护的，未经陆先生的同意，任何人不具有处分权，自然，领队也不能随意处分游客的财产。因此，案例中领队不经陆先生同意，把陆先生的手表送给海关工作人员，其行为违反了法律规定，陆先生可以按照实际损失向领队或者旅行社索赔，以维护自己的合法权益。

第二，即使当时情况非常特殊，领队为了使陆先生尽快入关，确保旅游行程顺利才出此下策，领队事后也没有妥善处理。领队事后应立即将有关情况向地接社、组团社汇报。同时向游客表示歉意、进行安抚，可以请陆先生提供手表的购买凭证，按照手表的实际价值向陆先生做出赔偿。同时，通过我国有关政府机关，向该旅游目的地国家进行交涉。

第三，作为一个有经验的领队，应当事先将过海关时的注意事项逐一告诉游客，包括游客入关的路线、集合地点，要确保每一个游客顺利入关。同时领队还必须随时清点人数，安顿好先出关的游客后发现人未到齐，应当立即折回寻找，帮助解决问题。

第四，假如领队的解释属实，作为领队就应当在该旅游目的地入海关时特别注意，照顾好全团游客的同时，做好充分的应急预案，随时准备应对上述非正常情况，而不能以牺牲游客财产为代价。

案例 　　　　　　　　**领队在提供服务时的自我保护**

暑假期间，胡女士带着9岁的女儿出国旅游，该旅游团团员都是家长和未成年子女。在机场托运行李时，由于家长忙于照看自己的孩子，就把行李全部委托给领队，由她代为托运行李。领队办好行李托运后，将行李托运票据交给了胡女士等游客。旅游团到达目的地后，胡女士发现她的托运行李少了一件，幸好包内没有贵重物品，都是一些简单的日常用品。经过领队、航空公司等多方努力，但都没能找到这件行李，领队向胡女士道歉，胡女士也接受了道歉。在旅游期间，胡女士等几个朋友晚上要一块儿出去，请领队帮助看管一下4个小孩。领队觉得欠胡女士一份情，想趁机给胡女士一些弥补，于是就答应帮助照

顾小孩。领队在照顾的过程中，恰好赶上地陪来找她商谈第二天的行程，胡女士女儿的手被房门夹了一下，有轻微的伤痕。胡女士见此大为不满，回国后到旅行社投诉领队，指责由于领队的不负责任，导致她行李丢失、女儿受伤，领队则感到很委屈，自己明明是助人为乐，反而被游客投诉。

分析：

可以看出，这位领队的确较为热心，处处为游客着想，但结果并不理想。领队的委屈可以理解，但这一案例也提醒其他领队，在为游客提供服务时，服务不到位不行，服务过分也不行，要把握一个度，过犹不及。要恰如其分地把握好度，领队必须掌握相关的法律和服务标准。

首先，领队不可以为游客代办托运行李。根据《旅行社出境旅游服务质量》的要求，领队应积极为旅游团队办妥乘机和行李托运的有关手续。也就是说，领队在办理游客行李托运时的职责，仅仅是为游客办理有关手续，行李应由游客自己交给机场行李托运部门。如果游客将行李交给领队代为办理托运，这相当于游客与领队之间形成了保管并委托合同关系。当游客声称行李内有物品丢失时，领队就难以撇清责任了。

其次，领队不可以轻易承诺照顾未成年游客。领队承诺照顾未成年游客，就意味着在照顾期间，领队必须承担起监护义务。按照《民法通则》的规定，在委托监护的法律关系中，委托监护人确有过错的，应承担连带责任。也就是说，领队在照顾未成年游客时没有认真履行监护职责，造成未成年游客人身或者财产损害的，领队要承担相应的法律责任。

因此，领队在履行职责时既要为游客提供相关服务，得到游客的认可，同时又要提高自我保护意识，不要好心办坏事。

案例　　领队必须正确理解自己的权利和义务

某领队带团结束后，立即向领队部经理哭诉她在带团过程中所受到的委屈：在旅游团行进过程中，旅游团中的华先生为了争坐旅游车的第一排，和同团的另外一位游客发生了激烈的争吵，甚至发生了肢体冲突。在领队和同团游客的劝说下，游客之间才相安无事。但华先生却把对争吵者的愤怒发泄到领队身上，令她感到莫名其妙。就在结束行程时，由于旅游目的地突降暴雪，航班延误了4小时，华先生等游客要求领队和机场交涉，必须按时起飞，当她向游客耐心解释时，性格暴躁的华先生鼓动同团游客辱骂她，说她根本没有起到领队的作用，在旅游途中和游客一样在游山玩水。华先生还扬言，等回国后要向旅游管理部门投诉，对她进行处罚。领队部经理了解事件真相后劝告她，不必和游客计较，这也是担任领队的必经阶段，随着知识和经验的不断积累，情况会得到不断改善。

分析：

"客人是上帝"、"客人永远是对的"、"把道理让给客人"等教诲，是每一个旅行社从业人员耳熟能详的"金科玉律"。作为旅行社从业人员，尤其是领队，从跨入旅行社大门起，经常会接受各种各样的培训，他们听到最多的就是这些"金科玉律"。服务时间一长，尤其是和少数"不讲理"的游客正面交锋后，领队也许会对这些"金科玉律"产生怀疑，甚至把内心的反感付诸行动，引起服务纠纷。这些"金科玉律"的实质涉及了旅行社领队的权利、义务。如何正确认识和理解领队的权利、义务，对旅行社服务质量的稳定和提高至关重要。

第一，领队与游客法律地位平等。首先，旅行社与游客之间的关系是民事法律关系。旅行社和游客之间表面上看是提供服务与接受服务的关系，其法律内涵则是民事法律关系。按一般的程序，游客来旅行社报名参加出国旅游团，交纳旅游团款，旅行社出具相应的服务单据，此时旅行社和游客之间建立了合法有效的服务合同，两者之间的民事法律关系得以确认。作为民事法律行为，其核心内容是权利和义务的统一，旅行社和游客必须共同遵守，不得出现违反约定和法律的行为，如果其中一方违反合同约定，不仅必须承担违约责任，还必须承担赔偿损失的责任。其次，旅行社与游客的权利和义务互为表里。旅行社之所以愿意为游客提供服务，而游客之所以可以享受旅行社提供的服务，其实质是旅行社具有必须承担的义务，而游客拥有接受服务的权利。具体来说，旅行社具有收取游客旅游团费的权利，该价格本身应当是合法的，而又是明码标价的。同时旅行社的义务是按照合同约定或者国家、行业标准，为游客提供服务，并且出具规范的服务单据。就游客而言，他的权利是按约定或者国家、行业标准获得相应的服务和享受，获得正规的服务单据，而他的义务是支付住宿等相关费用，并保证服务设施的完好无损。不难看出，旅行社和游客之间的权利和义务互为表里、互为依存。没有独立存在的权利和义务，离开了对方当事人，就无法确认所谓的权利和义务。再次，我国《民法通则》规定，当事人在民事活动中地位平等。《合同法》在此基础上进一步规定：合同当事人的法律地位平等，一方不得将自己的意志强加给另一方，当事人应当遵循公平原则确定各方的权利和义务。在民事法律关系中，双方当事人的法律地位是平等的，应遵循公众原则来确定当事人双方的权利和义务。在旅行社服务活动中，双方当事人就是旅行社和游客，其法律地位完全平等，服务的具体提供者为领队等从业人员。即旅行社领队等从业人员与游客的法律地位平等，不存在领队等从业人员与游客地位谁高谁低的问题。在签订旅游合同时，旅行社不能因为游客社会地位的高低，对游客的权利和义务过分让步；反之，游客也不能因为旅行社是服务企业，就对旅行社领队等从业人员横加指责。在履行旅游合同或承担违约责任过程中也是如此。总之，在旅游合同签订、履行、违约责任的承担等方面，都体现了旅行社及其从业人员与游客在法律地位上的平等。从这个意义上说，所谓的"金科玉律"的合理性值得进一步商榷。

第二，领队等从业人员在服务实践中必须履行相应义务。虽然法律已经明确规定，领队和游客法律地位平等，但在旅游服务的实践中，领队仍然感觉到地位的"不平等"，这是因为：首先，我国法律固然对公民的权利和义务做出了明确规定，但是法律地位的平等并不必然意味着权利的平等，法律上所说的平等更多的是指人格的平等和相对的平等。如果机械地理解平等，有时就难以接受许多现实。同样，义务的承担也不会因为人格的平等就完全相同。法律所规定的平等，很大程度上说的是人格平等，而不是实体权利和义务的绝对平等。其次，从上述旅行社和游客之间签订旅游服务合同的过程可以看出，旅行社已经收取了游客的旅游团款，这说明旅行社已经享受了法律规定的权利，根据权利和义务对等的原则，旅行社就必须履行提供服务的义务；而游客交纳了旅游团款，说明他们已经履行了义务，所以享受服务就是他们理应获得的权利。而旅行社服务的具体执行者是领队等从业人员，只要游客提出的服务要求不违反法律、法规和公序良俗，并且符合服务合同的约定，领队就没有权利拒绝。再次，一些领队认为，领队也是人，法律都已经规定了法律地位的平等，那么，服务人员就可以处处和游客"平起平坐"，少生窝囊气。然而从旅游服务的现实看，虽然服务人员的愿望可以理解，但在实际操作中难以实现。旅行社提供的服务都是通过领队等从业人员的劳动实现的。应当特别强调的是，领队作为旅行社的代表，其行为不是个人行为，而是代表旅行社法人的职务行为。只要服务人员在岗工作，他的权利和义务就与旅行社的权利和义务息息相关。旅行社的权利和义务就是他的权利和义务。既然旅行社已经获得了权利，那么，服务人员此时就应履行义务，而很少有享受的权利，这样的"不平等"和法律规定的平等不仅不矛盾，而且是权利和义务分配的充分和具体的反映，这也是由旅行社服务的特殊性所决定的。从这个意义上说，上述"金科玉律"有存在的理由。最后，假如旅行社给游客优惠，只收取全额旅游团款的七折，是否说明领队等从业人员的义务也随之降低呢？事实上，即使旅行社给予游客团款优惠，也无法说明在此情况下，领队等就可以减少服务义务。因为旅行社和游客就旅游团款的优惠支付达成了协议，这意味着旅行社放弃了一部分权利（收取全额团款的权利），但在旅游服务合同中并没有约定旅行社提供的服务可以打折。所以，领队等并不能因此减轻对义务的履行力度。

第三，领队的个人权利如何得以保护。既然如此，是否说明领队等从业人员在工作中就处于任人宰割的地位，丝毫没有办法保护自己的合法权利？答案显然是否定的。当游客提出的要求超出了服务合同的约定，或者其要求违反了法律法规的规定，或者其要求对领队的人身财产可能带来损害，领队等从业人员完全可以拒绝游客的要求。当然，如何拒绝游客的要求是对领队人员业务素质的考验。

总之，领队等从业人员对自己的权利和义务应当有清醒的认识，保持良好平稳的心态，不卑不亢，落落大方。不因法律地位的平等就趾高气扬，忘乎所以；也不因必须履行服务义务就低三下四，唯唯诺诺，而应当以真诚和真心赢得游客的尊重。

案例　　　　　　　　　　领队应如何应对不可抗力

杨先生等25名游客在领队的带领下，顺利完成了出境游的全部行程，他们到达机场准备回国，该国突然下起暴风雪，机场被迫关闭，飞机无法按计划起飞，领队和地陪在安抚游客的同时，焦急地打听飞机的起飞时间。在等候了1小时后，杨先生等游客出现了焦躁情绪。虽经领队一再安慰，但杨先生等几名游客开始抱怨，要求领队明确飞机起飞时间。2小时后，机场明确告知，当天航班全部取消，改为第二天起飞。在杨先生等游客从机场返回住处的途中，地陪已经为游客联系好了住宿酒店和餐厅。领队向杨先生等游客收取住宿费用和餐饮费用，但杨先生等强调自己没有过错，他们是随旅行社出来旅游的，应当由旅行社为他们支付所有费用，并且要求旅行社承担误工费等损失，双方僵持不下。

分析：

本案例较为典型地反映了不可抗力对出境旅游的影响。当不可抗力情况发生时，领队将面临一系列的问题，此时，领队必须沉着应对，妥善处理。

首先，领队应当正确理解不可抗力的含义。所谓不可抗力，是指不能预见、不能避免并不能克服的客观情况。上述暴风雪就属于不可抗力的范畴。根据我国《合同法》的规定，因不可抗力不能履行合同的，根据不可抗力的影响，部分或者全部免除违约责任。具体到本案例，由于突然降临的暴风雪导致了航班取消，虽然旅行社不能按时结束旅游行程，仍然可以免除旅行社的违约责任。当然，领队或旅行社不能人为扩大不可抗力的范围。有些旅行社认为飞机机械故障、汽车抛锚、饭店取消预订的客房等都属于不可抗力，并且把这些内容纳入合同条款中，这是旅行社对不可抗力的误解，即使纳入书面合同，也并不能摆脱承担违约责任的命运。

其次，领队应在安抚游客的同时，向国内组团社及时报告。发生了不可抗力，领队必须做好相关安抚和沟通工作，及时了解进展，并向机场为游客争取利益，确保游客情绪稳定，得到必要的帮助，而不能以不可抗力是法定免责条款为由，对游客置之不理，敷衍了事。同时，领队应在第一时间向国内组团社报告和请示，接受旅行社负责人的指令，并严格执行。还应与地接社、地陪沟通，为安置游客做好准备，如预订客房、订餐等。

再次，领队可以向游客收取相关费用。根据"谁受益谁付费"的原则，发生不可抗力后，除了机场提供的免费帮助外，游客和领队产生的费用均由各自承担。如果旅行社指令由地接社代为支付，国内组团社统一结算，那么领队应把信息及时传达给游客；如果国内组团社要求游客自理，领队必须在讲清道理的基础上，向游客收取相关费用。如何收取也将考验领队人员的智慧。

案例　　不可抗力发生后领队必须履行协助义务

姚先生随某出境旅行社参加了出国旅游。就在旅游行程进行到第二天时，当地突然遭遇暴风雪，致使旅游行程难以继续，在等候天气好转期间，领队曾与姚先生等游客协商过如何尽快完成旅游行程顺利回国。然而，由于持续的恶劣天气，剩余的4个景点都无法游览，姚先生等游客只能在饭店内等待。等到应该回国的日期，领队按照计划将旅游团带到机场准备回国。但由于天气仍然没有好转，机场也没有开放的迹象，姚先生等开始抱怨，要求领队想办法让他们迅速回国，否则就要领队承担赔偿责任。领队向姚先生等耐心解释，但游客就是不能接受，最后威胁领队说，如果不能按时回国，领队必须承担所有责任。在愤怒和激动之余，姚先生甚至准备动手殴打领队，在其他游客的劝说下才罢手。所幸当晚机场开放，姚先生等乘机顺利返回，出境旅行社派专车到机场接机，避免了事态的进一步恶化。

分析：

由于旅游团的自身特点，不可抗力可能发生在旅游行程中的不同阶段，并对领队和旅行社产生不同影响，领队和旅行社必须及时采取应对措施，将损失降到最低限度，维护旅行社和游客的权益。

第一，旅游团出团前发生不可抗力的情况。游客和旅行社的任何一方所在地发生了不可抗力，或者双方所在地同时发生了不可抗力，都有可能影响到旅游合同的履行。发生不可抗力的一方有义务通知对方，并在合理的期限内提供相关证明，尽可能减轻可能给对方造成的损失。此种情况发生时，具体处理办法之一是解除旅游合同。游客可以要求旅行社全额返还旅游团款，游客不得要求旅行社赔偿；旅行社不得扣除游客的团款，以弥补旅行社业务操作的损失。处理办法之二是重新签订旅游合同。游客与旅行社经过协商，或者推迟旅游行程日期，或者重新确定旅游线路、价格、时间，再组团旅游。这种情况，对游客和旅行社造成的损失最小，甚至没有实际损失。

第二，旅游团准备出团时发生不可抗力的情况。当游客按约定来到机场，不可抗力突然降临。假如不可抗力可以在短时间内消除，但对旅游行程有一定的影响。处理办法之一是解除旅游合同。任何一方不可以要求对方赔偿损失，或者承担违约责任。处理办法之二是等到不可抗力消除后，继续旅游行程。领队应当积极采取诸如提早出团等措施，尽可能弥补游客的损失，但游客不得要求旅行社赔偿"行程缩短"的损失。假如不可抗力在短时间内难以消除，旅游合同必须解除，那么，或者由旅行社返还全额团款，或者由旅行社与游客协商，重新签订旅游合同。这种情况，会给旅行社和游客带来一定的损失，如旅行社的业务操作费用、游客的交通费用等。

第三，旅游团行程中发生不可抗力的情况。前两种情形较为简单，对游客和旅行社的损失相对较小，第三种情形对旅行社和游客来说都十分棘手，损失也较大。在旅游活动进行中不可抗力的发生，不可避免地会阻断行程。当旅游过程被阻断，游客和旅行社就不得不共同面对这样的事实：要么提早结束旅游行程，要么延长旅游行程。选择前者，就意味着游客必须放弃合同约定的某些服务项目，对游客来说无疑是一种损失；选择后者，则意味着游客和旅行社必须共同承担一些额外费用，对游客和旅行社来说都有损失。不论选择前者还是后者，对游客和旅行社来说都是两难选择。假如由于不可抗力的影响延长了行程，游客可能会与领队纠缠，要求旅行社承担滞留期间的餐饮、住宿等额外费用。

第四，按照法律规定，不可抗力是法定解除旅游合同的条件，只要发生不可抗力，游客或者领队都可以提出解除合同；若旅游团队行程尚在进行中，领队是否可以解除旅游合同呢？若领队如此操作，似乎也符合法律规定。因为只要解除了旅游合同，就可以将整个旅游团队抛开，领队立即得到解脱，也无须和游客为额外费用争执。但按照《合同法》的规定，在履行合同过程中，双方都必须承担相应的附随义务。根据旅游团队活动的特点，当不可抗力发生后，领队和旅行社的附随义务就是妥善安置旅游团，为旅游团提供力所能及的服务，协助游客尽快完成旅游行程，并顺利地带领旅游团回国。同时，领队还应当做好游客的安抚工作。

（四）规范篇

相对于个性化服务，旅行社及其领队为游客提供的规范化服务仅仅是最为基本的服务。旅行社提供规范化服务的首要条件，是旅行社必须建立完善的管理和服务制度，并且有符合本企业发展需要的服务流程，同时要求管理制度和服务流程能够贯彻于每一位从业人员的日常工作中。而现在，许多旅行社虽有管理制度，但缺乏统一规范的服务流程，也因此规范服务仍然停留在口号层面。当旅游纠纷发生后，游客可能提出令旅行社难以接受的赔偿要求。但追根溯源，往往总是旅行社有错在先。如果旅行社提供规范的服务，旅游事故及投诉发生的概率也就会降低许多。因此，旅行社规范服务流程是避免旅游投诉发生、提升其服务品质的一个重要措施。

案例　　　　　　　　　　领队与游客拼住房的纠纷

钱小姐随团参加了出境旅游，在机场准备登机时，领队（女性）和钱小姐商量，由于旅行社没有为她安排住房，在出境旅游期间，她想住在钱小姐和另一位女性游客的房间内，加床拼住客房。钱小姐听完领队的说明后，明确表示拒绝领队住到她的客房内。到达旅游目的地，领队为旅游团分配好客房后，随钱小姐来到她的客房，经领队的再三请求和说明，钱小姐勉强同意了领队的要求，但只答应领队在她客房内住2个晚上，而不是4个晚上。但后来的实际情况是，领队一直和钱小姐同住一个客房，因为同团其他客房要么是一家人入住，要么均为男性入住。行程结束后，钱小姐要求领队给予补偿，协商不成转而投诉。领队和旅行社的解释是，目前领队和游客拼住是出境旅游的"行规"，旅行社不会为此承担任何责任。

分析：

领队拼住游客客房，是近年来出现的新情况。主要是由于旅行社的价格竞争，直接导致旅行社利润的下降，旅行社为了维持一定的利润率，想方设法降低成本，办法之一就是不再为领队的住宿承担费用，而由领队自行解决。而领队为了节约开支，尽可能不自费入住，而是和旅游团成员协商，与他们拼住。这一现象也反映出目前部分领队艰难的生存状态。旅行社如何操作由旅行社自行决定，属于旅行社的内部管理，但由于该操作损害了游客的权益，就不再是旅行社的内部管理那么简单了。

首先，行规不是法规。领队和旅行社均强调，领队与游客拼房是旅行社的"行规"，不论该观点是否属实，但有一点必须明确，即使所谓的"行规"存在，也必须符合法律法规的规定，而不得与法律法规抵触。而事实上，旅游行业的法律法规对此都没有规定，而从实践中看，领队与游客拼住损害了游客使用权等相关权益。

其次，客房的使用权归游客所有。旅游饭店客房的所有权归属于饭店，而当游客入住客房后，其使用权归属于游客，游客在入住客房期间，除了服务员清理客房外，未经游客的同意，一般情况下任何人不得进入客房。同时，本案例中游客向旅行社购买的客房是双人标准间，而不是三人间。游客入住后，可以拒绝其他人员进入客房，领队也不例外。

最后，领队拼住应征得游客的同意。既然领队与游客拼住客房在所难免，作为领队，首先必须与游客协商，以服务加诚意打动和说服客人，取得游客的同情和理解，不得强行入住游客客房。同时，领队入住后必须把客房设施的使用优先权让给游客，而不是和游客争抢服务设施，影响游客的正常起居，并且应在可能的范围内，给予游客适当的补助，以平衡其权益。

案例   特殊群体收费纠纷的解决

某学校老师及家属共42人与某出境旅行社签订了为期5天的出境旅游合同，业务员（领队）提前告知老师们，由于组团成本低，旅游目的地旅行社要求对教师等特殊群体每人额外加收300元团款，否则将拒绝接待。经过协商领队与老师们达成协议，老师们在整个行程中隐瞒身份，一旦被境外地陪发现真实身份，老师们将补足差价300元。在游览过程中，地陪证实了该团为老师团，并要求老师们补足差价，老师们拒绝了地陪的要求，之后领队也出面要求老师们按照出团前的约定履行义务，双方僵持不下。地陪声称如果老师们不补足差价，将不再为游客提供服务。最后老师们交纳了差价。回国后立即向旅游管理部门投诉，认为是领队和地陪联合，强迫他们交纳对老师的歧视性费用，对老师们不公平，要求领队退还每人300元。

分析：

出境旅行社为了争取客源，普遍采用低价竞争的手段，以较低的直观价格吸引游客。与此同时，旅行社为了确保一定的利润，针对儿童、老年人、教师等不同的特殊旅游群体，在原有旅游团队价格的基础上，适当加收一定费用。理由是这些特殊群体消费能力较低，如果旅行社不额外加收这些费用，旅行社将亏本。出境旅行社强调，这些费用也只是代境外地接社收取，并没从中获利。学校的老师们提出退还每人300元的要求是否合理，取决于旅行社的收费行为是否有法律依据。

首先，旅游合同受到法律保护。领队与老师们在签订旅游合同的过程中，在双方充分表达自己愿望并协商的基础上，就双方的权利义务达成了协议，该合同应当受到法律的保护。

其次，合同双方当事人应遵守合同约定。根据我国《价格法》等法律规定，出境旅行社在向游客收取各项服务费用时，必须履行告知义务，明码标价，不得欺骗游客，也不得强迫游客，确保游客明明白白消费。从本案例中看，关于加收每位老师300元团款的情况，领队已经向老师们做出了说明，并达成了"一旦被境外地陪发现真实身份，老师们将补足差价300元"的协议。该约定是附条件的约定，只要老师的身份被地陪证实，老师们就必须履行补足差价的义务，而事实上老师的身份的确是被发现。因此，老师们要求退还300元差价的要求就不能得到支持。

最后，旅行社的行为值得商榷。尽管出境旅行社的做法没有违反法律法规，但旅行社的做法有违人之常情。在通常情况下，儿童、老年人、教师等特殊群体往往是得到照顾的对象，旅行社如此操作让人难以接受，自然也容易成为旅游投诉的焦点。

案例 领队不得随意调整行程

谢小姐等16名游客参加了某出境社组织的出境旅游团，该旅游团的行程为四晚五日一地游。在旅游合同签订前，谢小姐曾经就旅游行程安排及费用与旅行社进行探讨，谢小姐看过行程后，觉得旅行社提供的1880元线路过于紧张，经双方协商修改了部分行程，变得较为宽松休闲，最终双方签订了2500元的线路。书面旅游合同的内容调整为：一天只玩一个景点，以休闲放松为主，不参加购物。旅行社在旅游行程中说明：在不降低服务标准及不减少景点的前提下，旅行社有权对线路作合理的调整。旅游团到达目的地后，领队和地陪以旅游景点方向相同为由，未征求游客的意见，把前2天的行程压缩为1天，使得游客疲于奔命，最后整整一天只能在客房内无所事事。谢小姐回国后要求旅行社给予合

理的解释并赔偿，旅行社的解释是领队有权对行程作调整，没有违反合同约定，旅行社拒绝赔偿。

分析：

从案例中可以明显看出，领队在整个操作中没有认真履行领队的职责。虽然合同中约定可以调整行程，但实际的调整明显不合理，与合同约定有较大差异，不能体现休闲团的特点。领队的操作的确违反了合同约定，旅行社拒绝赔偿的理由不成立。

首先，谢小姐与组团社在签订合同过程中与旅行社协商，对原行程中旅游景点安排和服务收费进行了变更，确定了新的旅游行程，该旅游合同合法有效，充分体现了谢小姐和旅行社的真实意愿，谢小姐和旅行社都应当严格遵守。

其次，领队的职责之一，就是监督旅游合同的全面履行。到达旅游目的地后，当境外地接社导游员按照常规旅游团操作时，领队应当及时与地陪沟通，要求地陪按合同约定提供服务。而实际情况是，领队对地陪擅自调整行程的行为视而不见，导致谢小姐等游客休闲的目的无法实现，损害了谢小姐等人的权益。

从案例看，谢小姐不仅对旅游具有较先进的理念，而且具有较强的法律意识，能够将协商结果纳入书面旅游合同。旅游合同中唯一的缺憾就是没有将违约责任纳入其中，即书面约定假如领队没有按照合同约定具体操作，旅行社和领队将如何承担违约责任。尽管如此，领队仍应当按照诚实信用的原则要求履行自己的义务，而不是想方设法钻合同的空子，损害游客的合法权益。在倡导品质游、休闲游、个性游的今天，发生上述案例中的纠纷实在是不应该，领队和旅行社都应当认真反思，杜绝类似纠纷的再度发生。

案例　　　　　　　　　　如何开好行前说明会

某出境旅行社组织了共计 30 名游客的境外旅游团，该旅行社的行前会操作模式是，由领队自己召集，并按照《旅行社出境旅游服务质量》的要求操作。由于领队经常带旅游团出境，自认为经验丰富，不需要专门召开行前说明会，而且全部游客都是各自赶往机场集中，领队决定在机场统一进行行前说明会。结果由于游客陆陆续续到达机场，领队只好分期分批召开简单的说明会，给游客讲解有关事项，并发放相关资料。最后 5 名游客到达机场后，领队又因为忙于办理登机手续，一直没有机会给他们具体讲解有关事项，直到旅游团抵达境外后，领队才给这 5 名游客发行程计划表，并匆匆忙忙向他们交代了几句。黄先生是第一次出国旅游，加之行前说明会过于简单，无意中冒犯了当地习俗，遭到当地居民的指责。黄先生回国后，要求该国际旅行社赔礼道歉，并赔偿精神损失费。

分析：

出境游必须召开行前说明会，这既是《旅行社出境旅游服务质量标准》的要求，也是出境游的特殊性所决定的。召开行前说明会应当掌握以下几点：

首先，讲解的内容必须规范。按照有关规定，行前说明会应当向游客说明出境旅游的有关注意事项、外汇兑换事项与手续等；向游客发放"出境旅游行程表"、团队标志和"旅游服务质量评价表"；讲解和说明相关的法律法规知识以及旅游目的地国家的风俗习惯；向游客翔实说明各种由于不可抗力／不可控制因素导致组团旅行社不能（完全）履行约定的情况，以取得游客的谅解。

其次，尽可能召集所有的游客参加行前说明会。出境旅游行前说明会存在一个较为致命的问题，就是几乎每一个行前说明会都有游客缺席。或者是因为旅行社计调人员没有全部通知到位，或者是因为游客对行前说明会不重视，或者有的游客派代表参加行前说明会。游客行前说明会的缺席，可能导致旅游途中本来可以避免的纠纷的产生。

最后，行前说明会应当达到降低游客期望的目的。就目前出境旅游的服务质量看，我国大部分出境旅游远未达到充分享受精神愉悦的境界，根据我国出境旅游服务质量现状，行前说明会还有一个重要的任务，就是向游客说明真实的服务质量，降低游客的期望值。

案例中出现的服务质量问题，直接的原因就是领队没有开好行前说明会。该游客提出的赔偿请求是否合乎法律的规定暂且不说，领队的行前说明会开得不够理想，这一点是肯定的。如果领队将所有事宜已经告知游客，即使发生上述状况，也应当由游客自己承担，而事实上领队并没有这样做，领队应当承担相应的责任。

案例　　　　领队对游客提出减少景点时的处理

徐女士一家6人参加了某出境社组织的东南亚旅游。按照合同约定，旅行社将为游客提供观夜景的服务项目。旅游团到达该目的地后，由于当时天下着雨，能见度很低，一部分游客担心晚上能见度低，加上旅途较为疲劳，他们提出取消该景点。地陪在征求了大多数游客同意的前提下，取消了该景点的安排。

当时徐女士对领队明确表示不同意，他们全家坚持必须前往景点参观。但领队以大部分游客同意取消行程为由，拒绝了徐女士一家，并声称旅行社只能满足大部分游客的需求，至于个别游客的要求，要根据实际情况给予考虑。徐女士回到国内后立即投诉，要求旅行社对领队进行处分，并给予赔偿。

分析：

这起旅游投诉的发生，与领队工作不负责任有直接的关系。

第一，出境社与徐女士等游客在平等自愿基础上签订了旅游合同，该旅游合同合法有效，任何一方都必须按照合同约定严格履行合同义务，从而实现合同权利。旅行社擅自改变旅游行程属于违约行为，应当承担相应的违约责任。

第二，旅行社与游客只要经过协商，都可以就合同约定的权利义务进行协商变更。从出境旅游服务实践看，由于各种原因，领队（地陪）与游客之间经常发生合同变更现象。

第三，从法理上说，权利可以放弃，义务却必须履行。就本案例而言，游客有参加旅游的权利，旅行社为游客提供约定服务是其义务。游客提出取消观夜景项目，其实质就是放弃了旅游的权利，相应的旅行社提供服务的义务也被免除。

第四，领队应当处理好大部分与小部分游客的利益平衡关系。尽管是大部分游客提出了取消观夜景项目，说明领队（地陪）和大部分游客达成了合同变更的协议，而徐女士一家明确表示反对，表明他们没有放弃旅游的权利，旅行社也不能因此就免除其服务义务。

第五，领队还应当与游客达成相关书面协议。尽管游客自动放弃参观该景点的权利，但领队必须与游客达成书面协议，该书面协议包括两个方面的内容：一是游客自愿放弃该景点的游览；二是处理放弃景点后的费用事宜。

另外，领队认为他的职责是满足大部分游客的需求，这一指导思想本身就是错误的。领队的职责之一，就是为全团所有游客提供合同约定的和力所能及的服务，只要游客提出的要求是符合合同约定及常理的，领队都应当给予满足，否则就是失职。

（五）安全篇

近年来，中国游客出境旅游遇袭事件频发，中国旅游者被劫、被窃事件也时有发生。同时，由于世界各地的气候不同、温差大，有些旅游者会因水土不服等原因导致身体不适而引发各种病症，或者在旅游中发生意外伤害甚至猝死，这些现象也不鲜见。

领队作为团队的核心，也因此担负着极具挑战性的工作任务。尤其是在境外，领队既要代表组团旅行社的利益，又要保护客人的合法权益，保证每一位旅游者的安全和旅游服务质量，把客人一个不少地、安安全全地带回来。同时，游客的个人财产也要得到切实的维护。在整个境外旅游过程中，领队要负责处理所遇到的各种突发问题。而能否处理好这些问题，无疑是对领队综合素质的考验。

案例 　　　　海啸袭来领队率团机智躲避创奇迹

2004 年 12 月 26 日，蔡玮伟带领一支由 26 名杭州游客组成的旅游团赴泰国普吉岛游览。他们乘坐当地时间上午 8 点 30 分的船前往皮皮岛。上午 11 点左右，旅游团到达皮皮岛码头后，大家立刻被如诗如画的海岛风光迷住了，纷纷拿出照相机和 DV 拍起来。这时细心的小蔡突然发现海岸边的水正在迅速地后退，导致码头的船只都搁浅了，因为这种现象以前从来没有发生过，所以引起了她的警惕。她心里突然涌上了一种不祥的预感，此时她突然想起无意中读过的一本有关海啸的书。书中说海啸发生之前，海水退潮的速度很快！同时她又看见远处的海水正在快速地回涨。小蔡马上预感到了眼前的危险，因为正常的涨潮落潮不可能有这么快的速度和这么大的幅度。她当机立断，大声地对所有团友喊："大家赶快往酒店方向跑，有危险！"但是客人们都玩在兴头上，根本没人意识到危险即将到来。看着不远处迅速靠近的海水，蔡玮伟着急了，她用尽全身力气、撕心裂肺地对着客人们大喊："海水涨来了，大家快往酒店楼上跑！"游客们定睛一看，才明白事态的严重性，分别向酒店的主、副两楼狂奔。就在他们跑进酒店大门的瞬间，背后一股巨浪向宾馆楼席卷而来，若是再迟上几秒钟，后果将不堪设想。奔进酒店后，小蔡催促团友们"快上楼，快上楼"，就在这时，海水已经破门而入。小蔡跑在团友的最后，就在他们逃到酒店三楼的一刹那，一、二楼都已经被汹涌的海水淹没。有不少外国游客因为迟了一步，被冲倒在海水中再也没有起来；还有部分外国游客奋力从海浪中挣脱出来，好不容易爬上了楼梯，但已经被海水卷来的器物击伤而全身是血，酒店到处都是尖叫声。

眼前的一切让情绪稍稍稳定的小蔡立即反应过来：自己的人有没有全部上楼？现在有没有脱险？她马上让周边的团员集中在一起，结果一清点只有14位；另外12位到哪里去了？小蔡顾不上害怕，也顾不上后面是否还有大浪。她把自己的安危置之度外。脑子里只有一个念头，"赶紧去救人"。因为与26名团友相处的时间只有短短的两天，彼此还不够熟悉，她就用手机拍下了14位团友的面容以便对照查找其他团友。在简单安顿好14名游客后，她立即挨个房间敲门、大喊、寻找。敲遍了整个三楼所有的房间，但毫无收获。于是她又涉水到二楼去寻找，同样没有发现。直到最后才发现团队中有8名客人慌乱中跑到副楼上去了，小蔡设法把他们接到主楼和14位客人会合，但是还有4个人呢？这时的潮水已经慢慢退了下去，但4位团友的失踪仍让小蔡心急如焚。于是她让所有的客人在阳台上一起大声呼喊4个失踪者的名字。终于从隔壁一幢副楼的阳台上传来了回应声。小蔡赶紧与另一名自告奋勇的小伙子王某一起赶往副楼，因为一楼楼道里海浪卷来的杂物已经堆积如山，两个人只能手脚并用地爬了上去。到达阳台后，现场的一幕让小蔡大吃一惊：一名女团友躺在地上，手臂上有一道很大的伤口，骨头都露出来了，鲜血直流，身边有很多呕吐物；另一位男团友左脚背上的肉全被玻璃碎片削掉了；这时的小蔡已经根本顾不上脏和乱，强迫自己镇定下来，运用导游领队培训所学到的急救知识，用酒店里的毛巾给她包扎，压迫血管替她止血。就在紧急处理伤口的过程中，又听到有人大喊："第二拨潮水又逼近了！"她们只能扶起伤员，以最快的速度通过平台上临时用桌子、椅子搭起的楼梯向楼顶爬去。上到副楼楼顶之后，小蔡稍稍恢复了一点体力，便马上掏出手机向国内报告情况，公司领导在电话里一再鼓励小蔡让她坚持住，一定要尽力照顾好每一位游客！有了领导在后方的鼓励，她忘记了疲惫又投入救助伤员的行列。当时的副楼顶除小蔡几个人以外，还有一些外国游客，大多数都受了伤。小蔡在处理好自己团友的伤势后，不顾自己疲愈的身体，主动帮助几个掉队的外国游客包扎伤口，还把自己背包里仅剩的小半瓶矿泉水一口一口地喂给了一名素不相识但因重伤急需补水的欧洲游客。这些举动赢得了在场所有游客的好感。3小时后，团里另外几个小伙子也到达了他们这幢副楼的楼顶，大家合力把2名伤员抬到了主楼的三楼。但是刚刚到达三楼，酒店的负责人通知说由于海浪冲击，这幢大楼的瓦斯容器破裂并泄漏，让所有在场的人立刻撤离到副楼的平台上。为了减轻移动过程中伤员的痛楚，小蔡灵机一动，带着几个小伙子拆下门板抬上2名伤员，冒着浓烈的瓦斯气味以最快的速度撤离现场。当时有来自各方面的消息说，晚上可能还会有30多米高的巨浪。为了保险起见，小蔡与团友们商量后决定爬到酒店背后的小山上过一夜。小蔡临时组织了几个人从客房找来了一些毛毯、点心和矿泉水，让大家分别带上御寒充饥。由于海水冲刷过的路面很滑，小蔡就动员大家边走边捡那些被水冲到路边的鞋子，换下脚上的拖鞋，以方便走路和爬山。在爬到一个近80米高的平坡后，她运用自己学到的热带雨林防护知识，让大家把床单撕碎，分别扎紧袖口和裤腿，坐在一起，以防蛇虫。她还和团里的几个小伙子趁着空隙和当地人一起砍些树木，又向同在一个坡上避险的一名华侨借了一口锅，生起火煮了点水，把全团唯一一包方便面给泡了，大家谦让着你喝一口我喝一口，谁也不肯多喝，温暖就这样传递着。暂时安顿下来后，虽然团友们几次劝小蔡坐下来好好休息一下，但肩负20多人生命财产安全的责任还是让她保持了高度的警觉，小蔡抵住了一阵阵袭来的疲倦和睡意，目光始终不离团友周围，瞌睡来了就站起来巡视一圈，累了再坐下休息片刻，望着月亮一点点升起又一点点落下。向来活泼开朗的她第一次尝到了度日如年的感觉，在皮皮岛的山坡上度过了一个让她终生难忘的不眠之夜。27日凌晨，当地接旅行社的负责人告知另外两位一直失踪的团员已经找到，并已经安全地在普吉岛酒店休息了，全团的人都为这个好消息兴奋地鼓起掌来。27日清晨，小蔡带领的24名团员顺利地搭上了第一艘救生船，2小时后又顺利抵达普吉岛码头，并在酒店与另两名失踪一昼夜的团友会合。在国家旅游局和中国驻泰国大使馆的努力下，2日凌晨他们又搭乘东航班机，于当地时间凌晨2点40分飞离普吉岛，北京时间上午7点50分顺利到达上海浦东国际机场，26人一个不少地回到了祖国的怀抱。

分析：

首先，蔡玮伟在2004年12月24日海啸事件中的每一段感人的事迹，都诠释着"先人后己"的精神，显示了中国年轻的领队人员拼搏进取、爱岗敬业、乐于奉献、全心全意为游客服务的优良作风。其次，她遇事冷静，结合平时积累的业务知识，做出正确的判断。在与死亡的搏斗中，小蔡帮助游客自救与互救。她的半瓶"救命水"使一位身受重伤、奄奄一息的外国游客坚持到获救为止！她挽救了全团游客的生命，最后一个不少地将旅游团带回国。最后，作为领队，应当使游客在危难中得到身心上的关心和安慰。领队的精神能够感染每位游客，使全团在危难中形成一股团结、友爱的氛围。

案例 领队如何履行安全义务

李女士随旅游团出国旅游，旅游目的地是某岛屿国家，在旅游团按照合同约定到手表专卖店购物时，李女士独自前往马路对面的土特产商场购买土特产。由于该岛屿国家和我国的交通规则恰好相反。我国车辆和行人均靠右行，而该岛屿国家的车辆和行人均靠左行。李女士对此一时难以适应，在横穿马路时（并非人行横道）被一辆疾驶而过的车辆撞伤，李女士被及时送往当地医院急救，共花费医疗费用折合人民币 3.5 万元。由于李女士及其家属拒绝支付医疗费用，领队请示旅行社后，被迫为李女士垫付全额医疗费。经过当地有关部门认定，事故责任方为李女士自己，而车辆驾驶员不承担责任。旅游行程结束后，领队代表旅行社要求李女士退还医疗费用，遭到李女士的拒绝。李女士同时声称，旅行社应当向其做出赔偿，因为该损失的发生，是在参加旅行社组织的旅游活动期间，双方各执一词，互不相让。

分析：

安全保障是旅游服务中的重中之重，安全保障义务是旅行社及其领队的首要义务。在旅游服务过程中，安全保障义务的主体有：境内外旅行社提供的产品和服务、领队和地陪提供的服务，以及相关服务供应商提供的产品和服务，环环相扣，缺一不可。领队所承担的安全保障义务主要包括以下几个方面：

第一，领队必须认真开好行前说明会。组团旅行社的业务操作不尽相同，假如组团旅行社安排由领队召开行前说明会，领队必须尽可能召集全体游客参加说明会，说明的内容包括旅游目的地的法律制度、风俗习惯、宗教信仰、注意事项、气候变化等；假如游客还没有购买旅游意外保险，领队必须郑重推荐，确保游客一旦发生意外伤害事故，可以得到相应的赔偿。同时，领队应当根据以往带团的经验，将旅游途中特别容易发生的事故、纠纷提前告知所有游客，使游客在思想上引起重视。

第二，领队应当在旅游行程中进行警示和说明。领队界老前辈们的经验是，在带团过程中，领队必须有一张"婆婆嘴"。意思是说，领队不仅要向游客提供讲解服务，还要反复向游客强调安全，这样的警示和说明不能仅仅停留在行前说明会上，而要在行程中不厌其烦地提醒游客。比如下车时，提醒游客贵重物品随身携带；入住酒店时，提醒游客寄存贵重物品，睡觉前关好门窗；到海滨旅游时，提醒游客不要生吃贝壳类海鲜；吃自助餐时，提醒游客看管好自己随身行李物品等。

第三，领队的警示说明必须有针对性。从理论上说，领队在提醒和警示游客时，人所共知的情况可以不再向游客提醒，只需将旅游目的地与我国的不同作详细的说明，如本案例中交通规则的不同必须清楚地告诉所有游客，请他们在步行和乘坐交通工具时特别留意。由于我国游客的文化背景悬殊较大，地域分布各异，所谓的人所共知也是相对而言，虽然有些知识应当属于常识性的范畴，但领队仍然有必要进行提醒。如交通规则对生活在城市的人们来说再熟悉不过了，但是如果游客来自较为偏僻的农村，他们对于城市的交通规则就不了解，领队不提及仍然可能引起游客的人身伤害。又如针对老年人较多的旅游团，领队要提醒游客在洗澡时注意安全，垫好防滑垫。把浴帘放入浴缸内，防止洗澡水渗到卫生间地板上等。

第四，领队的行为必须合乎规范，领队在出境旅游团中处于特殊的地位，领队的言行具有示范作用。直接影响着旅游团的言行，必须做好表率。比如在带团横穿马路时，领队一定要带领游客走人行横道，并提醒游客也必须走人行横道。以前曾经发生过领队没有按照规则带团横穿马路游客被撞伤事件，领队为此承担了全部赔偿责任。

第五，领队应及时报告组团旅行社并搜集证据。当游客发生人身或者财产损害时，领队除了救助游客外，应及时将情况汇报给组团旅行社负责人，并根据旅行社负责人的指令开展工作。搜集证据的目的，就是为日后可能出现的纠纷或者诉讼做好准备，证据收集齐全，旅行社就可能占据主动地位。

第六，旅行社（领队）应当为游客的救治垫付资金。游客发生人身伤害后，究竟由谁来承担救治费用一直困扰着游客家属和旅行社。游客人身损害发生后，游客家属通常不愿意承担医疗费用，而旅行社和领队也常以没有过错为由拒绝垫付医疗费用，在旅行社没有过错的前提下，旅行社和领队是否应先行垫付医疗费用呢？虽然相关法律没有明确的规定，但根据《合同法》规定的附随义务看，旅行社和领队仍然有垫付医疗费用的义务，因为医疗费用不支出，就意味着游客人身伤害程度将进一步扩大，旅行社有义务阻止该损害的扩大。在此情况下，旅行社可以要求领队督促游客家属出具借条，为日后讨还医疗费用做好准备工作。当然，如果旅行社或者领队的服务与游客的伤害有因果关系，旅行社就必须支付医疗费用。

第七，领队有协助游客索赔的义务。领队的协助义务包括两个方面的含义：假如游客的损失是由第三人造成，和旅行社（领队）的服务没有任何关系，那么领队应做好相关单位和部门的协调工作，如召开赔偿协调会等，维护游客的权益；假如游客的伤害出于意外事故，领队就应当帮助游客收集相关证据，协助游客回国后向保险公司索赔。

本案例中，由于领队事先已经将该岛屿国家的相关注意事项告知全团游客，李女士的人身伤害应当由她自己承担，并且必须全额退还旅行社垫付的医疗费用。

案例　　　　领队的保管义务应当如何履行

吴小姐参加某出境社组织的欧洲旅游团。在游览某著名景点的过程中，吴小姐临时将随身携带的背包交由领队保管，等吴小姐向领队要回背包时，领队发现由于自己的疏忽，竟然丢失了背包。吴小姐声称她的背包内有现金5000元，还有信用卡等物。吴小姐要求领队赔偿共计人民币6000元。组团社得知情况后，要求领队按照吴小姐的要求全额赔偿。

领队以吴小姐证据不足为由，拒绝赔偿。于是组团社明确告知领队：假如他不给吴小姐全额赔偿，将立即解除与他的聘用合同，而吴小姐的损失费用仍从他的押金中扣除。在组团社强大的压力下，领队万般无奈，最后按照吴小姐的要求予以全额赔偿。

分析：

这是一起由保管游客物品引起的纠纷。吴小姐将背包交给领队，领队也接受了吴小姐的背包，并承诺为其保管，这是旅游途中经常出现的一幕。按照法律规定，吴小姐和领队之间的这种行为，就形成了保管合同关系。《合同法》规定，保管期间，因保管人保管不善造成保管物毁损、灭失的，保管人应当承担赔偿损失责任。显然，领队没有尽到保管人的妥善保管义务，领队存在明显过失，应当赔偿吴小姐的损失。

那么具体应当如何赔偿呢？按照吴小姐的说法，该损失包括两部分。第一部分是背包本身的损失，第二部分是吴小姐声称的 5000 元现金。对于第一部分的损失，只要吴小姐提供购买背包的发票，领队就必须承担相应的赔偿责任。对于第二部分的损失，领队是否应当承担赔偿责任则值得商榷。

《合同法》同时规定，寄存人寄存货币、有价证券或者其他贵重物品的，应当向保管人声明，由保管人验收或者封存。寄存人未声明的，该物品毁损、灭失后，保管人可以按照一般物品予以赔偿。按照此项规定，吴小姐把背包交给领队时，应当事先声明背包内有 5000元现金，并由领队验收。但吴小姐并没有这样做，那么吴小姐的背包内是否有现金，到底有多少现金，由谁来证明？由吴小姐自己来证明，显然缺乏应有的说服力。因此，吴小姐本身也存在一定的过失。从法律层面说，领队有权利拒绝对第二部分损失承担赔偿责任。

尽管迫于组团社的压力，领队给予吴小姐全额赔偿，平息了事态，但这对领队显然有失公平。该案例也提醒包括领队在内的旅行社从业人员，在为游客提供周到热情服务的同时，必须了解一定的法律常识，提高自我保护意识，维护自身的合法权益。

案例 游客随身携带物品遗失的责任承担

牛先生一家三口参加某出境旅行社组织的出国旅游，抵达旅游目的地后的第十天，按照旅游合同约定，旅游团是自由活动。领队告诉游客注意安全，并为牛先生等解答了相关问题。牛先生全家在逛街时不慎将随身携带的背包遗失，包内有护照、往返机票、现金等财物（价值 3 万余元人民币），致使其一家三口身无分文滞留在目的地达 6 天之久。当牛先生向领队报告此事时，领队积极协助其报案，并补办临时护照，提供通信方便，安排食住和垫款购买由目的地直航回国的机票，共垫付各项费用达 1.2 万元人民币。牛先生在感谢领队的协助和垫付资金行为的同时，向领队提出，由于自己是随旅游团来旅游的，无论如何旅行社也应该承担相关责任，至少他再赔偿 2 万元人民币，并退还尚未履行的服务费用。领队则代表旅行社要求牛先生归还旅行社垫付的费用，并拒绝了牛先生的其他赔偿要求。

分析：

牛先生要求旅行社承担赔偿责任，理由是他随旅游团外出旅游，旅行社没有履行安全保障义务，由此产生的后果当然要由旅行社承担；而旅行社拒绝承担责任的理由是，领队已经履行了告知义务，旅行社没有任何过错。究竟谁是谁非，还要从法律规定中寻找答案。首先，《旅行社管理条例》的确规定，旅行社应当为游客提供符合保障游客人身、财产安全需要的服务，对有可能危及游客人身、财产安全的项目，应当为游客做出说明和明确的警示，并采取防止危害发生的措施。本案中，从行前说明会到整个旅游活动期间，领队就游客人身、财物安全事项做出了多次警示和说明，领队已经尽到了职责。其次，领队和牛先生并没有保管合同关系。《合同法》规定：保管合同是保管人保管寄存人交付的保管物并返还该物的合同。据此，只有当游客将其物品交付领队保管，因旅行社的原因导致游客财产受损，领队才应当承担责任。而在本案中，牛先生的财物由他本人随身携带，与旅行社之间并不存在保管法律关系。再次，物品遗失责任应由牛先生自己承担。作为完全民事行为能力人，牛先生携带物品属个人财产，理应自己保管好，特别是在人流集中的闹市区，更应该仔细看管好自己的物品，如有遗失，责任自负。最后，旅行社和领队在牛先生财物被盗事件发生后，积极协助牛先生做好善后工作，并为牛先生垫付费用，充分体现了旅行社的人道主义思想，旅行社已尽到了责任。当然，领队和旅行社还应当协助牛先生与保险公司取得联系，办理相关意外保险赔偿。

案例　游客意外受伤后领队应如何应对

张女士夫妇参加了某出境旅行社组织的东南亚旅游，旅游期间，当地导游员向旅游团推荐了一些自费活动项目。张女士夫妇交纳了自费活动的费用后，来到该景区的铁路大桥上，他们为景色所陶醉，并不断拍摄照片。当张女士的丈夫为其拍照时，她不慎从大桥的枕木间跌下，后脑着地，被紧急送到当地医院抢救。事后张女士的丈夫也承认，是张女士在拍照时大意所致。经诊断，张女士不仅手、腿骨折，而且颅内出血。国内的亲属到达后，旅行社希望他们能够支付医疗费，家属则声称没有携带现金。在此情况下，旅行社决定先行垫付张女士的医疗费用8万余元。在张女士基本痊愈后，其家属提出要求旅行社支付20万元的赔偿金，否则将向人民法院提起民事诉讼。而旅行社坚持张女士家属应当先返还旅行社垫付的8万元医疗费，在此前提下，旅行社出于人道主义的考虑，会给予张女士适当的经济补偿。

分析：

张女士在参加旅游的过程中人身受到伤害，的确是一件令人同情的憾事。究竟是张女士家属的赔偿要求合理，还是旅行社的返还请求合理，主要取决于在该起意外伤害事件中，旅行社（领队）是否存在过失。就领队而言，除了积极协助救治游客、向组团旅行社报告外，还必须有强烈的取证意识，以便使旅行社在将来的协商或诉讼中占据有利地位。首先，领队应当有足够的书面证据证明，张女士参加该景区的自费活动项目出于自愿，没有强迫或者变相强迫。其次，领队应当证明，不仅在旅行社的行前说明会，而且在领队和地陪在为游客提供服务的过程中，都已经向游客强调注意人身财产安全。最后，领队应当证明，旅行社提供的所有的产品和服务都是安全的，包括旅游合同约定中的各项产品和服务、旅游合同变更后增加的产品和服务均安全可靠。至于本案例，旅行社必须从该旅游目的地国家有关权威部门取得该景区符合安全标准的证明，如该景区经营的相关合法资质等书面证明。如果旅行社不能证明该景区是安全的，即使旅行社证明张女士参加自费服务项目完全出于自愿，而且领队和地陪反复告诫游客注意安全，也难以说明该损害应全部由张女士自己承担。

综上所述，假如领队能够在团队行进过程中较为圆满地完成三个层面的举证工作，旅行社就不应当承担任何责任；假如旅行社不能完成强有力的举证工作，旅行社就可能承担责任；假如旅行社的举证有重大缺陷，其承担赔偿责任的风险就更大。

第四章 *chapter 4*
相关法律政策与旅行社安全管理

相关的法律政策知识是出境领队人员的工作方针。在出境旅游过程中出现问题时，领队人员要以国家的政策和有关法律、法规予以正确处理。领队人员自身的言行更要符合法律法规和政策的要求，只有这样才能够做好出境旅游安全工作。

第一节 《旅游法》与旅行社安全管理

《旅游法》未出台以前，我国有《旅行社条例》、《导游人员管理条例》、《中国公民出国旅游管理办法》等有关旅游的条例办法。《旅游法》经全国人大常委会审议通过，是旅游业的基本大法。《旅游法》的出台意味着我国旅游业监管正式上升到法律层面。

一、旅游经营

第二十八条 设立旅行社，招徕、组织、接待旅游者，为其提供旅游服务，应当具备下列条件，取得旅游主管部门的许可，依法办理工商登记：

（1）有固定的经营场所。

（2）有必要的营业设施。

（3）有符合规定的注册资本。

（4）有必要的经营管理人员和导游。

（5）法律、行政法规规定的其他条件。

第二十九条 旅行社可以经营下列业务：

（1）境内旅游。

（2）出境旅游。

（3）边境旅游。

（4）入境旅游。

（5）其他旅游业务。

旅行社经营前款第二项和第三项业务，应当取得相应的业务经营许可，具体条件由国务院规定。

第三十条 旅行社不得出租、出借旅行社业务经营许可证，或者以其他形式非法转让旅行社业务经营许可。

第三十一条 旅行社应当按照规定交纳旅游服务质量保证金，用于旅游者权益损害赔偿和垫付旅游者人身安全遇有危险时紧急救助的费用。

主要是发生重大伤亡事故时，能够第一时间保障旅游者得到及时的救助、治疗，避免旅行社经营者跑路而贻误救助、治疗时机。

第三十二条 旅行社为招徕、组织旅游者发布信息，必须真实、准确，不得进行虚假宣传，误导旅游者。

这一条是对《消费者权益保护法》中经营者义务的延伸。

第三十三条 旅行社及其从业人员组织、接待旅游者，不得安排参观或者参与违反我国法律、法规和社会公德的项目或者活动。

第三十四条 旅行社组织旅游活动应当向合格的供应商订购产品和服务。

实质上是指与有相应资质、经营许可的商家签订合同。如，包车、住宿、食品等。

第三十五条 旅行社不得以不合理的低价组织旅游活动，诱骗旅游者，并通过安排购物或者另行付费旅游项目获取回扣等不正当利益。

旅行社组织、接待旅游者，不得指定具体购物场所，不得安排另行付费旅游项目。但是，经双方协商一致或者旅游者要求，且不影响其他旅游者行程安排的除外。

完善了合同制度。本款禁止指定的仅是"购物场所"，因此，指定餐馆、饭店是可以的，也方便统一管理。

发生违反前两款规定情形的，旅游者有权在旅游行程结束后 30 日内，要求旅行社为其办理退货并先行垫付退货货款，或者退还另行付费旅游项目的费用。

旅游者"被购物"或被不合理收费的，可在 30 日内要求旅行社办理退货并先垫付退货款，或退回被不合理收取的费用。

第三十六条 旅行社组织团队出境旅游或者组织、接待团队入境旅游，应当按照规定安排领队或者导游全程陪同。

二、旅游服务合同

第五十七条 旅行社组织和安排旅游活动，应当与旅游者订立合同。

第五十八条 包价旅游合同应当采用书面形式，包括下列内容：

（1）旅行社、旅游者的基本信息。

（2）旅游行程安排。

（3）旅游团成团的最低人数。

（4）交通、住宿、餐饮等旅游服务安排和标准。

（5）游览、娱乐等项目的具体内容和时间。

（6）自由活动时间安排。

（7）旅游费用及其交纳的期限和方式。

（8）违约责任和解决纠纷的方式。

（9）法律、法规规定和双方约定的其他事项。

订立包价旅游合同时，旅行社应当向旅游者详细说明前款第二项至第八项所载内容。

规定了旅行社及其从业人员对合同必备内容的说明义务。

第五十九条 旅行社应当在旅游行程开始前向旅游者提供旅游行程单。

旅游行程单是包价旅游合同的组成部分。

第六十条 旅行社委托其他旅行社代理销售包价旅游产品并与旅游者订立包价旅游合同的，应当在包价旅游合同中载明委托社和代理社的基本信息。

旅行社依照本法规定将包价旅游合同中的接待业务委托给地接社履行的，应当在包价旅游合同中载明地接社的基本信息。

安排导游为旅游者提供服务的，应当在包价旅游合同中载明导游服务费用。

第六十一条 旅行社应当提示参加团队旅游的旅游者按照规定投保人身意外伤害保险。

第六十二条 订立包价旅游合同时，旅行社应当向旅游者告知下列事项：

（1）旅游者不适合参加旅游活动的情形。

（2）旅游活动中的安全注意事项。

（3）旅行社依法可以减免责任的信息。

（4）旅游者应当注意的旅游目的地相关法律、法规和风俗习惯、宗教禁忌，依照中国法律不宜参加的活动等。

（5）法律、法规规定的其他应当告知的事项。

在包价旅游合同履行中，遇有前款规定事项的，旅行社也应当告知旅游者。

旅行社如未尽到上述告知义务的，一旦发生事故，应承担相应的法律责任。

三、旅游安全

专章规定旅游安全，建立旅游安全综合管理、保障和救助体系，包括确立旅游安全风险提示、高风险旅游、旅游保险管理等旅游安全保障制度，明确了政府、旅游经营者、旅游者在旅游安全问题上的责任和义务，突出了以人为本和安全问题高于一切的指导思想。

第七十九条 旅游经营者应当严格执行安全生产管理和消防安全管理的法

律、法规和国家标准、行业标准，具备相应的安全生产条件，制定旅游者安全保护制度和应急预案。

旅游经营者应当对直接为旅游者提供服务的从业人员开展经常性应急救助技能培训，对提供的产品和服务进行安全检验、监测和评估，采取必要措施防止危害发生。

旅游经营者组织、接待老年人、未成年人、残疾人等旅游者，应当采取相应的安全保障措施。

第八十条 旅游经营者应当就旅游活动中的下列事项，以明示的方式事先向旅游者作出说明或者警示：

（1）正确使用相关设施、设备的方法。

（2）必要的安全防范和应急措施。

（3）未向旅游者开放的经营、服务场所和设施、设备。

（4）不适宜参加相关活动的群体。

（5）可能危及旅游者人身、财产安全的其他情形。

第八十一条 突发事件或者旅游安全事故发生后，旅游经营者应当立即采取必要的救助和处置措施，依法履行报告义务，并对旅游者作出妥善安排。

第八十二条 旅游者在人身、财产安全遇有危险时，有权请求旅游经营者、当地政府和相关机构进行及时救助。

中国出境旅游者在境外陷入困境时，有权请求我国驻当地机构在其职责范围内给予协助和保护。

旅游者接受相关组织或者机构的救助后，应当支付应由个人承担的费用。

四、法律责任

第九十五条 违反本法规定，未经许可经营旅行社业务的，由旅游主管部门或者工商行政管理部门责令改正，没收违法所得，并处1万元以上10万元以下罚款；违法所得10万元以上的，并处违法所得1倍以上5倍以下罚款；对有关责任人员，处2000元以上2万元以下罚款。

旅行社违反本法规定，未经许可经营本法第二十九条第一款第二项、第三项业务，或者出租、出借旅行社业务经营许可证，或者以其他方式非法转让旅行社业务经营许可的，除依照前款规定处罚外，并责令停业整顿；情节严重的，吊销旅行社业务经营许可证；对直接负责的主管人员，处 2000 元以上 2 万元以下罚款。

第九十六条 旅行社违反本法规定，有下列行为之一的，由旅游主管部门责令改正，没收违法所得，并处 5000 元以上 5 万元以下罚款；情节严重的，责令停业整顿或者吊销旅行社业务经营许可证；对直接负责的主管人员和其他直接责任人员，处 2000 元以上 2 万元以下罚款：

（1）未按照规定为出境或者入境团队旅游安排领队或者导游全程陪同的。

（2）安排未取得导游证或者领队证的人员提供导游或者领队服务的。

（3）未向临时聘用的导游支付导游服务费用的。

（4）要求导游垫付或者向导游收取费用的。

第九十七条 旅行社违反本法规定，有下列行为之一的，由旅游主管部门或者有关部门责令改正，没收违法所得，并处 5000 元以上 5 万元以下罚款；违法所得 5 万元以上的，并处违法所得 1 倍以上 5 倍以下罚款；情节严重的，责令停业整顿或者吊销旅行社业务经营许可证；对直接负责的主管人员和其他直接责任人员，处 2000 元以上 2 万元以下罚款：

（1）进行虚假宣传，误导旅游者的。

（2）向不合格的供应商订购产品和服务的。

（3）未按照规定投保旅行社责任保险的。

第九十八条 旅行社违反本法第三十五条规定的，由旅游主管部门责令改正，没收违法所得，责令停业整顿，并处 3 万元以上 30 万元以下罚款；违法所得 30 万元以上的，并处违法所得 1 倍以上 5 倍以下罚款；情节严重的，吊销旅行社业务经营许可证；对直接负责的主管人员和其他直接责任人员，没收违法所得，处 2000 元以上 2 万元以下罚款，并暂扣或者吊销导游证、领队证。

第九十九条 旅行社未履行本法第五十五条规定的报告义务的，由旅游主管部门处 5000 元以上 5 万元以下罚款；情节严重的，责令停业整顿或者吊销旅行社业务经营许可证；对直接负责的主管人员和其他直接责任人员，处2000元以上2万元以下罚款，并暂扣或者吊销导游证、领队证。

第一百条 旅行社违反本法规定，有下列行为之一的，由旅游主管部门责令改正，处3万元以上30万元以下罚款，并责令停业整顿；造成旅游者滞留等严重后果的，吊销旅行社业务经营许可证；对直接负责的主管人员和其他直接责任人员，处2000元以上2万元以下罚款，并暂扣或者吊销导游证、领队证：

（1）在旅游行程中擅自变更旅游行程安排，严重损害旅游者权益的。

（2）拒绝履行合同的。

（3）未征得旅游者书面同意，委托其他旅行社履行包价旅游合同的。

第一百零一条 旅行社违反本法规定，安排旅游者参观或者参与违反我国法律、法规和社会公德的项目或者活动的，由旅游主管部门责令改正，没收违法所得，责令停业整顿，并处2万元以上20万元以下罚款；情节严重的，吊销旅行社业务经营许可证；对直接负责的主管人员和其他直接责任人员，处2000元以上2万元以下罚款，并暂扣或者吊销导游证、领队证。

第一百零二条 违反本法规定，未取得导游证或者领队证从事导游、领队活动的，由旅游主管部门责令改正，没收违法所得，并处1000元以上1万元以下罚款，予以公告。

导游、领队违反本法规定，私自承揽业务的，由旅游主管部门责令改正，没收违法所得，处1000元以上1万元以下罚款，并暂扣或者吊销导游证、领队证。

导游、领队违反本法规定，向旅游者索取小费的，由旅游主管部门责令退还，处1000元以上1万元以下罚款；情节严重的，并暂扣或者吊销导游证、领队证。

第一百零三条 违反本法规定被吊销导游证、领队证的导游、领队和受到吊销旅行社业务经营许可证处罚的旅行社的有关管理人员，自处罚之日起未逾3年的，不得重新申请导游证、领队证或者从事旅行社业务。

第一百零四条 旅游经营者违反本法规定，给予或者收受贿赂的，由工商行政管理部门依照有关法律、法规的规定处罚；情节严重的，并由旅游主管部门吊销旅行社业务经营许可证。

第二节 《出境旅游团队安全保障工作方案》 与旅行社安全管理

为了切实有效地保障出境旅游团队的安全，各出境旅游组团社要高度重视出境旅游团队安全保障工作，充分认识加强出境旅游安全保障工作是坚持"以人为本"原则的重要体现。为了迅速有效地处置出境旅游团队在境外遇到的各种突发事件，切实保护出境旅游者的生命财产安全，保障出境游组团社的合法权益，维护我国旅游业形象，国家旅游局 2005 年第 63 号文发布了《出境旅游团队安全保障工作方案》。要求按照"救援第一，就近处置，减少危害"的指导原则，尽一切可能为旅游者提供救援、救助，要积极主动协助事发地相关机构、部门进行紧急救援工作。

一、适用范围

（一）本工作方案适用范围

本工作方案适用于各级旅游行政管理部门、出境游组团社、出境游领队人员处置旅游团在出境旅游过程中因突发公共事件、事故灾难、自然灾害而发生的重大旅游者伤亡事件及重大财产损失。

（二）出境旅游团队安全事件的范围

（1）自然灾害、事故灾难导致的重大旅游者伤亡事件，包括：地震、山体滑坡、泥石流、山洪暴发、火山爆发等地质灾害；海啸、雪崩、洪水、龙卷风等自然灾害；民航、铁路、公路、水运等重大交通运输事故。

（2）突发公共卫生事件造成的重大旅游者伤亡事件，包括：突发性重大传染性疾病疫情、群体性不明原因疾病、重大食物中毒，以及其他严重影响公众健康的事件等。

（3）突发社会安全事件，包括：大型旅游节庆活动中由于人群过度拥挤、火灾、建筑物倒塌等造成人员伤亡的突发事件；战争、恐怖活动等导致的旅游者人身伤亡。

（4）旅游团队遇到抢劫、偷盗等社会治安方面的问题而导致旅游者重大财产损失。

（5）大型公共游艺场所的大型游艺设施、设备、器械，因机械故障、突然停电、恶劣天气等导致的旅游者人身伤亡。

（6）其他危害旅游者人身、财产安全的问题。

二、预警发布

（一）建立健全出境旅游团队安全警告、警示通报机制

（1）根据国务院、国家旅游局发出的旅游警告或者劝阻令等有关信息，当某个目的地国家或地区的形势危及出境旅游团队人员人身安全时，向本公司组织招徕接待的相关旅游者发出旅游警告或者劝阻令。

（2）及时查看国家旅游局信息中心在"中国旅游网"上开设的"旅行安全提示"窗口，增设为出境旅游者提供电子邮件提示和互联网链接的服务内容。

（3）要求各作业部门和业务人员将旅游警告或劝阻令传达至出境旅游组团社和领队人员，要求禁止组织前往该国家或地区的旅游活动。若因各种原因无法更改行程，应事先报告旅游行政管理部门，由省级旅游行政管理部门报告国家旅游局，国家旅游局通报有关部门和我国驻该国使、领馆或有关机构，给予必要的帮助。

（4）向旅游者做好解释工作。

（二）安全教育和提醒

（1）各级旅游行政管理部门和组团社要加强对经理人员和领队人员的安全知识培训，增强经理人员和领队人员的安全意识。

（2）出境游组团社应督促目的地国家地接社制定旅游团队的安全保障措施。团队到达目的地后，领队人员应将组团社的旅游团安全要点告知对方导游和司机等有关人员。

（3）出境游组团社应建立行前说明会安全告示制度。对旅游者出境安全问题进行教育和提示。

（4）出境游组团社应在出游组团签订旅游合同时，提醒旅游者购买人身意外保险。

三、救援机制

（一）出境旅游团队安全事件报告机制

（1）出境旅游团队安全事件发生后，领队人员应立即向组团社进行报告，报告内容为团号，参团人数，领队人员姓名，事件发生的时间、地点、伤亡人数、财产损失情况、其他参团人员情况等，组团社应立即将有关情况向当地旅游行政管理部门报告。

（2）当地旅游行政管理部门在接到一般（Ⅲ级：指一次安全事件造成旅游者1～4人重伤）以上事件报告后，要立即向上级旅游行政管理部门报告。

（二）出境旅游团队安全保障处置程序

（1）出境旅游团发生旅游者伤亡或重大财产损失时，领队人员应立即报警或要求地接社导游立即报警，并与地接社的导游一起，尽快协助当地有关部门进行紧急救援工作和善后工作；尽快报告我国驻所在国使、领馆或所在地区有关机构，以及国内组团社；协调地接社和我国驻所在国使、领馆或所在地区有关机构进行救援和善后工作；做好旅游团队的稳定工作和剩余行程的调整工作。

（2）组团社接到领队人员关于发生旅游者伤亡或重大财产损失的报告后，应立即成立应急工作小组，启动安全保障工作方案。立即将有关情况报告所在地旅游行政管理部门；指挥领队人员和协调所在国或地区地接社进行紧急救援；组团社负责人应立即前往所在国或地区处理善后事宜；协调旅游者家属赴事发地参与善后的有关工作；与国内保险公司协调，启动对旅游者的赔付工作程序。

（3）所在地旅游行政管理部门接到组团社的报告后，启动安全保障工作方案，立即向上一级旅游行政管理部门报告；国家旅游局接到省级旅游行政管理部门的报告后，按照国务院事故报送标准，及时将情况报告国务院；发生重大安全事件时，国家旅游局启动保障工作方案，指导所在地旅游行政管理部门和组团社处理有关事宜；协调我国驻所在国家的使、领馆进行紧急救援及有关事宜。

（三）公布应急救援联络方式

（1）国家旅游局通过中国旅游网、《中国旅游报》、印制小册子等渠道向出境旅游者提供我国公民出国旅游目的地国家的使、领馆电话，旅游救援电话，报警电话。国家旅游局设立救援电话，并保证 24 小时畅通。

（2）组团社向旅游者公布我驻前往目的地国家的使、领馆电话和当地旅游救援、报警电话。组团社在团队出境前，应给每位旅游者印制发放一份紧急联系通讯录。

四、安全应急保障和演练

各级旅游行政管理部门和旅游企业要高度重视出境旅游团队的安全保障工作，加强对这项工作的领导。要根据本地区、本企业的实际情况，制定出境旅游团队安全保障工作方案，对组团社经理和领队等有关人员要加强培训和演习，做到熟悉相关程序，了解有关知识，保持信息畅通，保证各级机构相互衔接与协调。

今后一个时期，我国在旅游应急方面还有大量工作要做，旅游安全保障尚待加速健全。目前从国家到地方已基本建立起旅游应急预案框架，但发展尚不均衡。国家部门一级的应急反应和部门联动较快，省市以下建设参差不齐，基础性的建设还有较多空白；旅游应急还以行政性动员为主，由专业的救援机构实施的商业性救援尚处探索中；行业协会的作用发挥不够，帮助旅游企业规避风险、减少损失的空间还很大；旅游安全保障仍以"应急"为主，多数举措属于应急反应和非常之举，有效的日常安全保障建设还不足，旅游安全事故防范和安全保障远没有上升到标准化管理、法律法规保障阶段。

五、加强制度建设和基础工作

当前，加强制度建设和基础工作是积极应对各类涉旅突发事件的理性选择。

一是各级旅游部门要根据实际情况和应急工作的要求，真正形成自上而下的旅游安全应急体系，推进旅游安全标准化建设；要广泛运用信息化手段建立起覆盖全国的旅游团队统计监测体系，为紧急情况下的旅游救援提供有效可靠的决策依据；要在现有基础上进一步加强上下联动、部门协作、区域及境内外合作，形成信息畅通、协调有力、应对高效的旅游安全保障工作机制。

二是旅游企业要发挥安全应急的基础性作用。特别是旅行社对游客的安全责无旁贷，要在日常的经营中将安全意识落到实处，从服务流程上把好每一道关，不留隐患；要把好全陪、领队，特别是出境游领队的资质关，领队一定要有过硬的语言沟通能力，熟悉目的地的各种情况，有处理紧急情况的丰富经验；要开好行前说明会，把出游安全作为重要内容对游客宣讲，尽到指导、提示的责任。要有专业的人才储备，一旦发生突发事件，能派出熟悉当地法律的人员前往协调解决，最大限度地保障游客利益。

三是行业协会应发挥联合相关部门抗御涉旅突发事件影响的桥梁纽带作用，如组织相关企业专门针对因不可抗力造成的损失问题进行磋商，尽可能兼顾各方利益，研究切实可行的解决办法，并探索形成工作机制。

四是游客要提高安全意识，切实珍惜生命，了解保障旅游安全的基本常识，遇到突发事件听从专业人士的建议，提高对突发事件的应对能力，并提高购买保险的意识。

附　录

附件 1　《中华人民共和国旅游法》

《中华人民共和国旅游法》

中华人民共和国主席令第 3 号

《中华人民共和国旅游法》已由中华人民共和国第十二届全国人民代表大会常务委员会第二次会议于 2013 年 4 月 25 日通过，现予公布，自 2013 年 10 月 1 日起施行。

中华人民共和国主席　习近平

2013 年 4 月 25 日

第一章　总　则

第一条　为保障旅游者和旅游经营者的合法权益，规范旅游市场秩序，保护和合理利用旅游资源，促进旅游业持续健康发展，制定本法。

第二条　在中华人民共和国境内的和在中华人民共和国境内组织到境外的游览、度假、休闲等形式的旅游活动以及为旅游活动提供相关服务的经营活动，适用本法。

第三条　国家发展旅游事业，完善旅游公共服务，依法保护旅游者在旅游活动中的权利。

第四条　旅游业发展应当遵循社会效益、经济效益和生态效益相统一的原则。国家鼓励各类市场主体在有效保护旅游资源的前提下，依法合理利用旅游资源。利用公共资源建设的游览场所应当体现公益性质。

第五条　国家倡导健康、文明、环保的旅游方式，支持和鼓励各类社会机构开展旅游公益宣传，对促进旅游业发展做出突出贡献的单位和个人给予奖励。

第六条　国家建立健全旅游服务标准和市场规则，禁止行业垄断和地区垄断。旅游经营者应当诚信经营，公平竞争，承担社会责任，为旅游者提供安全、健康、卫生、方便的旅游服务。

第七条　国务院建立健全旅游综合协调机制，对旅游业发展进行综合协调。

县级以上地方人民政府应当加强对旅游工作的组织和领导，明确相关部门或者机构，对本行政区域的旅游业发展和监督管理进行统筹协调。

第八条　依法成立的旅游行业组织，实行自律管理。

第二章　旅游者

第九条　旅游者有权自主选择旅游产品和服务，有权拒绝旅游经营者的强制交易行为。

旅游者有权知悉其购买的旅游产品和服务的真实情况。

旅游者有权要求旅游经营者按照约定提供产品和服务。

第十条　旅游者的人格尊严、民族风俗习惯和宗教信仰应当得到尊重。

第十一条　残疾人、老年人、未成年人等旅游者在旅游活动中依照法律、法规和有关规定享受便利和优惠。

第十二条　旅游者在人身、财产安全遇有危险时，有请求救助和保护的权利。

旅游者人身、财产受到侵害的，有依法获得赔偿的权利。

第十三条　旅游者在旅游活动中应当遵守社会公共秩序和社会公德，尊重当地的风俗习惯、文化传统和宗教信仰，爱护旅游资源，保护生态环境，遵守旅游文明行为规范。

第十四条 旅游者在旅游活动中或者在解决纠纷时，不得损害当地居民的合法权益，不得干扰他人的旅游活动，不得损害旅游经营者和旅游从业人员的合法权益。

第十五条 旅游者购买、接受旅游服务时，应当向旅游经营者如实告知与旅游活动相关的个人健康信息，遵守旅游活动中的安全警示规定。

旅游者对国家应对重大突发事件暂时限制旅游活动的措施以及有关部门、机构或者旅游经营者采取的安全防范和应急处置措施，应当予以配合。

旅游者违反安全警示规定，或者对国家应对重大突发事件暂时限制旅游活动的措施、安全防范和应急处置措施不予配合的，依法承担相应责任。

第十六条 出境旅游者不得在境外非法滞留，随团出境的旅游者不得擅自分团、脱团。

入境旅游者不得在境内非法滞留，随团入境的旅游者不得擅自分团、脱团。

第三章 旅游规划和促进

第十七条 国务院和县级以上地方人民政府应当将旅游业发展纳入国民经济和社会发展规划。

国务院和省、自治区、直辖市人民政府以及旅游资源丰富的设区的市和县级人民政府，应当按照国民经济和社会发展规划的要求，组织编制旅游发展规划。对跨行政区域且适宜进行整体利用的旅游资源进行利用时，应当由上级人民政府组织编制或者由相关地方人民政府协商编制统一的旅游发展规划。

第十八条 旅游发展规划应当包括旅游业发展的总体要求和发展目标，旅游资源保护和利用的要求和措施，以及旅游产品开发、旅游服务质量提升、旅游文化建设、旅游形象推广、旅游基础设施和公共服务设施建设的要求和促进措施等内容。

根据旅游发展规划，县级以上地方人民政府可以编制重点旅游资源开发利用的专项规划，对特定区域内的旅游项目、设施和服务功能配套提出专门要求。

第十九条　旅游发展规划应当与土地利用总体规划、城乡规划、环境保护规划以及其他自然资源和文物等人文资源的保护和利用规划相衔接。

第二十条　各级人民政府编制土地利用总体规划、城乡规划，应当充分考虑相关旅游项目、设施的空间布局和建设用地要求。规划和建设交通、通信、供水、供电、环保等基础设施和公共服务设施，应当兼顾旅游业发展的需要。

第二十一条　对自然资源和文物等人文资源进行旅游利用，必须严格遵守有关法律、法规的规定，符合资源、生态保护和文物安全的要求，尊重和维护当地传统文化和习俗，维护资源的区域整体性、文化代表性和地域特殊性，并考虑军事设施保护的需要。有关主管部门应当加强对资源保护和旅游利用状况的监督检查。

第二十二条　各级人民政府应当组织对本级政府编制的旅游发展规划的执行情况进行评估，并向社会公布。

第二十三条　国务院和县级以上地方人民政府应当制定并组织实施有利于旅游业持续健康发展的产业政策，推进旅游休闲体系建设，采取措施推动区域旅游合作，鼓励跨区域旅游线路和产品开发，促进旅游与工业、农业、商业、文化、卫生、体育、科教等领域的融合，扶持少数民族地区、革命老区、边远地区和贫困地区旅游业发展。

第二十四条　国务院和县级以上地方人民政府应当根据实际情况安排资金，加强旅游基础设施建设、旅游公共服务和旅游形象推广。

第二十五条　国家制定并实施旅游形象推广战略。国务院旅游主管部门统筹组织国家旅游形象的境外推广工作，建立旅游形象推广机构和网络，开展旅游国际合作与交流。

县级以上地方人民政府统筹组织本地的旅游形象推广工作。

第二十六条　国务院旅游主管部门和县级以上地方人民政府应当根据需要建立旅游公共信息和咨询平台，无偿向旅游者提供旅游景区、线路、交通、气象、住宿、安全、医疗急救等必要信息和咨询服务。设区的市和县级人民政府有关部门应当根据需要在交通枢纽、商业中心和旅游者集中场所设置旅游咨询中心，在景区和通往主要景区的道路设置旅游指示标识。

旅游资源丰富的设区的市和县级人民政府可以根据本地的实际情况，建立旅游者客运专线或者旅游者中转站，为旅游者在城市及周边旅游提供服务。

第二十七条 国家鼓励和支持发展旅游职业教育和培训，提高旅游从业人员素质。

第四章　旅游经营

第二十八条 设立旅行社，招徕、组织、接待旅游者，为其提供旅游服务，应当具备下列条件，取得旅游主管部门的许可，依法办理工商登记：

（1）有固定的经营场所。

（2）有必要的营业设施。

（4）有符合规定的注册资本。

（4）有必要的经营管理人员和导游。

（5）法律、行政法规规定的其他条件。

第二十九条 旅行社可以经营下列业务：

（1）境内旅游。

（2）出境旅游。

（3）边境旅游。

（4）入境旅游。

（5）其他旅游业务。

旅行社经营前款第二项和第三项业务，应当取得相应的业务经营许可，具体条件由国务院规定。

第三十条 旅行社不得出租、出借旅行社业务经营许可证，或者以其他形式非法转让旅行社业务经营许可。

第三十一条 旅行社应当按照规定交纳旅游服务质量保证金，用于旅游者权益损害赔偿和垫付旅游者人身安全遇有危险时紧急救助的费用。

第三十二条　旅行社为招徕、组织旅游者发布信息，必须真实、准确，不得进行虚假宣传，误导旅游者。

第三十三条　旅行社及其从业人员组织、接待旅游者，不得安排参观或者参与违反我国法律、法规和社会公德的项目或者活动。

第三十四条　旅行社组织旅游活动应当向合格的供应商订购产品和服务。

第三十五条　旅行社不得以不合理的低价组织旅游活动，诱骗旅游者，并通过安排购物或者另行付费旅游项目获取回扣等不正当利益。

旅行社组织、接待旅游者，不得指定具体购物场所，不得安排另行付费旅游项目。但是，经双方协商一致或者旅游者要求，且不影响其他旅游者行程安排的除外。

发生违反前两款规定情形的，旅游者有权在旅游行程结束后 30 日内，要求旅行社为其办理退货并先行垫付退货货款，或者退还另行付费旅游项目的费用。

第三十六条　旅行社组织团队出境旅游或者组织、接待团队入境旅游，应当按照规定安排领队或者导游全程陪同。

第三十七条　参加导游资格考试成绩合格，与旅行社订立劳动合同或者在相关旅游行业组织注册的人员，可以申请取得导游证。

第三十八条　旅行社应当与其聘用的导游依法订立劳动合同，支付劳动报酬，缴纳社会保险费用。

旅行社临时聘用导游为旅游者提供服务的，应当全额向导游支付本法第六十条第三款规定的导游服务费用。

旅行社安排导游为团队旅游提供服务的，不得要求导游垫付或者向导游收取任何费用。

第三十九条　取得导游证，具有相应的学历、语言能力和旅游从业经历，并与旅行社订立劳动合同的人员，可以申请取得领队证。

第四十条　导游和领队为旅游者提供服务必须接受旅行社委派，不得私自承揽导游和领队业务。

第四十一条　导游和领队从事业务活动，应当佩戴导游证、领队证，遵守职业道德，尊重旅游者的风俗习惯和宗教信仰，应当向旅游者告知和解释旅游文明行为规范，引导旅游者健康、文明旅游，劝阻旅游者违反社会公德的行为。

导游和领队应当严格执行旅游行程安排，不得擅自变更旅游行程或者中止服务活动，不得向旅游者索取小费，不得诱导、欺骗、强迫或者变相强迫旅游者购物或者参加另行付费旅游项目。

第四十二条 景区开放应当具备下列条件，并听取旅游主管部门的意见：

（1）有必要的旅游配套服务和辅助设施。

（2）有必要的安全设施及制度，经过安全风险评估，满足安全条件。

（3）有必要的环境保护设施和生态保护措施。

（4）法律、行政法规规定的其他条件。

第四十三条 利用公共资源建设的景区的门票以及景区内的游览场所、交通工具等另行收费项目，实行政府定价或者政府指导价，严格控制价格上涨。拟收费或者提高价格的，应当举行听证会，征求旅游者、经营者和有关方面的意见，论证其必要性、可行性。

利用公共资源建设的景区，不得通过增加另行收费项目等方式变相涨价；另行收费项目已收回投资成本的，应当相应降低价格或者取消收费。

公益性的城市公园、博物馆、纪念馆等，除重点文物保护单位和珍贵文物收藏单位外，应当逐步免费开放。

第四十四条 景区应当在醒目位置公示门票价格、另行收费项目的价格及团体收费价格。景区提高门票价格应当提前6个月公布。

将不同景区的门票或者同一景区内不同游览场所的门票合并出售的，合并后的价格不得高于各单项门票的价格之和，且旅游者有权选择购买其中的单项票。

景区内的核心游览项目因故暂停向旅游者开放或者停止提供服务的，应当公示并相应减少收费。

第四十五条 景区接待旅游者不得超过景区主管部门核定的最大承载量。景区应当公布景区主管部门核定的最大承载量，制定和实施旅游者流量控制方案，并可以采取门票预约等方式，对景区接待旅游者的数量进行控制。

旅游者数量可能达到最大承载量时，景区应当提前公告并同时向当地人民政府报告，景区和当地人民政府应当及时采取疏导、分流等措施。

第四十六条　城镇和乡村居民利用自有住宅或者其他条件依法从事旅游经营，其管理办法由省、自治区、直辖市制定。

第四十七条　经营高空、高速、水上、潜水、探险等高风险旅游项目，应当按照国家有关规定取得经营许可。

第四十八条　通过网络经营旅行社业务的，应当依法取得旅行社业务经营许可，并在其网站主页的显著位置标明其业务经营许可证信息。

发布旅游经营信息的网站，应当保证其信息真实、准确。

第四十九条　为旅游者提供交通、住宿、餐饮、娱乐等服务的经营者，应当符合法律、法规规定的要求，按照合同约定履行义务。

第五十条　旅游经营者应当保证其提供的商品和服务符合保障人身、财产安全的要求。

旅游经营者取得相关质量标准等级的，其设施和服务不得低于相应标准；未取得质量标准等级的，不得使用相关质量等级的称谓和标识。

第五十一条　旅游经营者销售、购买商品或者服务，不得给予或者收受贿赂。

第五十二条　旅游经营者对其在经营活动中知悉的旅游者个人信息，应当予以保密。

第五十三条　从事道路旅游客运的经营者应当遵守道路客运安全管理的各项制度，并在车辆显著位置明示道路旅游客运专用标识，在车厢内显著位置公示经营者和驾驶人信息、道路运输管理机构监督电话等事项。

第五十四条　景区、住宿经营者将其部分经营项目或者场地交由他人从事住宿、餐饮、购物、游览、娱乐、旅游交通等经营的，应当对实际经营者的经营行为给旅游者造成的损害承担连带责任。

第五十五条　旅游经营者组织、接待出入境旅游，发现旅游者从事违法活动或者有违反本法第十六条规定情形的，应当及时向公安机关、旅游主管部门或者我国驻外机构报告。

第五十六条 国家根据旅游活动的风险程度，对旅行社、住宿、旅游交通以及本法第四十七条规定的高风险旅游项目等经营者实施责任保险制度。

第五章 旅游服务合同

第五十七条 旅行社组织和安排旅游活动，应当与旅游者订立合同。

第五十八条 包价旅游合同应当采用书面形式，包括下列内容：

（1）旅行社、旅游者的基本信息。

（2）旅游行程安排。

（3）旅游团成团的最低人数。

（4）交通、住宿、餐饮等旅游服务安排和标准。

（5）游览、娱乐等项目的具体内容和时间。

（6）自由活动时间安排。

（7）旅游费用及其交纳的期限和方式。

（8）违约责任和解决纠纷的方式。

（9）法律、法规规定和双方约定的其他事项。

订立包价旅游合同时，旅行社应当向旅游者详细说明前款第二项至第八项所载内容。

第五十九条 旅行社应当在旅游行程开始前向旅游者提供旅游行程单。旅游行程单是包价旅游合同的组成部分。

第六十条 旅行社委托其他旅行社代理销售包价旅游产品并与旅游者订立包价旅游合同的，应当在包价旅游合同中载明委托社和代理社的基本信息。

旅行社依照本法规定将包价旅游合同中的接待业务委托给地接社履行的，应当在包价旅游合同中载明地接社的基本信息。

安排导游为旅游者提供服务的，应当在包价旅游合同中载明导游服务费用。

第六十一条 旅行社应当提示参加团队旅游的旅游者按照规定投保人身意外伤害保险。

第六十二条 订立包价旅游合同时，旅行社应当向旅游者告知下列事项：

（1）旅游者不适合参加旅游活动的情形。

（2）旅游活动中的安全注意事项。

（3）旅行社依法可以减免责任的信息。

（4）旅游者应当注意的旅游目的地相关法律、法规和风俗习惯、宗教禁忌，依照中国法律不宜参加的活动等。

（5）法律、法规规定的其他应当告知的事项。

在包价旅游合同履行中，遇有前款规定事项的，旅行社也应当告知旅游者。

第六十三条　旅行社招徕旅游者组团旅游，因未达到约定人数不能出团的，组团社可以解除合同。但是，境内旅游应当至少提前 7 日通知旅游者，出境旅游应当至少提前 30 日通知旅游者。

因未达到约定人数不能出团的，组团社经征得旅游者书面同意，可以委托其他旅行社履行合同。组团社对旅游者承担责任，受委托的旅行社对组团社承担责任。旅游者不同意的，可以解除合同。

因未达到约定的成团人数解除合同的，组团社应当向旅游者退还已收取的全部费用。

第六十四条　旅游行程开始前，旅游者可以将包价旅游合同中自身的权利义务转让给第三人，旅行社没有正当理由的不得拒绝，因此增加的费用由旅游者和第三人承担。

第六十五条　旅游行程结束前，旅游者解除合同的，组团社应当在扣除必要的费用后，将余款退还旅游者。

第六十六条　旅游者有下列情形之一的，旅行社可以解除合同：

（1）患有传染病等疾病，可能危害其他旅游者健康和安全的。

（2）携带危害公共安全的物品且不同意交有关部门处理的。

（3）从事违法或者违反社会公德的活动的。

（4）从事严重影响其他旅游者权益的活动，且不听劝阻、不能制止的。

（5）法律规定的其他情形。

因前款规定情形解除合同的，组团社应当在扣除必要的费用后，将余款退还旅游者；给旅行社造成损失的，旅游者应当依法承担赔偿责任。

第六十七条 因不可抗力或者旅行社、履行辅助人已尽合理注意义务仍不能避免的事件，影响旅游行程的，按照下列情形处理：

（1）合同不能继续履行的，旅行社和旅游者均可以解除合同。合同不能完全履行的，旅行社经向旅游者作出说明，可以在合理范围内变更合同；旅游者不同意变更的，可以解除合同。

（2）合同解除的，组团社应当在扣除已向地接社或者履行辅助人支付且不可退还的费用后，将余款退还旅游者；合同变更的，因此增加的费用由旅游者承担，减少的费用退还旅游者。

（3）危及旅游者人身、财产安全的，旅行社应当采取相应的安全措施，因此支出的费用，由旅行社与旅游者分担。

（4）造成旅游者滞留的，旅行社应当采取相应的安置措施。因此增加的食宿费用，由旅游者承担；增加的返程费用，由旅行社与旅游者分担。

第六十八条 旅游行程中解除合同的，旅行社应当协助旅游者返回出发地或者旅游者指定的合理地点。由于旅行社或者履行辅助人的原因导致合同解除的，返程费用由旅行社承担。

第六十九条 旅行社应当按照包价旅游合同的约定履行义务，不得擅自变更旅游行程安排。

经旅游者同意，旅行社将包价旅游合同中的接待业务委托给其他具有相应资质的地接社履行的，应当与地接社订立书面委托合同，约定双方的权利和义务，向地接社提供与旅游者订立的包价旅游合同的副本，并向地接社支付不低于接待和服务成本的费用。地接社应当按照包价旅游合同和委托合同提供服务。

第七十条 旅行社不履行包价旅游合同义务或者履行合同义务不符合约定的，应当依法承担继续履行、采取补救措施或者赔偿损失等违约责任；造成旅游者人身损害、财产损失的，应当依法承担赔偿责任。旅行社具备履行条件，经旅游者要求仍拒绝履行合同，造成旅游者人身损害、滞留等严重后果的，旅游者还可以要求旅行社支付旅游费用1倍以上3倍以下的赔偿金。

由于旅游者自身原因导致包价旅游合同不能履行或者不能按照约定履行，或者造成旅游者人身损害、财产损失的，旅行社不承担责任。

在旅游者自行安排活动期间，旅行社未尽到安全提示、救助义务的，应当对旅游者的人身损害、财产损失承担相应责任。

第七十一条　由于地接社、履行辅助人的原因导致违约的，由组团社承担责任；组团社承担责任后可以向地接社、履行辅助人追偿。

由于地接社、履行辅助人的原因造成旅游者人身损害、财产损失的，旅游者可以要求地接社、履行辅助人承担赔偿责任，也可以要求组团社承担赔偿责任；组团社承担责任后可以向地接社、履行辅助人追偿。但是，由于公共交通经营者的原因造成旅游者人身损害、财产损失的，由公共交通经营者依法承担赔偿责任，旅行社应当协助旅游者向公共交通经营者索赔。

第七十二条　旅游者在旅游活动中或者在解决纠纷时，损害旅行社、履行辅助人、旅游从业人员或者其他旅游者的合法权益的，依法承担赔偿责任。

第七十三条　旅行社根据旅游者的具体要求安排旅游行程，与旅游者订立包价旅游合同的，旅游者请求变更旅游行程安排，因此增加的费用由旅游者承担，减少的费用退还旅游者。

第七十四条　旅行社接受旅游者的委托，为其代订交通、住宿、餐饮、游览、娱乐等旅游服务，收取代办费用的，应当亲自处理委托事务。因旅行社的过错给旅游者造成损失的，旅行社应当承担赔偿责任。

旅行社接受旅游者的委托，为其提供旅游行程设计、旅游信息咨询等服务的，应当保证设计合理、可行，信息及时、准确。

第七十五条　住宿经营者应当按照旅游服务合同的约定为团队旅游者提供住宿服务。住宿经营者未能按照旅游服务合同提供服务的，应当为旅游者提供不低于原定标准的住宿服务，因此增加的费用由住宿经营者承担；但由于不可抗力、政府因公共利益需要采取措施造成不能提供服务的，住宿经营者应当协助安排旅游者住宿。

第六章　旅游安全

第七十六条　县级以上人民政府统一负责旅游安全工作。县级以上人民政府有关部门依照法律、法规履行旅游安全监管职责。

第七十七条　国家建立旅游目的地安全风险提示制度。旅游目的地安全风险提示的级别划分和实施程序，由国务院旅游主管部门会同有关部门制定。

县级以上人民政府及其有关部门应当将旅游安全作为突发事件监测和评估的重要内容。

第七十八条　县级以上人民政府应当依法将旅游应急管理纳入政府应急管理体系，制订应急预案，建立旅游突发事件应对机制。

突发事件发生后，当地人民政府及其有关部门和机构应当采取措施开展救援，并协助旅游者返回出发地或者旅游者指定的合理地点。

第七十九条　旅游经营者应当严格执行安全生产管理和消防安全管理的法律、法规和国家标准、行业标准，具备相应的安全生产条件，制定旅游者安全保护制度和应急预案。

旅游经营者应当对直接为旅游者提供服务的从业人员开展经常性应急救助技能培训，对提供的产品和服务进行安全检验、监测和评估，采取必要措施防止危害发生。

旅游经营者组织、接待老年人、未成年人、残疾人等旅游者，应当采取相应的安全保障措施。

第八十条　旅游经营者应当就旅游活动中的下列事项，以明示的方式事先向旅游者作出说明或者警示：

（1）正确使用相关设施、设备的方法。

（2）必要的安全防范和应急措施。

（3）未向旅游者开放的经营、服务场所和设施、设备。

（4）不适宜参加相关活动的群体。

（5）可能危及旅游者人身、财产安全的其他情形。

第八十一条　突发事件或者旅游安全事故发生后，旅游经营者应当立即采取必要的救助和处置措施，依法履行报告义务，并对旅游者作出妥善安排。

第八十二条　旅游者在人身、财产安全遇有危险时，有权请求旅游经营者、当地政府和相关机构进行及时救助。

中国出境旅游者在境外陷入困境时，有权请求我国驻当地机构在其职责范围内给予协助和保护。

旅游者接受相关组织或者机构的救助后，应当支付应由个人承担的费用。

第七章 旅游监督管理

第八十三条 县级以上人民政府旅游主管部门和有关部门依照本法和有关法律、法规的规定，在各自职责范围内对旅游市场实施监督管理。

县级以上人民政府应当组织旅游主管部门、有关主管部门和工商行政管理、产品质量监督、交通等执法部门对相关旅游经营行为实施监督检查。

第八十四条 旅游主管部门履行监督管理职责，不得违反法律、行政法规的规定向监督管理对象收取费用。

旅游主管部门及其工作人员不得参与任何形式的旅游经营活动。

第八十五条 县级以上人民政府旅游主管部门有权对下列事项实施监督检查：

（1）经营旅行社业务以及从事导游、领队服务是否取得经营、执业许可。

（2）旅行社的经营行为。

（3）导游和领队等旅游从业人员的服务行为。

（4）法律、法规规定的其他事项。

旅游主管部门依照前款规定实施监督检查，可以对涉嫌违法的合同、票据、账簿以及其他资料进行查阅、复制。

第八十六条 旅游主管部门和有关部门依法实施监督检查，其监督检查人员不得少于两人，并应当出示合法证件。监督检查人员少于两人或者未出示合法证件的，被检查单位和个人有权拒绝。

监督检查人员对在监督检查中知悉的被检查单位的商业秘密和个人信息应当依法保密。

第八十七条 对依法实施的监督检查，有关单位和个人应当配合，如实说明情况并提供文件、资料，不得拒绝、阻碍和隐瞒。

第八十八条　县级以上人民政府旅游主管部门和有关部门，在履行监督检查职责中或者在处理举报、投诉时，发现违反本法规定行为的，应当依法及时作出处理；对不属于本部门职责范围的事项，应当及时书面通知并移交有关部门查处。

第八十九条　县级以上地方人民政府建立旅游违法行为查处信息的共享机制，对需要跨部门、跨地区联合查处的违法行为，应当进行督办。

旅游主管部门和有关部门应当按照各自职责，及时向社会公布监督检查的情况。

第九十条　依法成立的旅游行业组织依照法律、行政法规和章程的规定，制定行业经营规范和服务标准，对其会员的经营行为和服务质量进行自律管理，组织开展职业道德教育和业务培训，提高从业人员素质。

第八章　旅游纠纷处理

第九十一条　县级以上人民政府应当指定或者设立统一的旅游投诉受理机构。受理机构接到投诉，应当及时进行处理或者移交有关部门处理，并告知投诉者。

第九十二条　旅游者与旅游经营者发生纠纷，可以通过下列途径解决：

（1）双方协商。

（2）向消费者协会、旅游投诉受理机构或者有关调解组织申请调解。

（3）根据与旅游经营者达成的仲裁协议提请仲裁机构仲裁。

（4）向人民法院提起诉讼。

第九十三条　消费者协会、旅游投诉受理机构和有关调解组织在双方自愿的基础上，依法对旅游者与旅游经营者之间的纠纷进行调解。

第九十四条　旅游者与旅游经营者发生纠纷，旅游者一方人数众多并有共同请求的，可以推选代表人参加协商、调解、仲裁、诉讼活动。

第九章　法律责任

第九十五条　违反本法规定，未经许可经营旅行社业务的，由旅游主管部门或者工商行政管理部门责令改正，没收违法所得，并处1万元以上10万元以下罚款；违法所得10万元以上的，并处违法所得1倍以上5倍以下罚款；对有关责任人员，处2000元以上2万元以下罚款。

旅行社违反本法规定，未经许可经营本法第二十九条第一款第二项、第三项业务，或者出租、出借旅行社业务经营许可证，或者以其他方式非法转让旅行社业务经营许可的，除依照前款规定处罚外，并责令停业整顿；情节严重的，吊销旅行社业务经营许可证；对直接负责的主管人员，处2000元以上2万元以下罚款。

第九十六条　旅行社违反本法规定，有下列行为之一的，由旅游主管部门责令改正，没收违法所得，并处5000元以上5万元以下罚款；情节严重的，责令停业整顿或者吊销旅行社业务经营许可证；对直接负责的主管人员和其他直接责任人员，处2000元以上2万元以下罚款：

（1）未按照规定为出境或者入境团队旅游安排领队或者导游全程陪同的。

（2）安排未取得导游证或者领队证的人员提供导游或者领队服务的。

（3）未向临时聘用的导游支付导游服务费用的。

（4）要求导游垫付或者向导游收取费用的。

第九十七条　旅行社违反本法规定，有下列行为之一的，由旅游主管部门或者有关部门责令改正，没收违法所得，并处5000元以上5万元以下罚款；违法所得5万元以上的，并处违法所得1倍以上5倍以下罚款；情节严重的，责令停业整顿或者吊销旅行社业务经营许可证；对直接负责的主管人员和其他直接责任人员，处2000元以上2万元以下罚款：

（1）进行虚假宣传，误导旅游者的。

（2）向不合格的供应商订购产品和服务的。

（3）未按照规定投保旅行社责任保险的。

第九十八条 旅行社违反本法第三十五条规定的，由旅游主管部门责令改正，没收违法所得，责令停业整顿，并处 3 万元以上 30 万元以下罚款；违法所得 30 万元以上的，并处违法所得 1 倍以上 5 倍以下罚款；情节严重的，吊销旅行社业务经营许可证；对直接负责的主管人员和其他直接责任人员，没收违法所得，处 2000 元以上 2 万元以下罚款，并暂扣或者吊销导游证、领队证。

第九十九条 旅行社未履行本法第五十五条规定的报告义务的，由旅游主管部门处 5000 元以上 5 万元以下罚款；情节严重的，责令停业整顿或者吊销旅行社业务经营许可证；对直接负责的主管人员和其他直接责任人员，处 2000 元以上 2 万元以下罚款，并暂扣或者吊销导游证、领队证。

第一百条 旅行社违反本法规定，有下列行为之一的，由旅游主管部门责令改正，处 3 万元以上 30 万元以下罚款，并责令停业整顿；造成旅游者滞留等严重后果的，吊销旅行社业务经营许可证；对直接负责的主管人员和其他直接责任人员，处 2000 元以上 2 万元以下罚款，并暂扣或者吊销导游证、领队证：

（1）在旅游行程中擅自变更旅游行程安排，严重损害旅游者权益的。

（2）拒绝履行合同的。

（3）未征得旅游者书面同意，委托其他旅行社履行包价旅游合同的。

第一百零一条 旅行社违反本法规定，安排旅游者参观或者参与违反我国法律、法规和社会公德的项目或者活动的，由旅游主管部门责令改正，没收违法所得，责令停业整顿，并处 2 万元以上 20 万元以下罚款；情节严重的，吊销旅行社业务经营许可证；对直接负责的主管人员和其他直接责任人员，处 2000 元以上 2 万元以下罚款，并暂扣或者吊销导游证、领队证。

第一百零二条 违反本法规定，未取得导游证或者领队证从事导游、领队活动的，由旅游主管部门责令改正，没收违法所得，并处 1000 元以上 1 万元以下罚款，予以公告。

导游、领队违反本法规定，私自承揽业务的，由旅游主管部门责令改正，没收违法所得，处 1000 元以上 1 万元以下罚款，并暂扣或者吊销导游证、领队证。

导游、领队违反本法规定，向旅游者索取小费的，由旅游主管部门责令退还，处 1000 元以上 1 万元以下罚款；情节严重的，并暂扣或者吊销导游证、领队证。

第一百零三条 违反本法规定被吊销导游证、领队证的导游、领队和受到吊销旅行社业务经营许可证处罚的旅行社的有关管理人员，自处罚之日起未逾 3 年的，不得重新申请导游证、领队证或者从事旅行社业务。

第一百零四条 旅游经营者违反本法规定，给予或者收受贿赂的，由工商行政管理部门依照有关法律、法规的规定处罚；情节严重的，并由旅游主管部门吊销旅行社业务经营许可证。

第一百零五条 景区不符合本法规定的开放条件而接待旅游者的，由景区主管部门责令停业整顿直至符合开放条件，并处 2 万元以上 20 万元以下罚款。

景区在旅游者数量可能达到最大承载量时，未依照本法规定公告或者未向当地人民政府报告，未及时采取疏导、分流等措施，或者超过最大承载量接待旅游者的，由景区主管部门责令改正，情节严重的，责令停业整顿一个月至六个月。

第一百零六条 景区违反本法规定，擅自提高门票或者另行收费项目的价格，或者有其他价格违法行为的，由有关主管部门依照有关法律、法规的规定处罚。

第一百零七条 旅游经营者违反有关安全生产管理和消防安全管理的法律、法规或者国家标准、行业标准的，由有关主管部门依照有关法律、法规的规定处罚。

第一百零八条 对违反本法规定的旅游经营者及其从业人员，旅游主管部门和有关部门应当记入信用档案，向社会公布。

第一百零九条 旅游主管部门和有关部门的工作人员在履行监督管理职责中，滥用职权、玩忽职守、徇私舞弊，尚不构成犯罪的，依法给予处分。

第一百一十条 违反本法规定，构成犯罪的，依法追究刑事责任。

第十章 附 则

第一百一十一条 本法下列用语的含义：

（1）旅游经营者，是指旅行社、景区以及为旅游者提供交通、住宿、餐饮、购物、娱乐等服务的经营者。

（2）景区，是指为旅游者提供游览服务、有明确的管理界限的场所或者区域。

（3）包价旅游合同，是指旅行社预先安排行程，提供或者通过履行辅助人提供交通、住宿、餐饮、游览、导游或者领队等两项以上旅游服务，旅游者以总价支付旅游费用的合同。

（4）组团社，是指与旅游者订立包价旅游合同的旅行社。

（5）地接社，是指接受组团社委托，在目的地接待旅游者的旅行社。

（6）履行辅助人，是指与旅行社存在合同关系，协助其履行包价旅游合同义务，实际提供相关服务的法人或者自然人。

第一百一十二条 本法自 2013 年 10 月 1 日起施行。

附件2 《中华人民共和国消费者权益保护法》

《中华人民共和国消费者权益保护法》

第一章 总 则

第一条 为保护消费者的合法权益，维护社会经济秩序，促进社会主义市场经济健康发展，制定本法。

第二条 消费者为生活消费需要购买、使用商品或者接受服务，其权益受本法保护；本法未作规定的，受其他有关法律、法规保护。

第三条 经营者为消费者提供其生产、销售的商品或者提供服务，应当遵守本法；本法未作规定的，应当遵守其他有关法律、法规。

第四条 经营者与消费者进行交易，应当遵循自愿、平等、公平、诚实信用的原则。

第五条 国家保护消费者的合法权益不受侵害。

国家采取措施，保障消费者依法行使权利，维护消费者的合法权益。

国家倡导文明、健康、节约资源和保护环境的消费方式，反对浪费。

第六条 保护消费者的合法权益是全社会的共同责任。

国家鼓励、支持一切组织和个人对损害消费者合法权益的行为进行社会监督。

大众传播媒介应当做好维护消费者合法权益的宣传，对损害消费者合法权益的行为进行舆论监督。

第二章　消费者的权利

第七条 消费者在购买、使用商品和接受服务时享有人身、财产安全不受损害的权利。

消费者有权要求经营者提供的商品和服务，符合保障人身、财产安全的要求。

第八条 消费者享有知悉其购买、使用的商品或者接受的服务的真实情况的权利。

消费者有权根据商品或者服务的不同情况，要求经营者提供商品的价格、产地、生产者、用途、性能、规格、等级、主要成分、生产日期、有效期限、检验合格证明、使用方法说明书、售后服务，或者服务的内容、规格、费用等有关情况。

第九条 消费者享有自主选择商品或者服务的权利。

消费者有权自主选择提供商品或者服务的经营者，自主选择商品品种或者服务方式，自主决定购买或者不购买任何一种商品、接受或者不接受任何一项服务。

消费者在自主选择商品或者服务时，有权进行比较、鉴别和挑选。

第十条 消费者享有公平交易的权利。

消费者在购买商品或者接受服务时，有权获得质量保障、价格合理、计量正确等公平交易条件，有权拒绝经营者的强制交易行为。

第十一条 消费者因购买、使用商品或者接受服务受到人身、财产损害的，享有依法获得赔偿的权利。

第十二条 消费者享有依法成立维护自身合法权益的社会组织的权利。

第十三条 消费者享有获得有关消费和消费者权益保护方面的知识的权利。

消费者应当努力掌握所需商品或者服务的知识和使用技能，正确使用商品，提高自我保护意识。

第十四条 消费者在购买、使用商品和接受服务时，享有人格尊严、民族风俗习惯得到尊重的权利，享有个人信息依法得到保护的权利。

第十五条 消费者享有对商品和服务以及保护消费者权益工作进行监督的权利。

消费者有权检举、控告侵害消费者权益的行为和国家机关及其工作人员在保护消费者权益工作中的违法失职行为，有权对保护消费者权益工作提出批评、建议。

第三章 经营者的义务

第十六条 经营者向消费者提供商品或者服务，应当依照本法和其他有关法律、法规的规定履行义务。

经营者和消费者有约定的，应当按照约定履行义务，但双方的约定不得违背法律、法规的规定。

经营者向消费者提供商品或者服务，应当恪守社会公德，诚信经营，保障消费者的合法权益；不得设定不公平、不合理的交易条件，不得强制交易。

第十七条 经营者应当听取消费者对其提供的商品或者服务的意见，接受消费者的监督。

第十八条 经营者应当保证其提供的商品或者服务符合保障人身、财产安全的要求。对可能危及人身、财产安全的商品和服务，应当向消费者作出真实的说明和明确的警示，并说明和标明正确使用商品或者接受服务的方法以及防止危害发生的方法。

宾馆、商场、餐馆、银行、机场、车站、港口、影剧院等经营场所的经营者，应当对消费者尽到安全保障义务。

第十九条 经营者发现其提供的商品或者服务存在缺陷，有危及人身、财产安全危险的，应当立即向有关行政部门报告和告知消费者，并采取停止销售、警示、召回、无害化处理、销毁、停止生产或者服务等措施。采取召回措施的，经营者应当承担消费者因商品被召回支出的必要费用。

第二十条 经营者向消费者提供有关商品或者服务的质量、性能、用途、有效期限等信息，应当真实、全面，不得作虚假或者引人误解的宣传。

经营者对消费者就其提供的商品或者服务的质量和使用方法等问题提出的询问，应当作出真实、明确的答复。

经营者提供商品或者服务应当明码标价。

第二十一条 经营者应当标明其真实名称和标记。

租赁他人柜台或者场地的经营者，应当标明其真实名称和标记。

第二十二条 经营者提供商品或者服务，应当按照国家有关规定或者商业惯例向消费者出具发票等购货凭证或者服务单据；消费者索要发票等购货凭证或者服务单据的，经营者必须出具。

第二十三条 经营者应当保证在正常使用商品或者接受服务的情况下其提供的商品或者服务应当具有的质量、性能、用途和有效期限；但消费者在购买该商品或者接受该服务前已经知道其存在瑕疵，且存在该瑕疵不违反法律强制性规定的除外。

经营者以广告、产品说明、实物样品或者其他方式表明商品或者服务的质量状况的，应当保证其提供的商品或者服务的实际质量与表明的质量状况相符。

经营者提供的机动车、计算机、电视机、电冰箱、空调器、洗衣机等耐用商品或者装饰装修等服务，消费者自接受商品或者服务之日起6个月内发现瑕疵，发生争议的，由经营者承担有关瑕疵的举证责任。

第二十四条 经营者提供的商品或者服务不符合质量要求的，消费者可以依照国家规定、当事人约定退货，或者要求经营者履行更换、修理等义务。没有国家规定和当事人约定的，消费者可以自收到商品之日起7日内退货；7日后符合法定解除合同条件的，消费者可以及时退货，不符合法定解除合同条件的，可以要求经营者履行更换、修理等义务。

依照前款规定进行退货、更换、修理的，经营者应当承担运输等必要费用。

第二十五条 经营者采用网络、电视、电话、邮购等方式销售商品，消费者有权自收到商品之日起7日内退货，且无须说明理由，但下列商品除外：

（1）消费者定做的。

（2）鲜活易腐的。

（3）在线下载或者消费者拆封的音像制品、计算机软件等数字化商品。

（4）交付的报纸、期刊。

除前款所列商品外，其他根据商品性质并经消费者在购买时确认不宜退货的商品，不适用无理由退货。

消费者退货的商品应当完好。经营者应当自收到退回商品之日起7日内返还消费者支付的商品价款。退回商品的运费由消费者承担；经营者和消费者另有约定的，按照约定。

第二十六条 经营者在经营活动中使用格式条款的，应当以显著方式提请消费者注意商品或者服务的数量和质量、价款或者费用、履行期限和方式、安全注意事项和风险警示、售后服务、民事责任等与消费者有重大利害关系的内容，并按照消费者的要求予以说明。

经营者不得以格式条款、通知、声明、店堂告示等方式，作出排除或者限制消费者权利、减轻或者免除经营者责任、加重消费者责任等对消费者不公平、不合理的规定，不得利用格式条款并借助技术手段强制交易。

格式条款、通知、声明、店堂告示等含有前款所列内容的，其内容无效。

第二十七条 经营者不得对消费者进行侮辱、诽谤，不得搜查消费者的身体及其携带的物品，不得侵犯消费者的人身自由。

第二十八条 采用网络、电视、电话、邮购等方式提供商品或者服务的经营者，以及提供证券、保险、银行等金融服务的经营者，应当向消费者提供经营地址、联系方式、商品或者服务的数量和质量、价款或者费用、履行期限和方式、安全注意事项和风险警示、售后服务、民事责任等信息。

第二十九条 经营者收集、使用消费者个人信息，应当遵循合法、正当、必要的原则，明示收集、使用信息的目的、方式和范围，并经消费者同意。经营者收集、使用消费者个人信息，应当公开其收集、使用规则，不得违反法律、法规的规定和双方的约定收集、使用信息。

经营者及其工作人员对收集的消费者个人信息必须严格保密，不得泄露、出售或者非法向他人提供。经营者应当采取技术措施和其他必要措施，确保信息安全，防止消费者个人信息泄露、丢失。在发生或者可能发生信息泄露、丢失的情况时，应当立即采取补救措施。

经营者未经消费者同意或者请求，或者消费者明确表示拒绝的，不得向其发送商业性信息。

第四章　国家对消费者合法权益的保护

第三十条 国家制定有关消费者权益的法律、法规、规章和强制性标准，应当听取消费者和消费者协会等组织的意见。

第三十一条 各级人民政府应当加强领导，组织、协调、督促有关行政部门做好保护消费者合法权益的工作，落实保护消费者合法权益的职责。

各级人民政府应当加强监督，预防危害消费者人身、财产安全行为的发生，及时制止危害消费者人身、财产安全的行为。

第三十二条 各级人民政府工商行政管理部门和其他有关行政部门应当依照法律、法规的规定，在各自的职责范围内，采取措施，保护消费者的合法权益。

有关行政部门应当听取消费者和消费者协会等组织对经营者交易行为、商品和服务质量问题的意见，及时调查处理。

第三十三条 有关行政部门在各自的职责范围内，应当定期或者不定期对经营者提供的商品和服务进行抽查检验，并及时向社会公布抽查检验结果。

有关行政部门发现并认定经营者提供的商品或者服务存在缺陷，有危及人身、财产安全危险的，应当立即责令经营者采取停止销售、警示、召回、无害化处理、销毁、停止生产或者服务等措施。

第三十四条 有关国家机关应当依照法律、法规的规定，惩处经营者在提供商品和服务中侵害消费者合法权益的违法犯罪行为。

第三十五条 人民法院应当采取措施，方便消费者提起诉讼。对符合《中华人民共和国民事诉讼法》起诉条件的消费者权益争议，必须受理，及时审理。

第五章　消费者组织

第三十六条 消费者协会和其他消费者组织是依法成立的对商品和服务进行社会监督的保护消费者合法权益的社会组织。

第三十七条 消费者协会履行下列公益性职责：

（1）向消费者提供消费信息和咨询服务，提高消费者维护自身合法权益的能力，引导文明、健康、节约资源和保护环境的消费方式。

（2）参与制定有关消费者权益的法律、法规、规章和强制性标准。

（3）参与有关行政部门对商品和服务的监督、检查。

（4）就有关消费者合法权益的问题，向有关部门反映、查询，提出建议。

（5）受理消费者的投诉，并对投诉事项进行调查、调解。

（6）投诉事项涉及商品和服务质量问题的，可以委托具备资格的鉴定人鉴定，鉴定人应当告知鉴定意见。

（7）就损害消费者合法权益的行为，支持受损害的消费者提起诉讼或者依照本法提起诉讼。

（8）对损害消费者合法权益的行为，通过大众传播媒介予以揭露、批评。

各级人民政府对消费者协会履行职责应当予以必要的经费等支持。

消费者协会应当认真履行保护消费者合法权益的职责，听取消费者的意见和建议，接受社会监督。

依法成立的其他消费者组织依照法律、法规及其章程的规定，开展保护消费者合法权益的活动。

第三十八条　消费者组织不得从事商品经营和营利性服务，不得以收取费用或者其他谋取利益的方式向消费者推荐商品和服务。

第六章　争议的解决

第三十九条　消费者和经营者发生消费者权益争议的，可以通过下列途径解决：

（1）与经营者协商和解。

（2）请求消费者协会或者依法成立的其他调解组织调解。

（3）向有关行政部门投诉。

（4）根据与经营者达成的仲裁协议提请仲裁机构仲裁。

（5）向人民法院提起诉讼。

第四十条　消费者在购买、使用商品时，其合法权益受到损害的，可以向销售者要求赔偿。销售者赔偿后，属于生产者的责任或者属于向销售者提供商品的其他销售者的责任的，销售者有权向生产者或者其他销售者追偿。

消费者或者其他受害人因商品缺陷造成人身、财产损害的，可以向销售者要求赔偿，也可以向生产者要求赔偿。属于生产者责任的，销售者赔偿后，有权向生产者追偿。属于销售者责任的，生产者赔偿后，有权向销售者追偿。

消费者在接受服务时，其合法权益受到损害的，可以向服务者要求赔偿。

第四十一条　消费者在购买、使用商品或者接受服务时，其合法权益受到损害，因原企业分立、合并的，可以向变更后承受其权利义务的企业要求赔偿。

第四十二条　使用他人营业执照的违法经营者提供商品或者服务，损害消费者合法权益的，消费者可以向其要求赔偿，也可以向营业执照的持有人要求赔偿。

第四十三条　消费者在展销会、租赁柜台购买商品或者接受服务，其合法权益受到损害的，可以向销售者或者服务者要求赔偿。展销会结束或者柜台租赁期满后，也可以向展销会的举办者、柜台的出租者要求赔偿。展销会的举办者、柜台的出租者赔偿后，有权向销售者或者服务者追偿。

第四十四条　消费者通过网络交易平台购买商品或者接受服务，其合法权益受到损害的，可以向销售者或者服务者要求赔偿。网络交易平台提供者不能提供销售者或者服务者的真实名称、地址和有效联系方式的，消费者也可以向网络交易平台提供者要求赔偿；网络交易平台提供者作出更有利于消费者的承诺的，应当履行承诺。网络交易平台提供者赔偿后，有权向销售者或者服务者追偿。

网络交易平台提供者明知或者应知销售者或者服务者利用其平台侵害消费者合法权益，未采取必要措施的，依法与该销售者或者服务者承担连带责任。

第四十五条　消费者因经营者利用虚假广告或者其他虚假宣传方式提供商品或者服务，其合法权益受到损害的，可以向经营者要求赔偿。广告经营者、发布者发布虚假广告的，消费者可以请求行政主管部门予以惩处。广告经营者、发布者不能提供经营者的真实名称、地址和有效联系方式的，应当承担赔偿责任。

广告经营者、发布者设计、制作、发布关系消费者生命健康商品或者服务的虚假广告，造成消费者损害的，应当与提供该商品或者服务的经营者承担连带责任。

社会团体或者其他组织、个人在关系消费者生命健康商品或者服务的虚假广告或者其他虚假宣传中向消费者推荐商品或者服务，造成消费者损害的，应当与提供该商品或者服务的经营者承担连带责任。

第四十六条　消费者向有关行政部门投诉的，该部门应当自收到投诉之日起七个工作日内，予以处理并告知消费者。

第四十七条　对侵害众多消费者合法权益的行为，中国消费者协会以及在省、自治区、直辖市设立的消费者协会，可以向人民法院提起诉讼。

第七章　法律责任

第四十八条　经营者提供商品或者服务有下列情形之一的，除本法另有规定外，应当依照其他有关法律、法规的规定，承担民事责任：

（1）商品或者服务存在缺陷的。

（2）不具备商品应当具备的使用性能而出售时未作说明的。

（3）不符合在商品或者其包装上注明采用的商品标准的。

（4）不符合商品说明、实物样品等方式表明的质量状况的。

（5）生产国家明令淘汰的商品或者销售失效、变质的商品的。

（6）销售的商品数量不足的。

（7）服务的内容和费用违反约定的。

（8）对消费者提出的修理、重做、更换、退货、补足商品数量、退还货款和服务费用或者赔偿损失的要求，故意拖延或者无理拒绝的。

（9）法律、法规规定的其他损害消费者权益的情形。

经营者对消费者未尽到安全保障义务，造成消费者损害的，应当承担侵权责任。

第四十九条　经营者提供商品或者服务，造成消费者或者其他受害人人身伤害的，应当赔偿医疗费、护理费、交通费等为治疗和康复支出的合理费用，以及因误工减少的收入。造成残疾的，还应当赔偿残疾生活辅助具费和残疾赔偿金。造成死亡的，还应当赔偿丧葬费和死亡赔偿金。

第五十条　经营者侵害消费者的人格尊严、侵犯消费者人身自由或者侵害消费者个人信息依法得到保护的权利的，应当停止侵害、恢复名誉、消除影响、赔礼道歉，并赔偿损失。

第五十一条　经营者有侮辱诽谤、搜查身体、侵犯人身自由等侵害消费者或者其他受害人人身权益的行为，造成严重精神损害的，受害人可以要求精神损害赔偿。

第五十二条　经营者提供商品或者服务，造成消费者财产损害的，应当依照法律规定或者当事人约定承担修理、重做、更换、退货、补足商品数量、退还货款和服务费用或者赔偿损失等民事责任。

第五十三条　经营者以预收款方式提供商品或者服务的，应当按照约定提供。未按照约定提供的，应当按照消费者的要求履行约定或者退回预付款；并应当承担预付款的利息、消费者必须支付的合理费用。

第五十四条　依法经有关行政部门认定为不合格的商品，消费者要求退货的，经营者应当负责退货。

第五十五条　经营者提供商品或者服务有欺诈行为的，应当按照消费者的要求增加赔偿其受到的损失，增加赔偿的金额为消费者购买商品的价款或者接受服务的费用的 3 倍；增加赔偿的金额不足 500 元的，为 500 元。法律另有规定的，依照其规定。

经营者明知商品或者服务存在缺陷，仍然向消费者提供，造成消费者或者其他受害人死亡或者健康严重损害的，受害人有权要求经营者依照本法第四十九条、第五十一条等法律规定赔偿损失，并有权要求所受损失 2 倍以下的惩罚性赔偿。

第五十六条　经营者有下列情形之一，除承担相应的民事责任外，其他有关法律、法规对处罚机关和处罚方式有规定的，依照法律、法规的规定执行；法律、法规未作规定的，由工商行政管理部门或者其他有关行政部门责令改正，可以根据情节单处或者并处警告、没收违法所得、处以违法所得 1 倍以上 10 倍以下的罚款，没有违法所得的，处以 50 万元以下的罚款；情节严重的，责令停业整顿、吊销营业执照：

（1）提供的商品或者服务不符合保障人身、财产安全要求的。

（2）在商品中掺杂、掺假，以假充真，以次充好，或者以不合格商品冒充合格商品的。

（3）生产国家明令淘汰的商品或者销售失效、变质的商品的。

（4）伪造商品的产地，伪造或者冒用他人的厂名、厂址，篡改生产日期，伪造或者冒用认证标志等质量标志的。

（5）销售的商品应当检验、检疫而未检验、检疫或者伪造检验、检疫结果的。

（6）对商品或者服务作虚假或者引人误解的宣传的。

（7）拒绝或者拖延有关行政部门责令对缺陷商品或者服务采取停止销售、警示、召回、无害化处理、销毁、停止生产或者服务等措施的。

（8）对消费者提出的修理、重做、更换、退货、补足商品数量、退还货款和服务费用或者赔偿损失的要求，故意拖延或者无理拒绝的。

（9）侵害消费者人格尊严、侵犯消费者人身自由或者侵害消费者个人信息依法得到保护的权利的。

（10）法律、法规规定的对损害消费者权益应当予以处罚的其他情形。

经营者有前款规定情形的，除依照法律、法规规定予以处罚外，处罚机关应当记入信用档案，向社会公布。

第五十七条 经营者违反本法规定提供商品或者服务，侵害消费者合法权益，构成犯罪的，依法追究刑事责任。

第五十八条 经营者违反本法规定，应当承担民事赔偿责任和缴纳罚款、罚金，其财产不足以同时支付的，先承担民事赔偿责任。

第五十九条 经营者对行政处罚决定不服的，可以依法申请行政复议或者提起行政诉讼。

第六十条 以暴力、威胁等方法阻碍有关行政部门工作人员依法执行职务的，依法追究刑事责任；拒绝、阻碍有关行政部门工作人员依法执行职务，未使用暴力、威胁方法的，由公安机关依照《中华人民共和国治安管理处罚法》的规定处罚。

第六十一条 国家机关工作人员玩忽职守或者包庇经营者侵害消费者合法权益的行为的，由其所在单位或者上级机关给予行政处分；情节严重，构成犯罪的，依法追究刑事责任。

第八章 附 则

第六十二条 农民购买、使用直接用于农业生产的生产资料，参照本法执行。

第六十三条 本法自 1994 年 1 月 1 日起施行。

附件 3 《出境旅游团队安全保障工作方案》

旅办发〔2005〕63 号

各省、自治区、直辖市旅游局（委）：

为了迅速有效地处置我出境旅游团队在境外遇到的各种突发事件，切实保护我出境旅游者的生命财产安全，保障出境游组团社的合法权益，维护我国旅游业形象，国家旅游局制定了《出境旅游团队安全保障工作方案》。现印发给你们，请你局（委）认真按照《方案》的要求和部署，抓好贯彻落实。

特此通知。

1 总则

1.1 目的和依据

1.1.1 目的

为了切实有效地保障我国出境旅游团队的安全，迅速有效地处置我出境旅游团队在境外所遇到的各种突发公共事件、事故灾难和自然灾害，尽可能地为出境旅游者提供救援和帮助，保护出境旅游者的生命和财产安全，保障出境游组团社的合法权益，维护中国旅游形象，特制定本工作方案。

1.1.2 制定依据

（1）《中华人民共和国安全生产法》

（2）《中华人民共和国传染病防治法》

（3）《突发公共卫生事件应急条例》

（4）《旅游突发公共事件应急预案》

（5）《旅行社管理条例》

（6）《中国公民出国旅游管理办法》

（7）《边境旅游暂行管理办法》

（8）《出境旅游领队人员管理办法》

（9）《旅游安全管理暂行办法》

1.2　适用范围

1.2.1　本工作方案适用于各级旅游行政管理部门、出境游组团社、出境游领队人员处置旅游团在出境旅游过程中因突发公共事件、事故灾难、自然灾害而发生的重大旅游者伤亡事件及重大财产损失。

1.2.2　出境旅游团队安全事件的范围

（1）自然灾害、事故灾难导致的重大旅游者伤亡事件，包括：地震、山体滑坡、泥石流、山洪暴发、火山爆发等地质灾害；海啸、雪崩、洪水、龙卷风等自然灾害；民航、铁路、公路、水运等重大交通运输事故。

（2）突发公共卫生事件造成的重大旅游者伤亡事件，包括：突发性重大传染性疾病疫情、群体性不明原因疾病、重大食物中毒，以及其他严重影响公众健康的事件等。

（3）突发社会安全事件包括：大型旅游节庆活动中由于人群过度拥挤、火灾、建筑物倒塌等造成人员伤亡的突发事件；战争、恐怖活动等导致的旅游者人身伤亡。

（4）旅游团队遇到抢劫、偷盗等社会治安方面的问题而导致旅游者重大财产损失。

（5）大型公共游艺场所的大型游艺设施、设备、器械，因机械故障、突然停电、恶劣气象等导致的旅游者人身伤亡。

（6）其他危害旅游者人身、财产安全的问题。

1.3　基本原则

（1）以人为本，救援第一。处理出境旅游团队安全问题要以保障旅游者生命安全为根本目的，尽一切可能为旅游者提供救援、救助。在旅游者没有能力支付救援、救助费用的情况下，组团社要和地接社交涉，由地接社先行垫付救援、救助费用。

（2）就近处置，减少危害。当旅游团发生旅游者伤亡或重大财产损失时，出境旅游领队人员应立即报警，与地接社的导游一起，尽快协助当地有关部门进行紧急救援工作；组团社和领队人员要协调地接社进行救援，接受我国驻所在国使领馆或驻所在地区有关机构的领导和帮助，力争将危害和损失降到最低限度。

（3）及时报告，信息畅通。当出境旅游团队发生旅游者伤亡或重大财产损失时，出境旅游领队人员应立即报告我国驻所在国使领馆和国内组团社，组团社要立即向所在地旅游行政管理部门报告，所在地旅游行政管理部门要在第一时间内，向上级部门及相关单位报告，并及时协调处理和做好各项善后工作。

2　组织领导和工作职责

2.1　组织机构

（1）国家旅游局设立出境旅游团队安全保障工作领导小组，组长为国家旅游局主管局长，小组成员为国家旅游局内设机构负责人。领导小组办公室设在国家旅游局质量规范与管理司。

（2）各省级旅游行政管理部门设立出境旅游团队安全保障工作领导小组，由主管局长担任组长。领导小组办公室设在各省级旅游局行管处，具体负责本地区出境旅游团队安全保障工作和相关的协调处理工作。

2.2　工作职责

（1）国家旅游局出境旅游团队安全保障工作领导小组，负责协调指导各级旅游行政管理部门所辖组团社在境外发生的重大安全事件的相关处置工作；负责与中国公民出境旅游目的地国家旅游部门协调我出境旅游团队安全保障事宜；对各类信息进行汇总分析，并上报国务院。领导小组办公室主要负责出境旅游团队安全事件应急信息的收集、核实、传递、通报，执行和实施领导小组的决策，承办日常工作。

（2）各级领导小组及其办公室监督本地区所辖出国游组团社落实有关境外旅游安全事件的预防措施；及时收集整理出境旅游团队安全的信息，及时向上级部门和有关单位报告有关救援信息，处理其他相关事项。

3 预警发布

3.1 建立健全出境旅游团队安全警告、警示通报机制。根据有关部门提供的信息，当某个目的地国家或地区的形势危及出境旅游团队人员人身安全时，报请国务院批准，国家旅游局适时向全国发出旅游警告或者劝阻令。

3.2 国家旅游局信息中心在"中国旅游网"上开设"旅行安全提示"窗口，增设为出境旅游者提供电子邮件提示和互联网链接的服务内容。

3.3 国家旅游局要求各地旅游行政管理部门将旅游警告或劝阻令传达至出境旅游组团社，要求组团社禁止组织前往该国家或地区的旅游活动。若因各种原因无法更改行程，应事先报告旅游行政管理部门，由省级旅游行政管理部门报告国家旅游局，国家旅游局通报有关部门和我国驻该国使、领馆或有关机构，给予必要的帮助。

3.4 各级旅游行政管理部门应及时向所辖的出境游组团社传达国家旅游局发布的旅游警告或者禁止令，向旅游者做好解释工作。

4 安全教育和提醒

4.1 各级旅游行政管理部门印制旅游目的地国家和地区游览须知和安全提示，以折页或小册子方式，摆放在机场、接待场所供旅游者阅览和索取，或由组团社发放。

4.2 各级旅游行政管理部门和组团社加强对经理人员和领队人员的安全知识培训，增强经理人员和领队人员的安全意识。

4.3 出境游组团社应督促目的地国家地接社制定旅游团队的安全保障措施。团队到达目的地后，领队人员应将组团社的旅游团安全要点告知对方导游和司机等有关人员。

4.4 出境游组团社应建立行前说明会安全告示制度。对旅游者出境安全问题进行教育和提示。

4.5 出境游组团社应在出游组团签订旅游合同时，提出旅游者购买人身意外保险。

5 救援机制

5.1 出境旅游团队安全事件等级

出境旅游团队安全事件按旅游者伤亡程度和财产损失程度分为重大（Ⅰ级）、较大（Ⅱ级）、一般（Ⅲ级）三级。

（1）重大（Ⅰ级）指一次安全事件造成旅游者10人以上重伤或5人以上死亡的，或全体旅游者护照丢失、所有财物损失的。

（2）较大（Ⅱ级）指一次安全事件造成旅游者5至9人重伤或1至4人死亡，或部分旅游者护照丢失、部分旅游者全部财物损失的。

（3）一般（Ⅲ级）指一次安全事件造成旅游者1至4人重伤。

5.2 出境旅游团队安全事件报告机制

5.2.1 出境旅游团队安全事件发生后，领队人员应立即向组团社进行报告，报告内容为团号、参团人数、领队人员姓名、事件发生的时间、地点、伤亡人数、财产损失情况、其他参团人员情况等，组团社应立即将有关情况向当地旅游行政管理部门报告。

5.2.2 当地旅游行政管理部门在接到一般（Ⅲ级）以上事件报告后，要立即向上级旅游行政管理部门报告。

5.2.3 省级旅游行政管理部门在接到报告后，对较大（Ⅱ级）和重大（Ⅰ级）突发事件，在2小时内将有关情况上报国家旅游局，并在事件处理完毕后，及时做出完整书面报告。

5.2.4 国家旅游局在接到有关情况报告后，按照国务院事故报送标准，及时将情况报告国务院。

5.3 出境旅游团队安全事件的分级响应

5.3.1 当发生重大（Ⅰ级）安全事件时，国家旅游局启动安全保障工作方案，做好协调、信息掌握等相关工作；出境旅游团队所在地省级旅游行政管理部门启动相应安全保障工作方案，领导和组织组团社及时采取应急处置措施。

5.3.2 当发生较大（Ⅱ级）以下安全事件时，省级旅游行政管理部门启动相应的安全保障工作方案，领导和组织组团社及时采取应急处置措施。

5.4 出境旅游团队安全保障处置程序

5.4.1 出境旅游团发生旅游者伤亡或重大财产损失时，领队人员应立即报警或要求地接社导游立即报警，并与地接社的导游一起，尽快协助当地有关部门进行紧急救援工作和善后工作；尽快报告我国驻所在国使领馆或所在地区有关机构，以及国内组团社；协调地接社和我国驻所在国使领馆或所在地区有关机构进行救援和善后工作；做好旅游团队的稳定工作和剩余行程的调整工作。

5.4.2 组团社接到领队人员关于发生旅游者伤亡或重大财产损失的报告后，应立即成立应急工作小组，启动安全保障工作方案。立即将有关情况报告所在地旅游行政管理部门；指挥领队人员和协调所在国或地区地接社进行紧急救援；组团社负责人应立即前往所在国或地区处理善后事宜；协调旅游者家属赴事发地参与善后的有关工作；与国内保险公司协调，启动对旅游者的赔付工作程序。

5.4.3 所在地旅游行政管理部门接到组团社的报告后，启动安全保障工作方案，立即向上一级旅游行政管理部门报告，并在上一级旅游行政管理部门的指导和当地政府部门的领导下，督促组团社处理善后事宜和赔付工作。

5.4.4 国家旅游局接到省级旅游行政管理部门的报告后，按照国务院事故报送标准，及时将情况报告国务院；发生重大安全事件时，国家旅游局启动保障工作方案，指导所在地旅游行政管理部门和组团社处理有关事宜；协调我国驻所在国家的使领馆进行紧急救援及有关事宜。

5.5 公布应急救援联络方式

5.5.1 国家旅游局通过中国旅游网、《中国旅游报》、印制小册子等渠道向出境旅游者提供我国公民出国旅游目的地国家的使领馆电话、旅游救援电话、报警电话。

5.5.2 国家旅游局设立救援电话，并保证24小时畅通。

5.5.3 组团社向旅游者公布我驻前往目的地国家的使领馆电话和当地旅游救援、报警电话。组团社在团队出境前，应印制发放每位旅游者一份紧急联系通讯录。

5.6 新闻发布对出境旅游团队安全事件的新闻报道工作实行审核制，重大安全事件的报道要经国家旅游局审核同意后，统一发布。

6 安全应急保障和演练

各级旅游行政管理部门要高度重视出境旅游团队的安全保障工作，加强对这项工作的领导。要根据本地区的实际情况，制定本地区的出境旅游团队安全保障工作方案，督促辖区内出境游组团社制定出境旅游团队安全保障工作方案，对组团社经理和领队等有关人员要加强培训和演习，做到熟悉相关程序，了解有关知识，保持信息畅通，保证各级相互衔接与协调。

附件4 《旅行社服务质量赔偿标准》

关于印发《旅行社服务质量赔偿标准》的通知

各省、自治区、直辖市旅游局（委）：

为提高旅游服务质量，规范旅行社经营，打击违法违规行为，保护旅游者合法权益，特制定《旅行社服务质量赔偿标准》。

现将《旅行社服务质量赔偿标准》印发给你们，请结合工作实际认真贯彻执行。现将有关事项通知如下：

一、《旅行社服务质量赔偿标准》在《旅行社质量保证金赔偿试行标准》基础上，总结归纳了近年来各地调解旅游投诉纠纷实践经验，并广泛吸收了社会各界意见。国家旅游局〔2010〕6号公告已将《旅行社质量保证金赔偿试行标准》废止，今后在调解旅游纠纷时，以《旅行社服务质量赔偿标准》为调解赔偿依据。

二、组织旅游纠纷调解机构和人员认真学习《旅行社服务质量赔偿标准》，要做到吃透精神、熟知条款、合理运用，充分发挥赔偿标准在解决群众关心的热点问题、保护旅游者合法权益等方面的作用。

三、通过各类媒体，采取多种方式，广泛宣传《旅行社服务质量赔偿标准》，引导旅行社依法经营、诚信经营，引导旅游者理性维权，形成重视提升旅游服务质量的浓厚氛围。特别要倡导旅行社与旅游者以合同约定的方式，解决旅游服务质量纠纷。只有在旅游者和旅行社对旅行社服务质量赔偿没有做出合同约定时，才适用《旅行社服务质量赔偿标准》。

四、请各地将贯彻实施《旅行社服务质量赔偿标准》过程中存在的问题及时反馈给我们。

特此通知。

国家旅游局办公室

二〇一一年四月十二日

《旅行社服务质量赔偿标准》

第一条　为了维护旅游者的合法权益，根据《旅行社条例》及有关法律、法规，制定本赔偿标准。

第二条　旅行社不履行合同或者履行合同不符合约定的服务质量标准，旅游者和旅行社对赔偿标准未做出合同约定的，旅游行政管理部门或者旅游质监执法机构在处理相关旅游投诉时，参照适用本赔偿标准。

第三条　由于不可抗力等不可归责于旅行社的客观原因或旅游者个人原因，造成旅游者经济损失的，旅行社不承担赔偿责任。

第四条　旅行社与旅游者订立合同或收取旅游者预付旅游费用后，因旅行社原因不能成行的，旅行社应在合理期限内通知旅游者，否则按下列标准承担赔偿责任：

（1）国内旅游应提前7日（不含7日）通知旅游者，否则应向旅游者全额退还预付旅游费用，并按下述标准向旅游者支付违约金：出发前7日（含7日）至4日，支付旅游费用总额10%的违约金；出发前3日至1日，支付旅游费用总额 15% 的违约金；出发当日，支付旅游费用总额 20% 的违约金。

（2）出境旅游（含赴台游）应提前 30 日（不含 30 日）通知旅游者，否则应向旅游者全额退还预付旅游费用，并按下述标准向旅游者支付违约金：出发前 30 日至 15 日，支付旅游费用总额 2% 的违约金；出发前 14 日至 7 日，支付旅游费用总额 5% 的违约金；出发前 6 日至 4 日，支付旅游费用总额 10% 的违约金；出发前 3 日至 1 日，支付旅游费用总额 15% 的违约金；出发当日，支付旅游费用总额 20% 的违约金。

第五条 旅行社未经旅游者同意，擅自将旅游者转团、拼团的，旅行社应向旅游者支付旅游费用总额 25% 的违约金。解除合同的，还应向未随团出行的旅游者全额退还预付旅游费用，向已随团出行的旅游者退还未实际发生的旅游费用。

第六条 在同一旅游行程中，旅行社提供相同服务，因旅游者的年龄、职业等差异增收费用的，旅行社应返还增收的费用。

第七条 因旅行社原因造成旅游者未能乘坐预订的公共交通工具的，旅行社应赔偿旅游者的直接经济损失，并支付直接经济损失 20% 的违约金。

第八条 旅行社安排的旅游活动及服务档次与合同不符，造成旅游者经济损失的，旅行社应退还旅游者合同金额与实际花费的差额，并支付同额违约金。

第九条 导游或领队未按照国家或旅游行业对旅游者服务标准提供导游或者领队服务，影响旅游服务质量的，旅行社应向旅游者支付旅游费用总额 1% 至 5% 的违约金，本赔偿标准另有规定的除外。

第十条 旅行社及导游或领队违反旅行社与旅游者的合同约定，损害旅游者合法权益的，旅行社按下述标准承担赔偿责任：

（1）擅自缩短游览时间、遗漏旅游景点、减少旅游服务项目的，旅行社应赔偿未完成约定旅游服务项目等合理费用，并支付同额违约金。遗漏无门票景点的，每遗漏一处旅行社向旅游者支付旅游费用总额 5% 的违约金。

（2）未经旅游者签字确认，擅自安排合同约定以外的用餐、娱乐、医疗保健、参观等另行付费项目的，旅行社应承担另行付费项目的费用。

（3）未经旅游者签字确认，擅自违反合同约定增加购物次数、延长停留时间的，每次向旅游者支付旅游费用总额 10% 的违约金。

（4）强迫或者变相强迫旅游者购物的，每次向旅游者支付旅游费用总额 20% 的违约金。

（5）旅游者在合同约定的购物场所所购物品系假冒伪劣商品的，旅行社应负责挽回或赔偿旅游者的直接经济损失。

（6）私自兜售商品，旅行社应全额退还旅游者购物价款。

第十一条 旅行社违反合同约定，中止对旅游者提供住宿、用餐、交通等旅游服务的，应当负担旅游者在被中止旅游服务期间所订的同等级别的住宿、用餐、交通等必要费用，并向旅游者支付旅游费用总额 30% 的违约金。

第十二条 本标准自发布之日起实施。

附件 5 《境外旅游行程须知》（样本）

《境外旅游行程须知》

为了增强旅游者安全意识，普及旅游安全基本常识，使旅游者参加旅游活动的计划能圆满、愉快、顺利完成，本公司特制定旅游行程须知，请旅游者认真阅读并切实遵守。

一、出境前的准备

1. 必需品的携带

（1）个人物品，如换洗衣物、洗漱用品、毛巾、拖鞋、茶叶、水杯、雨伞等，这些物品在当地购买较不方便，也不经济。

（2）个人常用药品及医生处方，境外药房只能依处方购买药品。

（3）摄影机、照相机（底片、数码存储卡）、干电池或者充电器、用电插座转换器、吹风机等视个人需要携带。

2. 服饰与气候

（1）服装应配合当地及返程季节需求作准备，以轻便、舒适为主，金银珠宝等贵重物品为安全起见以放置在家里为好。

（2）因长途飞行，服装以舒适为宜，不宜穿拘束服饰。视旅行安排准备一套正式服装，以备拜访或者某些正式场合使用。

（3）某些旅游地区在旅游期间会气候干燥，早晚温差大，请备乳液、护唇膏、面霜及保暖衣物。

（4）衣服以易洗快干的轻便休闲服为佳，但参观教堂或者庙宇不可着短裤、凉鞋及露肩服装。

（5）鞋子以休闲鞋为佳，避免穿新鞋，以免过硬而造成脚部疼痛，有穿拖鞋习惯者请自备并且注意有些场合不能穿拖鞋。

3. 货币、汇兑及小费

（1）旅游者出行前请及时了解我国和旅游目的地国家（地区）关于携带钱币及物品之限制、兑换率，以免违反国家规定或者被境外黑市所欺骗。

（2）根据国家规定，出境旅游者每人可以携带人民币 2 万元及美元 5000 元以内，请予遵守。

（3）旅行支票或者信用卡使用比较方便，建议随身携带，另请备美元零钞（如果需要领队可帮助兑换，请注意回国前使用完，因为硬币国内银行不予回购）。

（4）由于中国人不喜欢使用旅行支票、信用卡等支付手段，总爱携带大量现金在身，所以境外的个别强盗专门打劫中国人。旅游者独自外出时，为确保安全，建议随身携带 20 美元的保命钱。

4. 请旅游者事先将托运行李和随身携带行李分好，使用吊牌及贴纸识别自己的行李，建议旅游者使用带轮子、带锁的行李箱，以方便携带及防止箱体破损，导致物品掉落遗失。大件行李免费托运 20 公斤（超重需自付现金），手提行李重量符合航空公司要求，一般以 5 公斤为限。

5. 托运行李和随身携带行李请遵守目的地国家（地区）航空公司和海关规定，不得携带违禁物品。不清楚相关规定的旅游者，可以事先征询本公司工作人员和带团领队。

6. 中国机场始发的国内、国际航班的旅客，其携带的液态物品每件容积不得超过 100 毫升（ml）。容器容积超过 100 毫升，即使该容器未装满液体，亦不允许随身携带。

7. 请务必带齐护照、身份证、机票、个人旅行用品，准时到达约定的集合地点，并佩戴好旅行团标志，以便领队识别。

8. 出发前，本公司会给每位旅游者分发一份含旅游行程相关内容的《出团通知书》，其中有具体的行程安排、境外接待旅行社名称、导游联系方式及旅途酒店信息等。

二、安全注意基本事项

1. 妥善保管自己的行李物品，现金、有价证券、贵重物品应随身携带。入住酒店时，请将贵重物品予以寄存。

2. 可将护照、机票、签证复印一份，存放在行李内，旅行支票兑换水单及黄色存根联宜分开保管，以便遗失后顺利获补发。请用小记事本将旅行支票号码、护照资料、境外亲友联络方式记下，以便办理挂失或者联络。

3. 如境外使用信用卡，必须使用本人信用卡，部分国家和地区对使用非本人信用卡行为视为非法。境外使用信用卡很多是不需要输入密码的，仅凭本人签字。请勿使用无本人签名的信用卡，无本人签名信用卡的遗失，可能会给你带来不可估量的经济损失。

4. 旅游者乘坐飞机时应注意飞行安全，系好安全带，不携带危险或者易燃品，不在飞机升降期间使用手提移动电话、移动电脑等相关电子用品。

5. 集体活动为最安全的旅行方式，请旅游者切记。

6. 集体出境过关，须听从领队指挥，不要私自行动。请勿帮助陌生人带行李，以防被人利用；请注意目的地国家（地区）海关关于出入境的规定，出入境卡可由领队协助填写。

7. 每到一站须记住所住酒店地址、电话、领队（导游）的房号、旅游车牌号、领队（导游）及司机联系电话等；离开酒店外出时，务必索取酒店名片，如果旅游者迷路时，可以按房卡提示的电话、地址安全顺利返回酒店。

8. 旅游者应根据自身的健康状况选择参加带有刺激性、危险性的游览项目，并注意人身及财产安全。在从事户外活动或者水上活动时，请谨记领队、导游或者相关工作人员安全提示，留意景点的安全标识，切勿违反安全规定。请勿参加非本公司推荐的户外活动或者其他有危险性的活动，否则后果自负。

9. 旅游者举止勿夸张，言行不喧哗，行路靠内侧，行程跟团队，记住不要离团单独行动，不要随便与陌生人搭讪，同时注意目的地国家（地区）汽车行驶方向，以保证交通安全。

10. 请旅游者看管好自己的小孩，不能让未成年人单独行动并注意其安全。各国（地区）景区旅游者众多，治安状况亦不同，请旅游者特别小心随身携带的物品，以免被窃。

11. 行程中或者自由活动期间，旅游者应当选择自己能够控制风险的活动项目。除特殊团队外，本公司不安排赛车、赛马、攀岩、无动力滑翔、探险性漂流、潜水、高山滑雪、滑板、跳伞、热气球、蹦极、冲浪等高风险活动，也敬请旅游者尽量不要去参加此类活动，如旅游者坚持参加，请自行承担风险。

12. 如遇恶劣天气、自然灾害、战争、恐怖活动、动乱、骚乱、罢工、突发公共卫生事件、政府行为等客观原因，造成旅游行程安排的交通服务延误、景区临时关闭、宾馆饭店临时被征用、政府机构发布橙色及以上旅游预警信息等影响旅游行程的，本公司经向旅游者作出说明后，可以在合理范围内变更行程及活动内容，以策安全。旅游者不同意变更的，可以解除合同。

13. 黄金周或者其他旅游旺季时，由于国际航班中加班机、包机的数量大增，极易引起航班的延误，如遇此情况，请旅游者在候机厅耐心等待，密切注意航班的信息，不要到处乱跑，以免误机。同时，航空公司因运力等因素有可能临时调整航班，如有此情况发生，本公司将对旅游行程作出相应调整，届时敬请配合和谅解。

14. 旅游者应遵守旅游目的地国家（地区）的法律、法规，尊重旅游途经地区当地居民的民族、民俗习惯，不得参与毒品、赌博和色情场所活动。

三、旅游行程须知

1. 旅途中的用餐为团队餐，午、晚餐以中餐为主（但会配合安排一些当地的风味餐），团队餐吃饱没问题，但口味未必完全合乎理想，敬请旅游者见谅。团队餐不含酒类和特殊饮料，有饮酒习惯者请自行付费购买，但不可贪杯。安排自助餐时，请注意节约，吃多少拿多少，切勿浪费。境外以冻饮用水为主，如需热水或茶可叫服务员备送，但须付小费。个人饮食习惯的特殊要求可随时向领队提出，领队一定会尽力帮助。

2. 抵达酒店后，旅游者应听从导游安排。酒店住宿以两人一室、自由组合为原则，请旅游者互相礼让使用房间内卫生设施、电器设备等，如出现单男单女，本公司将调换夫妻用房或者调整为三人房，请旅游者谅解。如旅游者特别指定单人房间，请于出行前支付单人房差额并取得本公司的确认，以免出行后产生纷争。

3. 旅游者入住酒店后，应了解酒店安全须知，熟悉酒店的太平门、安全出路、安全楼梯的位置及安全转移的路线。

4. 进入客房后，请及时了解房间内设备情况，如房门插销、浴室水龙头开关、付费电视及冰箱饮料等，如有不能使用或者缺损的情况，请及时向领队和导游反映；使用暖气时请准备一杯水，以免空气干燥。退房时，请提前结清房间提供的饮料、食品、洗涤和长途电话费用。

5. 入住酒店后，旅游者请勿穿着睡衣、汗衫在客房以外酒店的公共场所走动，不要将自己住宿的酒店、房号随便告诉陌生人，不要让陌生人或者自称酒店的维修人员随便进入客房，出入客房要锁好房门，睡觉前注意房门窗是否关好，保险锁是否锁上。

6. 如旅游者选择消费酒店的配套健身娱乐设施（如游泳池、健身房等），请务必注意人身及财产安全。非本公司安排的活动，本公司仅限于告知、协助处理义务。

7. 发生火警时请勿搭乘电梯或者随意跳楼，应镇定判断火情，主动实行自救；若身上着火，可就地打滚，或者用重衣物压火苗；必须穿过有浓烟的走廊、通道时，用浸湿的衣物披裹身体，捂着口鼻贴近地面顺墙爬行；大火封门无法逃出时，可采用浸湿的衣物披裹身体、被褥堵门缝或者泼水降温的方法等待救援，或者摇动色彩鲜艳的衣物呼唤救援人员。

8. 旅游者乘坐交通工具时，应系好安全带，在交通工具停稳后方可离座。上下交通工具时须排队等候，讲究文明礼貌，并优先照顾老人、儿童、妇女，切勿拥挤，以免发生意外。

9. 旅游者乘坐交通工具时，请不要与司机交谈和催促司机开快车，不要将头、手、脚或者行李物品伸出窗外，以防意外发生，请勿向车窗外扔废（杂）物品，特别是硬质物品，以免伤害他人。

10. 旅途中发生交通事故，旅游者应当听从领队、导游的安排及指挥，不要慌张。发生人员伤害时，旅游者应尽力施救或自救，同时注意保护现场，避免损失扩大。

11. 旅游者下车游览、就餐、购物时，请注意关好旅游车窗，请随身携带贵重物品，若出现贵重物品遗失、被盗，汽车公司概不负责，本公司亦不承担责任。

12. 搭乘快艇、漂流木筏、参加水上活动时，请按规定穿着救生衣，并听从工作人员的指导，特别是乘坐快艇游玩时，所有旅游者请抓紧扶手，年幼或者年长者请不要坐船头，以免发生不测。

13. 经过危险地段（如陡峭、狭窄、潮湿泛滑的道路）不可拥挤，前往险峻景点观光时应充分考虑自身的条件是否可行，不要强求和存侥幸心理。参与登山等活动时，应注意适当休息，避免过度激烈运动，同时做好防护工作。

14. 在水上（包括江河、湖海、水库）游览或者活动时，旅游者须注意乘船安全，应穿戴救生衣，不可单独前往深水水域或者危险河道。选择水下游泳时，因携救生设备助游。

15. 海拔 3000 米以上的高原地带，气压低，空气含氧量少，易导致人体缺氧，引起高原不良反应，请旅游者避免剧烈运动和情绪兴奋，洗澡水不易过热，学会正确呼吸方法。16 周岁以下及 60 周岁以上者，患有贫血、糖尿病、慢性肺病、较严重心脑血管疾病、精神病及孕妇等不宜进入高原旅游。

16. 泡温泉时，旅游者应注意水温和矿物质含量是否适合自己的身体，有些疾病不宜泡温泉，请遵医嘱。

17. 乘坐缆车或者其他观光运载工具时，应服从景区工作人员安排，遇超载、超员或者其他异常情况时，千万不要乘坐，以防发生危险。

18. 在景区参观游览时，请听从领队和导游的安排，不要擅自离队，如果迷失方向，原则上应原地等候导游的到来或者打电话求救、求助，千万不要着急；自由活动期间，应注意人身安全，谨记导游提醒的各种注意事项以及景区的各种公告和警示牌；在拍摄照片时，旅游者不要专注于眼前的美景，而忽略了身边或脚下的危险。

19. 外出旅游，旅游者应注意身体健康，切勿吃生食、生海鲜、未剥皮的水果，不可光顾路边无牌照摊档，忌暴饮暴食，应多喝开水，多吃蔬菜水果，少抽烟，少喝酒。

20. 旅游者在境外购物时须慎重，购买物品请向商家索取发票等凭证，境外退税是旅游者的自主行为，本公司不承担退税中的相关责任及义务。

21. 在境外，有些宣传民族文化、特色、特产综合在一起的景点（类似于我国的民族村），会存在商店、小摊贩向旅游者贩卖不同档次、不同价位的纪念品、土特产等现象。旅游者在景点购物，经常会发生购物纠纷事件，层出不穷。基于此，本公司特别提醒旅游者：景点商店、小摊贩所售卖的产品不论真伪、品质、价格及售后服务均无法保障，且协助旅游者维权亦存在困难，本公司不建议旅游者在景点购物，特别是高价值的物品。

四、团队互助和配合

1. 旅游者参加团体旅游时请守时、勿迟到，尊重大家的时间。

2. 请旅游者佩戴好旅行团标志，以利领队、导游及旅行团成员相互辨识，增进友谊。

3. 团体旅游应彼此包容，旅行团成员中有懂英语者，请协助同行旅游者，同舟共济，互帮互助，共同享受旅行乐趣。

4. 旅游者如遇不顺心之处，请及时向领队及导游反映，或者直接致电本公司相关工作人员寻求帮助，请勿与当地相关服务人员直接冲突，本公司会及时与当地旅行社协商解决。

五、特别提醒

1. 为了确保旅行团顺利出行，防止旅途中发生人身意外伤害事故，请旅游者在出行前做一次必要的身体检查，如存在下列健康问题的病患者，请勿报名，如隐瞒参团发生事故，责任自负：

（1）传染性疾病患者，如传染性肝炎、活动期肺结核、伤寒等传染病人；

（2）心血管疾病患者，如严重高血压、心功能不全、心肌缺氧、心肌梗死等病人；

（3）脑血管疾病患者，如脑栓塞、脑出血、脑肿瘤等病人；

（4）呼吸系统疾病患者，如肺气肿、肺心病等病人；

（5）精神病患者，如癫痫及各种精神病人；

（6）严重贫血病患者，如血红蛋白量水平在 50 克 / 升以下的病人；

（7）大中型手术的恢复期病患者；

（8）孕妇及行动不便者。

2. 传染病、精神病等患者隐瞒参团，如危及其他旅游者健康和安全的，其本人或者法定监护人应承担赔偿责任。

六、责任免除

1. 因旅游者自身原因（包括但不限于违法犯罪行为、过失行为、行为判断失误、疾病、自担风险参加某些旅游项目）、第三人侵权及不可抗力或者本公司、履行辅助人已尽合理注意义务仍不能避免的事件，导致旅游合同无法履行或者旅游者人身、财产权益受到损害的，本公司不承担赔偿责任，但应当协助处理，因此支出的合理费用由旅游者承担。

2. 本公司就旅游活动中可能危及旅游者人身、财产安全的情形已向旅游者作出明确的告知或警示，且事后履行了必要的救助义务，本公司不承担赔偿责任。

3. 由于公共交通经营者的原因造成旅游者人身损害、财产损失的，由公共交通经营者依法承担赔偿责任，本公司应当协助旅游者向公共交通经营者索赔。

七、文明出行，树立良好形象

营造文明、和谐的旅游环境，关系到每位旅游者的切身利益。做文明旅游者是我们大家的义务，请遵守以下公约：

《中国公民出国（境）旅游文明行为指南》

中国公民，出境旅游，注重礼仪，保持尊严。

讲究卫生，爱护环境；衣着得体，请勿喧哗。

尊老爱幼，助人为乐；女士优先，礼貌谦让。

出行办事，遵守时间；排队有序，不越黄线。

文明住宿，不损用品；安静用餐，请勿浪费。

健康娱乐，有益身心；赌博色情，坚决拒绝。

参观游览，遵守规定；习俗禁忌，切勿冒犯。

遇有疑难，咨询领馆；文明出行，一路平安。

八、结束语

旅游安全是旅游活动的头等大事，搞好境外旅游安全是本公司与全体旅游者的共同心愿与责任。尊敬的旅游者，为了您和他人的幸福，请注意旅游安全！

浙江省中青国际旅游有限公司

就旅游合同、行程须知中的特别提醒、警示以及合同中对旅行社责任免除等约定，你公司已提醒我注意并向我作了充分的说明，对此内容我已知悉，根据我目前的健康状况，我适宜参加本次旅游。

旅游者（签字）：＿＿＿＿＿＿　　　　　　＿＿＿＿年＿＿月＿＿日

参考文献

［1］国家旅游局综合协调司编．旅行社安全管理实务．中国旅游出版社．2012.01.

［2］国家旅游局综合协调司编．旅游安全概论．中国旅游出版社．2012.01.

［3］国家旅游局综合协调司编．旅游安全管理实务．中国旅游出版社．2012.01.

［4］国家旅游局综合协调司编．旅游安全知识总论．中国旅游出版社．2012.01.

［5］国家旅游局综合协调司编．旅游行业安全管理实务．中国旅游出版社．2012.01.

［6］仇向明，黄恢月编．出境旅游领队工作案例解析．旅游教育出版社．2012.03.

［7］郑向敏主编．旅游安全概论．中国旅游出版社．2009.06.

［8］张丽梅主编．旅游安全学．哈尔滨工业大学出版社．2010.01.

［9］翟向坤．中国旅游安全救援体系构建研究．旅游教育出版社．2012.08.

［10］百度文库

项目统筹：付　蓉
责任编辑：付　蓉
责任印制：冯冬青
责任印制：鲁　筱

图书在版编目（CIP）数据

出境旅游领队应急处理实务 /《出境旅游领队
应急处理实务》编写组编．--北京：中国旅游出版
社，2015.1（2016.3重印）
出境旅游领队岗位培训教材
ISBN 978-7-5032-5226-6

Ⅰ.①出…　Ⅱ.①出…　Ⅲ.①旅游服务—岗位培训-
教材　Ⅳ.①F590.63

中国版本图书馆CIP数据核字（2015）第018931号

书　　名：出境旅游领队应急处理实务
编　　者：《出境旅游领队应急处理实务》编写组
出版发行：中国旅游出版社
　　　　　（北京建国门内大街甲9号　邮编：100005）
　　　　　http://www.cttp.net.cn　E-mail:cttp@cnta.gov.cn
　　　　　发行部电话：010-85166503
经　　销：全国各地新华书店
印　　刷：河北省三河市灵山红旗印刷厂
版　　次：2015年1月第1版　2016年3月第2次印刷
开　　本：787毫米×1092毫米　1/16
印　　张：17.25
字　　数：210千
定　　价：38.00元
I S B N　978-7-5032-5226-6
